孩子，我为什么要让你努力读书

I

景仲生
×
著

团结出版社

图书在版编目（CIP）数据

孩子，我为什么要让你努力读书 / 景仲生著. — 北京：团结出版社, 2018.4

ISBN 978-7-5126-6262-9

Ⅰ.①孩… Ⅱ.①景… Ⅲ.①青少年教育—家庭教育

Ⅳ.①G782

中国版本图书馆CIP数据核字(2018)第076135号

出版：团结出版社

　　（北京市东城区东皇城根南街84号　邮编：100006）

电话：(010) 65228880　　65244790　（传真）

网址：www.tjpress.com

Email：zb65244790@vip.163.com

经销：全国新华书店

印刷：天宇万达印刷有限公司

开本：145×210　1/32

印张：14

字数：370千字

版次：2018年9月　第1版

印次：2022年1月　第3次印刷

书号：978-7-5126-6262-9

定价：68.00元（全2册）

孩子，我为什么要让你努力读书？

孩子：

这个秋天，你就要成为一名高中生了。在你进入高中之前，在你经历人生的花季时，我写给你的信件，也很快即将成书问世。我把这本书取名为《孩子，我为什么要让你努力读书》，如果这些信件对你曾经有过一些触动的话，希望它们出版以后，也能让更多的孩子从中得到一点点的启发，这将是我无比欣慰之事。

这一次，你即将告别轻松的初中时光，走向紧张拼搏的高中生涯了。在过去的几年里，我多次将心得分享给你，要你努力读书。也许，有的时候，你甚至都听得有些腻歪了吧？今天，你的努力，已经取得了不小的进步和收获，我为你骄傲，也为你祝福。同时希望你保持学而不厌、持续精进的精神，继续在求学的路上提高自己、完善自我。

现在，中考结束了，你和你的同学们，有的考上了理想的高中，即将去心仪的学府深造；有的则折戟沉沙，与期待的学校失之交臂，甚至要走上社会谋求一份工作。到了这一刻，你对我平日里反复要求你努力读书的絮叨，是否有了更深的体会了呢？态度真的可以改变人生啊！

不过，今天我想和你说的是，在这几年里，我反复强调让你努力读书，并不只是希望你考上一所重点高中，给自己一个更宽广的平台，给父母、老师争光添彩。我让你努力读书，更多的是希望你不要辜负人生中最美好的青春时光。因为，中学阶段是你学习的最好时期，错过了，就永远不会重来。你回顾一下，逝去的中学时光，是否仿佛就在昨天？时间如白驹过隙，稍纵即逝啊！陶渊明说："盛年不重来，一日难再晨。及时当勉励，岁月不待人。"现在的你，对于光阴的易逝，是否有一些体会了呢？

孩子，我之所以要求你努力读书，还有一点，就是希望你面对人生路口的时候，能够有更多的选择的权利，有更多的底气大步向前。就像现在，那些中考失利的同学，只能被选择、被淘汰、被动地接受到来的结果。当然，是否能上重点高中或读大学，并不能决定人生未来的成就，但是，对于一个想上高中、上大学却不能选择继续读书的孩子来说，不能不说是一种遗憾。你通过努力读书，没有让这种遗憾在你身上发生，你笃定地知道能上哪所学校，而且你有权利在众多优质的高中里选择最适合自己的，这就无愧于初中三年的努力了。然而，努力读书的益处，远远不止这些。将来走上社会，如果你有德行、有学问、有能力，你将会有更多选择人生和事业的主动权，而不是被动地去接受。你也将有能力为更多的人服务，更好地实现自己的人生理想和追求，这些，都会是努力读书给你带来的好处。

孩子，我之所以让你努力读书。我还希望读书能够丰盈你的生命。这几年来，你背诵过的经典，读过的课外书，有的可能已经忘记了，但是，我相信它们已经融入了你的生命。正如一个名人所说："当我还是个孩子时，我吃过很多食物，现在已经记不起来吃过什么了。但可以肯定的是，它们中的一部分已经成长为我的骨头和肉，阅读于心灵同样如是。"以前，微信朋友圈里流行一篇文章——《读书，是门槛最低的高贵》，这里所说的高贵，并不是指地位显赫、金玉满堂，而是指心灵上的充盈。其实，生而为人，我们每个人的生命都是高贵的，只是，我们很多时候都看不到自己的强大和珍贵，而读书，正是让我们认识自我，丰富生命的有效途径。

孩子，我之所以让你努力读书，还希望通过读书能够让你遇见更好的自己。还记得我和你分享过宋朝黄庭坚的一句话吗？"士大夫三日不读书，则礼义不交于胸中，便觉言语无味，面目可憎。"这里说的读书，就不是你日常学习的功课了，而是读圣贤之书。这也是我为什么要求你在繁重的学习任务下，一定要拿出一些时间来读经典的原因。因为，经典能够浸润人的生命，滋养人的心灵，启迪人的智慧，陶冶人的情操，塑造人的品格。我希望你能够持之以恒，把每日读诵经典的习惯保持终生。我更希望你能够落实经典中的道理，学会做人，懂得做事，这才是读书的真正意义所在。

初中阶段的结束，只是人生另一个新阶段的开始。当你踏入高中，甚至将来走进大学校园或社会，我依然希望你能坚持读书！因为，我们的人生是有限的，而通过读书拓展生命的宽度和厚度的可能性是无限的。我希望，读书成为你一生钟爱的事情！愿你在书中遇见更好的自己！

目 录

第一章 书中自有黄金屋

—— 读书能改变你的命运

建立正确的读书观   003

读书与功名富贵的关系   009

不要被散布消极读书观的人影响   015

读书是改变命运最有效的途径   019

名人家训：杨椒山《谕应尾、应箕两儿》   024

第二章 社会正在惩罚不读书的人

—— 读书能提升你的竞争力

不要被"高分低能"的谎言骗了你   041

高学历与高能力   046

不要去崇拜"暴发户"   051

现代社会对读书的要求越来越高   056

名人家训：郑板桥《潍县寄舍弟墨第四书》   061

第三章 读万卷书如行万里路

—— 读书能让你看见更大的世界

秀才不出门，便知天下事　　　067

读一本好书，就是和高尚的人谈话　　　073

你读书的厚度，决定你人生的高度　　　078

消除错误的读书观念　　　083

名人家训：马援《诫兄子严敦书》　　　088

第四章 我的人生我作主

—— 读书能让你有更多的选择

机遇只会给有准备的人　　　093

努力读书，抓住人生最好的机遇　　　097

努力的人，运气不会太差　　　102

努力读书，做自己命运的主人　　　106

名人家训：梁启超《给孩子们书》　　　110

第五章 腹有诗书气自华

—— 读书能改变你的气质

见多识广，你就会谈吐不凡　　　115

诗书浸润，你就会气质高华　　　119

读书是门槛最低的高贵　　　124

读书能让人变得强大和不可战胜　　　129

名人家训：曾国藩《谕纪泽、纪鸿书》　　　134

第六章 为明天加油

　　——读书要有远大的理想

有了理想，便不会失去人生的方向　　139

为理想努力，从小事做起　　143

理想可以改变，但奋斗之火不能熄灭　　148

读书是推动理想飞翔的双翅　　153

名人家训：李忠毅公《诫子书》　　157

第七章 为成功奠基

　　——读书需要艰辛的付出

最优秀的人，往往是最勤奋的人　　165

勤能补拙，天道酬勤　　169

拖延症是成功路上的大敌　　173

每天进步一点点　　179

名人家训：颜之推《勉学篇》（节录）　　183

第八章 管好你自己

　　——读书需要高度的自律

成功的人，往往是最自律的人　　191

管理好自己的时间　　196

管理好自己的情绪　　201

管理好自己的行为　　205

名人家训：范仲淹《告诸子及弟侄》　　210

第一章
书中自有黄金屋
——读书能改变你的命运

要有自信，然后全力以赴——假如具有这种观念，任何事情十之八九都能成功。

——威尔逊

建立正确的读书观

孩子：

一直想给你写信，和你谈谈"我为什么要让你努力读书"，这个问题要深入讨论的话，我想不是一下子能够讨论完的，我希望能够通过书信的形式，和你有一个陆续的交流，陪伴你一起度过美好的中学时光。

这是我给你写的第一封信，我想和你谈一个最重要的问题——建立正确的读书观。

因为在你这个年龄阶段，建立一个正确的读书观，明白为什么而读书，这是最重要的。只有明白这一点，你才会自发地努力读书，也才能从中找到读书的乐趣，让自己的求学阶段变得丰富多彩。将来当你回首自己的人生，不会因为虚度美好的年华而懊悔。

谈到读书观的这个问题，我想先和你谈谈中国古人的读书观。

在不同的人看来，读书有着不同的功用。在古代，很多人认为，读书能获取功名、光耀门楣，是改变个人和家族命运的重要途径。所以古人告诉我们，家里要时常留一颗读书的种子。

中国古代有一首《神童诗》，里面说：

天子重英豪，文章教尔曹。万般皆下品，惟有读书高。

少小须勤学，文章可立身。满朝朱紫贵，尽是读书人。

学问勤中得，萤窗万卷书。三冬今足用，谁笑腹空虚。

自小多才学，平生志气高。别人怀宝剑，我有笔如刀。

朝为田舍郎，暮登天子堂。将相本无种，男儿当自强。

这首诗可以说就是中国古人对孩子读书观的教育。这里面有很多的教诲，是值得肯定的，比如说，"少小须勤学，文章可立身"。不过对于诗中的"满朝朱紫贵，尽是读书人""朝为田舍郎，暮登天子堂"，有的人就提出了不同的看法，认为这句话是鼓励人通过读书追求功名富贵，因而把读书变成了一件很功利的事。确实，历史上通过读书考取科举，入朝为官，光耀门楣，改变自己和家族人命运的例子数不胜数。但是一个人通过正当的途径得到功名利禄，本来就是一件光明正大的事情，有什么可耻的呢？因此我觉得不应该反对人通过读书获得功名富贵。但是得到这些之后，如何善用，才是一门大学问，这是一个要学习一生的课题，我希望你未来能够逐渐领悟。同时，对于这个问题，我希望你能有自己的思考，我也非常期待听听你的见解。

另外，我想和你说的是，古代人所读之书和我们今天读的书完全不同。那个时候，读书人所读之书为"四书五经"等圣贤经典，里面讲的都是修身、齐家、治国、平天下的大道理。很多人通过读书，明白济世安邦之道；通过科举考试，登上政治舞台，为国家和社会服务，实现自己的人生抱负和理想。你不妨去了解一下，过去考取进士、举人的读书人，多数都是品学兼优，对社会做出过巨大贡献的人；历史上那些名臣，也都大多数是进士出身，他们之所以能够名垂青史，利国利民，都和其当初读书立志有关。

我很多次都和你讲过宋朝名相范仲淹的故事，不知道你是否还记忆犹新？

范仲淹很小的时候父亲就去世了，他随母亲改嫁到另一户人家，生活非常贫困，但是他勤奋好学，读书刻苦用功。

有一天范仲淹无意间闲逛到一个地方，恰巧看到一位算命先生，他索性上前就问："麻烦你帮我看一看，我能不能当宰相？"这位算命先生着实吓了一跳，就对范仲淹说："你小小年纪，为何口气这么大？"

范仲淹有些不好意思，接着又跟算命先生说："不然这样好了，你再帮我看看，我能不能当医生？"算命先生有些纳闷，就问他："你的志愿为何如此悬殊？"范仲淹回答："因为只有良相跟良医可以救人。"一个孩子竟然心心念念想着要救人，算命先生听后很感动，立刻就对范仲淹说："你有这样一颗心，乃是真正的宰相之心，所以你以后一定可以当宰相。"

和你讲这个故事，是希望你也能有和范仲淹一样的"宰相"之心。同时，我希望你有空多读读古代那些读书人的故事，对你建立正确的读书观是很有帮助的。

不过，谈到读书观，除了大多数人希望通过读书得到功名富贵外，中国古代还有一种更高境界的读书观，就是《朱子治家格言》里说的："读书志在圣贤，非徒科第。"这部书小时候我曾经带你读过很多遍，不知道你是否有牢记在心？

明代的王阳明曾经在考取进士的时候两次落榜，1496年，王阳明在会试中再度名落孙山。有人在发榜现场未见到自己的名字便嚎啕大哭，王阳明却无动于衷。大家以为他是伤心过度，于是都来安慰他。王阳明却说："你们都以落第为耻，我却以落第动心为耻。"

明代产生过很多进士，但是却只有一个王阳明，这和王阳明青年时期建立的读书观不无关系。慕贤当慕其心，读圣贤书，不仅要学习圣贤的行为举止，更要学习他们的志向和胸怀，岂止是为了科举及第而已？一般人在慌乱悲戚的时候，唯有修养深厚者能泰然处之。王阳明还曾有言："只要良知真切，虽做举业，不为心累。纵有累亦易觉，克之而已。"读书，正是对心性的最好磨砺。

当今社会，读书已经不是得到功名富贵的唯一途径了，学校传授的知识也和古代相去甚远。但是，我为什么依旧让你努力读书呢？

孩子，我希望你能够明白，通过读书你可以更好地完善自己，提高自己的知识、能力，唤醒自己的良知良能，丰富自己的内心。当你遇到顺境的时候，不会被外在的诱惑所迷惑；当你遇到逆境的时候，能反省自我，坚守自己内心的价值和信仰。我希望你通过读书，能够塑造一个更加完善的自我，还希望你在完善自己的同时，能够更多地利益你的家人、你的同仁、你的同胞。最后更希望你在读书的过程中明白"亲亲而仁民,仁民而爱物"的道理。

这些,也许你一时还难以理解,但是我相信,在未来的人生中,你一定会逐渐懂得我和你说这些话的苦心所在。

祝你学习愉快!

读书与功名富贵的关系

孩子：

上一封信我和你谈了谈建立正确的读书观的话题，在这封信里，我想再深入一步地谈一谈读书与功名、富贵的关系。

在古代，很多人通过读书考取功名来求得富贵。然而今天形势已经发生了变化，科举制度已经被取缔一百多年了。不过，尽管如此，读书依然是改变人命运的根本途径。

当今社会的潮流，是以经济建设为中心，因此很多人都把财富作为衡量一个人成功的标志。但是，也有很多人把财富和读书对立起来，认为富人都是靠机会和运气发家致富的，和读书并没有绝对的联系。也许这种情况在某个时期内曾经有过，但是这绝不是普遍现象。随着时代的变化、社会的发展、知识浪潮的风起云涌，现在大多数的富人往往也都是善于学习的人。

因此，孩子，我希望你不要受这种思想影响。我不希望你是为了功名富贵而读书。同时，我还要告诉你，即便一个人要追求功名和财富，也要先把书读好。在读书的过程中，完善自己的人格，小能够独善其身，大能够济人济物，这才是读书的真正意义所在。

清代的名臣曾国藩曾说："千秋邈矣独留我，百战归来再读书。" 这是晚清中兴名臣曾国藩送别其弟曾国荃的一副对联。那个时候曾国荃削官去职，回家省亲，意志消沉，曾国藩赠以其联，勉励他在战乱中，好好读书，修身养性，再有作为。

中国历史上很多帝王宰相，都非常热爱读书。宋真宗为提倡士人的读书之风，亲作《励学篇》，其中两句"书中自有黄金屋，书中自有颜如玉"激励了千百年来无数读书人。

隋朝的李密，少年时候被派往隋炀帝的宫廷里当侍卫。他生性好动，在值班的时候，常常左顾右盼。恰巧有一次被隋炀帝发现了，认为这孩子不大老实，就免了他的差使。李密并未因此懊丧，回家以后，他决心做个有学问的人，从此便发愤读书。有一天，李密骑了一头牛，出门看朋友。在路上，他把《汉书》挂在牛角上，为了抓紧时间读书，他一路走一路看。

此事在历史上一直被传为佳话。

孔子 孔子（公元前551年9月28日—公元前479年4月11日），子姓，孔氏，名丘，字仲尼，春秋末期鲁国陬邑人（今山东曲阜），祖籍宋国栗邑（今河南夏邑）。中国古代著名思想家、教育家、儒家学派创始人。被后世尊称为"孔圣人""至圣""至圣先师""大成至圣文宣王先师""万世师表"。主要成就：开创儒学，编纂《春秋》，修订《六经》，创办私学等。其儒家思想对全世界都有着深远的影响，孔子被列为"世界十大文化名人"之首。一生勤奋好学，到了晚年，他特别喜欢《易经》。《易经》很难读懂，学起来很吃力，可孔子不怕吃苦，反复诵读，一直到弄懂为止。孔子所处的时代，还没有发明纸张，书是用竹简或木简写成的，把许多竹简用皮条编穿在一起，便成为了一册书。由于孔子刻苦读书，勤展书简，次数太多了，竟使皮条断了三次。后来人们便用"韦编三绝"这个成语，传诵孔子勤奋好学的精神。

在古代，处在社会上层的富贵阶层，基本上都是读书人。当今社会处在社会上层的人士，依然还是那些热爱读书的人。对于那些卓越成就的人来说，读书对他们有着独特的吸引力。

我经常去机场，发现在机场书店买书的人比一般地方都要多。这些人，大多是政府干部和企业家，可以说他们是当今社会最注重学习的群体。这些人之所以能够与众不同，就是因为他们始终把读书看作是工作和生活中的一项重要内容，即使在繁忙的工作之余，依然保持大量的阅读。我希望将来你即便走出校门，依然要做一个热爱读书的人。

在这里我和你讲几个热爱读书的企业家的故事：

微软的创始人比尔·盖茨非常喜爱读书。他专门开了一个博客，叫做"盖茨笔记"，不仅分享他的个人行程和工作、慈善事业方面的心得，还撰写书评。他每年大约读50本书，而且只读纸质版书籍。忙于工作的时候，他每周读一到两本书，如果与家人度假，每周要读四到五本。他从童年开始就爱阅读。他说："我以阅读百科全书为乐，幸运的是，父母愿意买任何我想读的书，每本书都会打开知识的新大道供我们探索。"多年来，比尔·盖茨喜欢在书的空白处涂鸦做笔记，然后发邮件将好书推荐给朋友和同事。有了博客后，他便将每本书的推荐语和评论发表在博客里。他觉得：如果人们因为看到一篇书评，受到鼓舞去读了这本书，然后将所思所想与朋友分享或者发在网上，是一件很棒的事。

华为公司创始人兼总裁任正非，对读书也是非常喜爱，他将自己对读书的热爱和习惯，延伸到对华为的管理中。比如华为员工中有一个"3+1"计划，"3"是爱上一项运动、交一个朋友、有一项爱好，"1"则是周末读一本好书。这个举措，对全面提升企业的整体素质和活力发挥了巨大作用。

我国房地产界的领军人物冯仑也是一个爱读书的人。他说："人一出生没有不同，但随着人的状态、相貌、衣着、语言、教育等综合实践的改变，人才开始产生差异，而读书则可以培养大局观。"冯仑小时候就养成了热爱读书的习惯，那时由于环境艰苦，白天要帮大人干活，只能晚上在昏暗的灯光下读书。可他却将这样的环境，比喻为在安静的山洞里读经典！走上社会后，他仍是以书为伴，还自己写书出版，用自己的价值观来影响其他人。

我和你说这些企业家的故事，不是要你将来去做一个商人或成为一个企业家。而是想告诉你，即便有一天，你富甲一方，也要注重自己内心的修养，不要只做一个物质上的富人，更要有一个富有的精神世界。

当然，这个世界上也有一些人，他们满腹经纶，可能却身无分文。虽然读书不一定就能够让人成为富贵之人，但是他们却是精神上的贵族，我希望你千万不要瞧不起这样的人。要知道，真正的富贵不是堆金积玉，而是内心的富有。而这正需要读书才能获得。《论语》里说："君子固穷，小人穷斯滥矣！"一个读过圣贤书的人，即使在穷困的环境里，依然能够保持自己的独立人格，这也是读书的另一个意义。

英国人弗兰西斯·培根有一句名言："读史使人明智，读诗使人聪慧，数学使人精密，哲理使人深刻，伦理学使人有修养，逻辑修辞使人善辩。" 弗兰西斯·培根（1561年—1626年），英国哲学家、作家、科学家。这句话是一位洞察世事人情的饱学之士，对世人的谆谆告诫。"……使人……"是分述，从正面说读书可以塑造人的性格。同时也运用了排比的修辞手法，增强了论述的气势，使人强烈地感受到知识对于人的作用，从而有力地论证了"读书能塑造人的性格"的论点。可见，读书对一个人人格、精神和能力的形成起着多么巨大的作用。

孩子，热爱读书吧！认真读书吧！读过的好书，就像埋在我们心中的一粒粒种子。即使当前的一段时间里，它尚没有发芽、结果，但它在潜移默化中悄悄地与我们的人生产生某种联系。某一天的某一个时刻，一定会呈现出意外的惊喜！

愿你在知识的海洋中自由驰骋！海阔凭鱼跃，天高任鸟飞！

不要被散布消极读书观的人影响

孩子：

　　上一封信我们谈了读书与功名、富贵的关系，这封信我想和你谈谈千万不要被你身边那些持有消极读书观的人影响。

　　在我们的生活中，有这样一些人，他们自己不读书，还说读书没有用处，我把这些人称为"散布消极读书观的人"，这样的人你一定要远离。

　　我梳理了一下，这样的人大致有以下几种：

　　第一种：因自身缺陷找不到理想工作，甚至连一般工作也找不到的大学生。

　　这种学生虽然学习成绩优秀，有的甚至毕业于名牌大学，满腹经纶，但大都有性格上的缺陷。有的是性格自闭，内向胆小，不会或不敢与人交际，从而找不到合适的工作；有的是性格孤傲，唯我独尊，看不惯一切，使自己融不进社会中，从而难以找到发展的平台；有的是心胸狭窄，极端自私，只求索取，不愿奉献，与同事格格不入，最后失去工作。这些学生，虽然是自身原因导致"怀才不遇"，却总是抱怨读书无用，实际是在感慨自己的"英雄无用武之地"。

第二种：学习成绩一般甚至较差，毕业于非正规大学的学生。

一方面由于这些学生基础差，另外也由于大学的师资力量跟不上，导致这些学生难以通过大学教育得到知识和能力的全面提升，只是度过了几年所谓的大学时光，获得了一张所谓的大学文凭而已。很多知名企业招聘时，就只要"211""985"等国家重点大学的学生，所以这些学生甚至连投简历的机会都没有。这些学生中，更有不少人是好的工作找不到，普通的工作又不愿去做，所以一毕业即失业。读书无用论大量的信奉者就是这种学生及其家长。

第三种：没有上过大学，甚至连中学都没有上过却最终致富的生意人、个体户、老板等。

这些人，虽然没有上过大学，甚至连中学都没有上过，但是他们头脑精明，在社会上敢闯敢干，做生意，办企业，赚了一些钱。于是他们便有一种心理,觉得自己虽然没有上过大学,但是比大学生赚的钱还多,因而觉得读书无用。

由此,我们可以看到,以上人宣扬的所谓读书无用论,并不是读书真的无用,而是进一步证明了个人努力才是成功的第一要素,如果走上社会后不能结合实际不懈努力,学历并不能使一个人走多远,还是要不断地提升自己。

对于第一种人,如果他们完善自己的缺陷,补齐自己的短板,他们读的书就会找到用武之地;而第二种人,读的书还远远不够,个人能力与大公司、好岗位尚不匹配,所以更应该多读书、读好书,不断打磨自己;而对第三种人来说,他们本来就精明能干,资质禀赋较好,如果能够在后天加强学习,进一步提升自己,完全可以把小生意做成大生意,由小老板变成大老板,从而更好地实现个人的价值,为社会做出更大的贡献。

我们不妨进一步反证一下:如果读书真的无用,国家为什么要加大对教育的投入,改善办学条件?如果读书真的无用,社会上的各种培训班、补习班为什么越来越火?如果读书真的无用,那些富人为什么不惜一切代价让孩子上名校,甚至送孩子到国外去学习?如果读书真的无用,那些已经成功的人士为什么还要再花钱、花时间、花精力去上各种MBA

和EMBA，提高自己的学历？如果读书真的无用，市场上的图书种类为什么会越来越多？这诸多的事实和现象，都无可辩驳地说明：读书不是无用，而是十分有用。

孩子，希望你不要让读书无用的论调影响读书热情。要明白，读书可以使人增长知识，开阔视野；可以愉悦性情，陶冶情操；可以使人思维活跃，激发创造性；还可以磨练意志，提升思想境界，从而全面提高素质，增长才干，使普通的人变得优秀，使优秀的人变得出类拔萃，使出类拔萃的人变得卓越伟大。

孩子，请擦亮你的眼睛，摆正你的观念，从现在做起，抓紧读书，力求上进吧！只要你今天付出辛勤的努力，明天就一定会收获成功的硕果，千万不要等"白了少年头，空悲切"！

读书是改变命运最有效的途径

孩子：

上封信，我们谈了不要让读书无用论影响你读书的热情。你应该明白，从古到今，读书都是改变个人命运最有效的途径，这封信我想和你专门谈谈这个问题。

我们绝大多数人出身平凡，只有依靠自身具备的技能和素质，才能立足于这个社会，而读书是学习技能和提高素质最有效的途径。

我想你一定听说过历史上匡衡"凿壁借光"、孙康"映雪夜读"的故事，这都是古代人因为读书而改变人生的真实例子。

少年时代的匡衡 ⓘ匡衡（生卒年不详），字稚圭，东海郡承县（今枣庄市峄城区王庄乡匡谈村）人。西汉经学家、政治家、大臣，以说《诗》著称。元帝时位至丞相。唐代杜甫对其评价："匡衡抗疏功名薄，刘向传经心事违。"非常勤奋好学。由于家里很穷，所以他白天必须干许多活，挣钱糊口。只有晚上，他才能坐下来安心读书。不过，他又买不起蜡烛，天一黑，就无法看书了。匡衡对于这浪费的时间，非常心痛。他的邻居家里很富有，一到晚上好几间屋子都点起蜡烛，把屋子照得通亮。匡衡有一天鼓起勇气，对邻居说："我晚上想读书，可买不起蜡烛，能否借用你们家的一寸之地呢？"邻居一向瞧不起比他们家穷的人，就恶毒地挖苦说："既然穷得买不起蜡烛，还读什么书呢！"匡衡听后非常气愤，于是他更下定决心，一定要把书读好。

匡衡回到家中，悄悄地在墙上凿了个小洞，邻居家的烛光就从这洞中透过来了。他借着这微弱的光线，如饥似渴地读起书来，渐渐地把家中的书全都读完了。

匡衡读完这些书，深感自己所掌握的知识还远远不够，他想继续多看一些书的愿望更加迫切了。附近有个大户人家，有很多藏书。一天，匡衡卷着铺盖出现在大户人家门前。他对主人说："请您收留我吧！我给您家里白干活不求报酬，只求让我阅读您家全部的书籍就可以了。"主人被他的精神所感动，答应了他借书的要求。

匡衡勤学苦读，孜孜不倦，后来做了汉元帝的丞相，成为西汉时期有名的学者。

其实，像匡衡这样通过读书改变命运的例子在今天也比比皆是。

比如"新东方"的创办者俞敏洪，他是地地道道的农村出身，他曾参加过三次高考，前两次都因英语成绩不合格而落榜。

1977年，全国恢复高考。俞敏洪和当时很多有志青年一样，进入学校读书，准备应考。他刚进入高中时，高一马上就结束了，而当时高中一共两年，他实际上只读了一年高中，成绩也一直落在班里其他同学后面。1978年，他参加了高考。尽管他学习非常努力，当时的录取分数线也很低，他报考的常熟师专英语录取分数线只有38分，但他仍因基础太差而落榜了，他的英语只考了33分，其它几门也考得不理想。于是他回乡当了一名代理教师，但他没有气馁，也没有放弃，而是利用课余时间抓紧复习。1979年，他再次参加高考。这次虽然进步很大，总分过了录取分数线，但英语只考了55分，而这次常熟师专的英语录取分数线变成了60分，结果再度落榜。但他仍不灰心，继续复习备考。1980年的高考开始了，英语考试时间是两个小时，他仅仅用了40分钟就交卷了。英语老师看见后大怒，迎面抽了他一耳光，因为英语老师认为他这么快出考场，肯定是没有好好答卷。然而分数出来以后，俞敏洪总分387分，英语考了95分！当年，北大的录取分数线是380分。一个土生土长的农村娃，就这样经过三次高考，成为了一名北大学生。

在北大，俞敏洪是全班唯一一个从农村来的学生，开始他不会讲普通话，结果被从A班调到较差的C班。在北大的四年里，表面上看，他属于那种沉默寡言被人冷落的后进生，但让很多人没有注意到的是：他把全部时间都用在了读书上，而且涉猎范围非常广泛，文学、哲学、社会科学及自然科学著作，他都如饥似渴地阅读着。四年时光里，他读了大量的书，为他以后的创业和发展打下了坚实的基础。

假如俞敏洪当年不读书放弃高考，又假如他进入北大后，没有忍受孤独、寂寞和冷眼而自立自强、发奋读书，他肯定不会有今天的成就。是读书，改变了他的命运；是读书，成就了他的事业。

他在一次给北大学生的演讲中说："对于不同的人来说，成长过程虽然不同，但都是由痛苦堆积起来的。我大学四年感到极其自卑，但我清楚一点，就是要多读书！"他建议同学们大学四年，最起码应该读500本书，有了这么多的书打下基础，人生就会有强大的底气。他又说："运气不可能持续一辈子，能帮助你持续一辈子的东西只有你个人的能力，因此，年轻人要多读书，这是你成功的最佳途径。"

孩子，读书能够改变命运，美好的青春年华正是学习知识和技能的大好时光，你千万不要虚度！肯读书的人，将来必成大器。

联合国教科文组织曾经提出："谁掌握了知识和技能，谁就拥有了走向人生的通行证。"人们正是通过读书获得知识、掌握技能、积累经验、提高素质，从而改变其认知、做事、生活以及生存和处世的能力。

对你来说，没有勤奋读书作自己人生的坚强后盾，任何成就都谈不上。勤学苦读是一个人获得成功的一大法则，也是改善人生地位最好的武器，因为知识之光能够引导一个人走向成功之路。而不读书，则容易导致愚昧无知，就犹如在黑夜中行路，漆黑一片，人生何以前进？

孩子，从今天开始，你一定要努力读书，用知识来充实你的头脑，铺垫你走向成功的道路，创造出属于你自己的精彩人生！下回再见吧！

名人
家训

杨椒山

《谕应尾、应箕两儿》

导读

　　孩子，我给你附上《杨椒山遗嘱》一文，这篇文章是明代著名的忠臣杨继盛写给两个儿子的遗嘱，读了会让人感动得落泪。虽然篇幅有点长，我还是希望你能够好好读一读，对你一定会有很多启示。关于杨继盛的故事，你也不妨去搜集一下，他实在是我国历史上光耀史册的名臣，天地之间正气啊！

应尾、应箕两兄弟：

　　人必须要立志。但开始立志成为君子，到后来却有很多变为了小人的。所以，如果初始时不先立下一个坚定的志向，那么中途就会失去定志，于是便无所不为；于是便会成为天下的小人，大家都会轻视、厌恶你。如果你发愤立志，要做一个君子，那么不论是做官还是不做官，人人都会敬重你。所以我要你们，首先要立起志气来。

心是人体的核心，就如树的根、果的蒂，所以做人最要紧的是不能先坏了心。心里要是存有天理、公道，我们做出来的，便会都是好事，便是君子一类的人。心里如果存的是欲望，是自私自利，即使想做好事，也会有始无终；即使想在外面做个好人，也会被人看破。如果树根衰败了那么树就会枯萎，如果果蒂坏了那么水果就会掉落。所以，你们不能把心灵给污染了。

心的主要职责是思考。人在独自坐着时，或是夜深时，一有念头起来就会自己一个人想："这是好的念头，还是恶念？"如果是好念头，那么就扩充开来想，定要把这念头变成行动；如果是恶的念头，便要禁止，不要再想。每做一件事情时，就要思考，这件事情是合乎天理还是不合天理。如果是合乎天理，便去做；如果是不合天理，便要停下来不要再做。不可以做一分一毫违背良心、伤天害理的事，那么上天一定会保护你，鬼神也必定会护佑你。否则，天地鬼神，一定不能容纳你。你们读书如果中了举或中了进士，想想我遭受的苦难，不做官也是可以的。如果是要做官，必须正直、忠厚，恪尽职守，忠心报国。既不可以效仿我的狂妄愚痴，也不可因为我忠心为国而遭受祸患，就改变想法行为，放松了做善事、行正道的志向，从而让人讥笑，说你们父亲贤德而儿子却不成器。

你母亲是个最正直、不偏心眼儿的人。你们两个要孝顺她，凡事依着她，不可说你母亲向着哪个儿子，不向着哪个儿子；向着哪个媳妇，不向着哪个媳妇。要是惹她生了一些气，便是不孝。这样不但上天会诛杀你，我在九泉之下，也会叫你不得安宁。

你们两个是同胞兄弟，应当终生和睦相处。不可各积私财，以致起争执的事由；不可因为说错了话，或做错了些小事便起争执，以致面红耳赤。应箕你性子暴一些，应尾你从小就知道他性子的，看在我的面上，如果你们之间起了冲突，应尾你要多让着他一点。应箕你要尊敬哥哥，要十分小心，要像尊敬我一般尊敬他才是。要是你哥哥与你计较点什么，那你便自己跪下，向他赔礼。他如果非常恼怒想不开，那你便央求与你哥哥相好的朋友劝他。不可以因你哥哥恼怒，你就与他对着干。

应尾的媳妇，是书香门第出身；应箕的媳妇，是官宦家庭出身。这中间的关系是最难处理的。应尾要教导你媳妇，爱护你弟妻如亲妹妹一般，不可以因为她是官宦人家的女儿，便气急了不能忍受，心生猜疑忌恨。应箕要教导你媳妇，爱敬嫂嫂要如亲姐姐一样，衣服首饰，不要穿戴十分好的，以免你嫂嫂见了，口中虽然不说，心里生起几分不耐烦。如果这样，那么妯娌间从此便会有了嫌隙。四季所穿的衣服，每次遇到出门办事时，妯娌两个要是一样的。你们兄弟两个，也是一样。吃饭时，你们两个同你母亲一起吃，两个媳妇另一处吃，不可以各人与各人的媳妇在自己房里吃。因为这样时间一久，就会相互间生出厌恶来。

你两个不管有天大的矛盾，都要私下里请众亲戚来讲和，切记不可以告到官府。如果是一个人先去告官，后面去见官的，记住把这册手卷送交给官府。先去告官的，便是不孝，官府必定会从重治他。恳求你们两个，好歹为我长些志气。在这预先请求处理讼案的官员老先生，如果您见到这个卷册，请谅解我的苦情，替我教育这两个儿子。请您多劝诱他们，使他们争后能复和，那么我在九泉之下，必定衔环结草感谢您的大恩。

你们堂兄燕雄、燕豪、燕杰、燕贤，都是知道好歹的人。虽然平时对我有些冷淡，但这却不干他们的事。俗话说，家境好时对你好的是别人，家境恶时对你好的是家人。你们两个要爱敬他们，让着他们。祖宗产业如有分配不均的，他们要是喜欢占点便宜，你们也让让他们吧，不要去争竞，到时自然有别人会出来说公道话的。

你们两个还年轻，恐怕那些油滑之人见了你们，会哄骗诱惑你们。他们或者请你们吃饭，或者引诱你们去赌博，或者以心爱之物诱惑你们，或者以美色引诱你们。一旦你们落入了他的圈套，便会吃他的亏，上他的当。这样，不仅会让你们荡尽家产，而且会弄得你们无法做人。要是有这样的人哄骗你们，便想想我的话，以识破他们。投你所好的，是对你们不怀好意的意思，你们要远离他们。你们要挑那些老成忠厚，肯读书、肯学好的人，与他们肝胆相交，言语守信，整天与他们相处。这样你们自然会成为好人，而不会成为下流之人。

你们读书时，如果见到书中有好的事、好的行为，便要想着，将来我也一定要这样做；如果见到的是不好的事情，便要想着，这种事情将来我一定要戒除不犯；见到一个好人，则要爱敬他，立志将来一定也要像他一样做个好人；见到一个不好的人，则要想着，我将来一定不要学他成为他那样的人。如果能够做到这样，那么你们的心地自然会变得光明正大，做事自然不会随便，你们也将成为天下第一等人。

学习科举之业，只需要多记多写。除"四书五经"之外，古文类的论策、表文、判语等，都要熟读常作。不可以专门只读科举应试文章, 只写科举应试文章; 不可以只读科举应试规定的五经。千万记住, 不可以一天没有师傅教诲。如果没有师傅, 学习时就不会害怕, 没有压力, 没有检查考核, 即使十分用功, 最终成绩也只是稀松平常。另必须选择好的老师。如果一个师傅让你们不满意, 就辞退了吧, 再找好的, 不能因为怕浪费钱而延期, 以致耽误学业。又必须选择交好的朋友, 天天一起会讲、研讨、交流。这样, 你们的科举考试也就不怕没有成就了。

居家过日子要注意的关键, 第一是家中要内外界限分明, 严肃谨慎。女子十岁以上的, 不可以让她们走出中门。男子十岁以上的, 不可以让他们进入中门。外面来的妇人, 即使是至亲, 也不能让她们常常来家里串门, 以免与她们谈论是非长短, 以致引起别人家里不和, 又可以防止她们做出一些奸盗之事。你们只要照我说的去做就是了。院墙要筑得很高, 而且上面必须插满棘刺。如果院墙稍有缺坏, 一定要弄清楚原因。如果是因夏天大雨导致院墙倒塌, 一定要及时补修好; 如果因雨天不便修补, 也要立即在院墙倒塌处围上篱笆, 不可以拖延时间, 也许能够排除奸盗来犯的隐患。酒肉、面食、瓜果、油盐、酱菜等, 一定要汇总收藏到一个库房; 五谷杂粮等食物, 要汇集收藏在一个仓房, 由当家的人掌管库房锁钥。平时衣着要朴素, 居住的房屋不要建得高大, 饮食、用度要俭朴节约；不要看见人家穿好衣服便也想要，见别人住好房屋便也想盖，见别人用好东西便也想买，这样一定会让你的家庭走上衰败之路。如果开支用度不够，可以计算缺多少，再变卖田产来补充不足，千万记住不可以借债。如果借了债，每天利滚利，这样积累的债便越来越多，穷得也就越来越快。所以，千万别借债！我们家的四顷多田地，够你们两个种了。你们不可贪心，见了好田地又想买。因为地越多，税赋就越高，缴纳的税粮越多。这样可能最终导致受负债之累，受官府衙门的气啊。

与别人相处，首先要谦卑、诚实。与人一起做事，则不要怕劳苦；与人一同饮食时，则不要贪图美食；与人一起行走时，则不要自己选择好路；与人同睡一屋时，则不要独占床席。宁可让别人，也不要让别人让我；宁可宽容别人，也不要让别人来包容我；宁可吃别人的亏，也不要让别人吃我的亏；宁可受别人的气，也不要让别人受我的气。如别人对我们有恩，我们应当终身不忘；如人与我有怨，我们应当马上放下。见到别人行善，则要多多称扬别人的善行；听到别人的过失，则千万不能对别人说。如果有人向你说，某某人感谢你的恩情，你要回答说，是他有恩于我，我没有帮得上他；这样，感恩者听了，其感恩之心会更重。如果有人向你说，某某很恼怒你、诽谤你，你应当说，他与我平日相处得很好，怎么会有恼怒我、诽谤我的道理? 这样, 恼怒你、诽谤你的人听了, 他对你的怨气也就消了。如果有人的才能胜过你, 你应当敬重他, 不可以有忌妒的心思。如果别人的才能不如你, 你应当谦虚待他, 不可以有轻贱的意思。另外, 与人相交, 如你们能做到时间长久了而关系更加和睦密切, 那么你们行走天下也就可以做到与人无怨了。

我同母兄弟姐妹, 还健在的有四人, 你们大伯、二姑、四姑和我。你们大伯有四个好孩子, 而且家道富贵殷实, 不必你们操心。你们二姑、四姑, 家中都比较贫穷, 需要你们平时多照顾; 你们敬重她们, 要像尊敬我一样。至于你们五姑、六姑, 也要一样看待。家族中人, 有饥寒的、没能力安葬的或没能力操办嫁娶的, 你们要量力帮助, 别忘了大家同属一个宗族, 不能漠不关心。

我们家是讲究礼仪的读书人之家, 冠礼、婚嫁、丧葬、祭祀, 一定要遵照家礼举行, 不得违礼。你们如果有不懂的地方, 一定要多请教别人, 不可以按世俗之法马虎操办。希望子孙后辈们观照遵行礼仪法度。

你们姐姐, 与你们是同母所生。日后, 她如果家中富贵便算了, 如果是家中穷困, 你们两个一定要老实帮助、照顾她。你娘要给她东西, 你们两个不要阻拦; 如果你们不愿意而有所阻拦, 不但会伤害兄弟之情, 也会让你娘生气。这样做既不友悌，又不孝顺。请你们一定牢记。

杨应民，是我从小抚养长大成人的。以后，你们可以在村里给他一处庄园，将坟左边近处的田地，给他五十亩。这些产业，如果他为人公道便给他；如果他有一些私心，私自积攒钱财，那么房子、土地，就都不要给他了。曲钺他如果为人安分守己，以后你们也可以给他田地二十亩，村中宅子一小所。如果他在家中闹事，想回去，你们就与你们两个丈人商量讨论，告诫他，不能依着他，免得其他小孩学他的样，那样你们就难管了。福寿儿、甲首儿、杨爱儿，都是在监牢中照料我的人，以后都给他们田地二十亩，房子一小所；这几个人，地都给他们坟左边近处的，安排他们看守坟墓；田地允许他们种，但不许他们卖。关于我案子的奏本已经递上去了，可能批复马上就要下来了。匆忙之间，在油灯下写下了这些，条理比较乱，然而居家做人的道理，都在这里了。你们拿去给你娘看后，做一个布袋装着，放在我灵前的桌上。每月初一、十五时，全家大小，在灵前拜祭后，要把这手卷从头到尾念一遍；全家人都得听着，即使有要紧事，也不要废止不行。

原文

　　人须要立志。初时立志为君子，后来多有变为小人的。若初时不先立下一个定志，则中无定向，便无所不为。便为天下之小人，众人皆贱恶你。你发愤立志，要做个君子，则不拘做官不做官，人人都敬重你。故我要你，第一先立起志气来。

　　心为人一身之主，如树之根，如果之蒂，最不可先坏了心。心里若存天理，存公道，行出来，便都是好事，便是君子这边的人。心里若存的是人欲，是私意，虽欲行好事，也有始无终。虽欲外面做好人，也被人看破。如根衰则树枯，蒂坏则果落。故要你休把心坏了。

　　心以思为职。或独坐时，或夜深时，念头一起，则自思曰：这是好念，是恶念。若是好念，便扩充起来，必见之行。若是恶念，便禁止勿思。方行一事，则思之，以为此事合天理，不合天理。若是合天理，便行。若是不合天理，便止而勿行。不可为分毫违心害理之事，则上天必保护你，鬼神必加佑你。否则，天地鬼神，必不容你。你读书若中举中进士，思我之苦，不做官也是。若是做官，必须正直忠厚，赤心随分报国。固不可效我之狂愚，亦不可因我为忠受祸，遂改心易行，懈了为善之志，惹人父贤子不肖之诮。

　　你母是个最正直、不偏心的人。你两个要孝顺她，凡事依她，不可说你母向那个儿子，不向那个儿子。向那个媳妇，不向那个媳妇。要着她生一些气，便是不孝。不但天诛你，我在九泉之下，也摆布你。

你两个是同胞兄弟，当和好到老。不可各积私财，致起争端。不可因言语差错，小事差池，便面红面赤。应箕性暴些，应尾自幼晓得他性儿的。看我面皮，若有些冲撞，担待他罢。应箕敬你哥哥，要十分小心，合敬我一般的，才是。若你哥计较你些儿，你便自家跪拜，与他陪礼。他若十分恼不解，你便央及你哥相好的朋友劝他。不可因他恼了，你就不让他。

应尾媳妇，是儒家女。应箕媳妇，是宦家女。此最难处。应尾要教导你媳妇，爱弟妻如亲妹。不可因她是官宦人家女，便气不过，生猜忌之心。应箕要教导你媳妇，敬嫂嫂如亲姐。衣服首饰，休穿戴十分好的。你嫂嫂见了，口虽不言，心里便有几分不耐烦。嫌隙自此生矣。四季衣服，每遇出入，妯娌两个，是一样的。兄弟两个，也是一样的。每吃饭，你两个，同你母一处吃。两个媳妇一处吃。不可各人合各人媳妇，自己房里吃。久则就生恶了。

你两个不拘有天来大恼，要私下请众亲戚讲和。切记不可告之于官。若是一人先告，后告者，把这手卷送至于官。先告者，即是不孝，官府必重治他。央及你两个，好歹与我长些志气。再预告问官老先生，若见此卷，幸谅我苦情，教我二子。再三劝诱，使争而复和。则我九泉之下，必有衔结之报。

你堂兄燕雄、燕豪、燕杰、燕贤，都是知好歹的人。虽在我身上冷淡，却不干他事。俗语云，好时是他人，恶时是家人。你两个要敬他让他。祖产有未均处，他若爱便宜，也让他罢，休要争竞，自有旁人话短长也。

你两个年幼，恐油滑人见了，便要哄诱你。或请你吃饭，或诱你赌博，或以心爱之物送你，或以美色诱你。一入他圈套，便吃他亏。不惟荡尽家业，且弄你成不的人。若是有这样人哄你，便想我的话来识破他。合你好，是不好的意思，便远了他。拣着老成忠厚，肯读书、肯学好的人，你就与他肝胆相交，语言必信，逐日与他相处。你自然成个好人，不入下流也。

读书见一件好事，则便思量，我将来必定要行。见一件不好的事，则便思量，我将来必定要戒。见一个好人，则敬他，我将来必要合他一般。见一个不好的人，则思量，我将来切休要学他。则心地自然光明正大，行事自然不会苟且，便为天下第一等人矣。

习举业，只是要多记多作。四书本经之外，古文论策表判，皆须熟读常作。不可专读时文，专作时文。不可止读本经。切记不可一日无师傅。无师傅，则无严惮，无稽考。虽十分用功，终是疏散。又必须择好师。如一师不惬意，即辞了，另寻，不可惜费迁延，致误学业。又必择好朋友，日日会讲切磋。则举业不患其不成矣。

居家之要，第一要内外界限严谨。女子十岁以上，不可使出中门。男子十岁以上，不可使入中门。外面妇人，虽至亲，不可使其常来行走。恐说谈是非，致一家不和，又防其为奸盗之媒也。只照依我行，便是。院墙要极高，上面必以棘针缘的周密。少有缺坏，务要追究来历。如夏间霖雨，院墙倒塌，必实时修起。如雨天不便，亦即时加上寨篱。不可迁延日月，庶止奸盗之原。酒肉面果，油盐酱菜，必总收一库房。五谷粮食，必总收一仓房。当家之人，掌其锁钥。衣服要朴素，房屋休高大，饮食使用要俭约。休要见人家穿好衣服，便要做。住好房屋，便要盖。使好家伙，便要买。此致穷之道也。若用度少有不足，便算计可费多少，即卖田产补充。切记不可揭债。若揭债，则日日行利，累的债深，穷的便快，戒之戒之。田地四顷有余，够你两个种了。不可贪心，见好田土又买。盖地多，则门必高，粮差必多。恐至负累，受官衙之气也。

与人相处之道，第一要谦下诚实。同干事，则勿避劳苦。同饮食，则勿贪甘美。同行走，则勿择好路。同睡寝，则勿占床席。宁让人，勿使人让我。宁容人，勿使人容我。宁吃人亏，勿使人吃我亏。宁受人气，勿使人受我气。人有恩于我，则终身不忘。人有怨于我，则即时丢过。见人之善，则对人称扬不已。闻人之过，则绝口不对人言。人有向你说，某人感你之恩，则云，他有恩于我，我无恩于他。则感恩者闻之，其感益深。有人向你说，某人恼你谤你，则云，他与我平日最相好，岂有恼我谤我之理。则恼我谤我者闻之，其怨即解。人之胜似你，则敬重之，不可有傲忌之心。人之不如你，则谦待之，不可有轻贱之意。又与人相交，久而益密，则行之邦家，可无怨矣。

我一母同胞，见在者四人。你大伯，二姑，四姑，及我。大伯有四个好子，且家道富实，不必你忧。你二姑，四姑，俱贫穷，要你时常看顾她。你敬她，合敬我一般。至于你五姑六姑，总须一样看待也。户族中人，有饥寒者，不能葬者，不能嫁娶者，要你量力周济。不可忘一本之念，漠然不关于心。

我们系诗礼士夫之家，冠婚丧祭，必照家礼行。你若不知，当问之于人，不可随俗苟且，庶子孙有所观法。

你姊，是你同胞的人。她日后若富贵，便罢。若是穷，你两个要老实供给照顾她。你娘要与她东西，你两个休要违阻。若是有些违阻，不但失兄弟之情，且使你娘生气。不友，又不孝。记之记之。

杨应民，是我自幼抚养他成人。你日后，与他村里庄窠一所。坟左近地，与他五十亩。他若公道，便与他。若有分毫私心，私积钱财，房子地土，都休要与他。曲钺他若守分，到日后，亦与他地二十亩，村宅一小所。若是生事，心里要回去，你就合你两个丈人商议，告着他，不可饶他。恐怕小厮们照样儿行，你就难管。福寿儿，甲首儿，杨爱儿，都是监中伏侍我的人。日后都与他地二十亩，房一小所。以上各人，地都与他坟左近的，着他看守坟墓。许他种，不许他卖。覆奏本已上，恐本下急。仓卒之间，灯下写此，殊欠伦序。然居家做人之道，尽在是矣。拿去你娘看后，做一个布袋装盛，放在我灵前桌上。每月初一十五，合家大小，灵前拜祭了。把这手卷，从头至尾，念一遍，合家听着。虽有紧事，也休废了。

第二章
社会正在惩罚不读书的人
——读书能提升你的竞争力

不读书的人，思想就会停止。人都向往知识，一旦知识的渴望在他身上熄灭，他就不再成为人。

——南森

不要被"高分低能"的谎言骗了你

孩子:

　　社会上常常流行一种"高分低能"的论调,说那些考高分的学生情商低、交际能力差、工作能力差,只会死读书,甚至说他们傻、蠢,是书呆子。"高分"是否真的就是"低能"？在这封信里,我就同你谈谈这个问题。

　　不可否认,现实生活中确实有"高分低能"的例子。如某神童在幼儿时期就认识了几千个汉字,十几岁考入重点大学,大学毕业后又考上了研究生,因大学之前母亲照料他的生活,读研究生的时候,母亲因病不能继续照料他,他的生活便乱成了一团糟,饭不会买,衣服不会洗,房间不会打扫,在受到别人的嘲笑后,又面临巨大的精神压力,最后只好退学。又如某重点大学的女生,竟然被中学学历的骗子成功骗钱骗色，可见社会经验、人生阅历也是智慧的重要组成部分。

　　但这些事情都是极端个例，并不带有普遍性。在现实生活中，我们放眼望去，那些叱咤风云的总统、首相、政要，多数毕业于世界顶级大学；那些活跃在商界前沿的总裁、高管，多数毕业于名牌大学。在军界，军、师、及以上的高级军官，几乎都是当年在军事学校里名列前茅的学生。科学技术领域就更不用说了，学科带头人、重大科研成果的带头人、神州系列航天载人飞船的设计师，他们当年无一例外是天赋很高的学神、学霸。而文艺界，除了少数天生资质禀赋异于常人的歌手和演员外，唱片公司的管理层、名作家、央视及各地电视台的著名主持人、著名导演等，都是当年成绩出色的学生。

　　我们不妨再看看自己的周围，那些活跃在各行业的牛人们，大多是当年学习成绩比较好的，他们或高薪厚禄，或担任要职，或敢于创新，成为社会的上层人物；而当年那些读书成绩比较差的人，则大多从事着最为普通的工作，拿着非常微薄的薪水，过着紧巴巴的日子。当然，当年学习成绩差但后来发达的，与当年成绩好而后来混得不怎样的人，也不是没有，只不过是极少数而已。通常情况下，都是"高分高能"和"低分低能"。所谓的"高分低能"，只不过是那些弱者用以自我解嘲，或是用以诋毁强者的遮羞布而已。

可以说，世界各行业的领军人物、精英人物绝大部分是学生时代的佼佼者。"高分高能""低分低能"，国内国外，概莫能外。

既然现实中"高分低能"只是极少数现象，但为什么"高分低能"的论调又在人群中颇有市场呢？

统计学上有一个原理，叫做"幸存者偏差"，❶ 幸存者偏差，另译为"生存者偏差"或"存活者偏差"，驳斥了一种常见的逻辑谬误，这个被驳斥的逻辑谬误指的是只能看到经过某种筛选而产生的结果，而没有意识到筛选的过程，因此忽略了被筛选掉的关键信息。就是当一种信息仅来自于幸存者时（因为死人不会说话），这种信息便可能与实际情况存在一定偏差。

有一个典型的例子：空战结束后，所有返航飞机的翼部和尾部中弹最多，因此专家得出结论：应该改进和强化飞机的翼部和尾部，以提高飞机的战斗力和安全性。其实稍加考虑，就知道这个结论是错误的，因为能够返航回来的飞机，虽然翼部和尾部中弹最多，千疮百孔，但这恰恰证明这些飞机没有受到致命伤，而那些油箱和驾驶员舱位等部位中弹的飞机，都被击落了。

相信"高分低能"的人，就是陷入了"幸存者偏差"的误区，他们在听那些"高分低能"者的事情时，目光只是放在那些低能者曾经考过高分，却忽略了大量高分者的能力大都很强的情况。事实上，绝大多数"高分"者的学习习惯、思维能力、自我约束力等，都大大高于"低分"者。同样的，我们在听到那些"低分高能"的学生创造传奇时，也只是看到这些"传奇"的成功和我们想看到的某些因素，比如学习成绩差，却看不到这些人身上还有其他出类拔萃的地方，如有胆、有识、有毅力等优秀品质。其实，"低分高能"者必定在某一方面是优于常人的"高分"。

"高分低能"的论调，只是以极其少数的个案和夸张的叙述方式来渲染读书的无用。他们以偏概全，将个别成功者"不学习""成绩差"的经历，作为其成功的主要理由。这种论调，正迎合了那些在学习中不想下苦功夫，遇到困难就退缩，只想不劳而获，梦想意外的幸运会降临到自己身上的同学。如果自己身上本来就没有其他过人的禀赋，加上后天再不学习，即使有好的机遇摆在了面前，你也抓不住。

这个观念的误区在于，他们不知道勤奋本身就是"高分"的一个重要组成部分。事实上，成绩好的人往往自律、认真、有属于自己的学习方法且喜欢思考。"高分"只是他们"高能"的一种表现而已。

　　所以归根结底，"高分低能"只是弱者自我麻痹的一种说辞。他们不愿意承认自己不如别人努力，所以便不断放大一些"个例"身上和他们类似的点——"低分"，企图论证"高分低能""低分高能"这个谬论。

　　孩子，如果你有这种思想，赶紧醒醒吧！愿你用自己的勤奋和努力，向"高分高能"奋进，通过"高分"来培养自己的高能，创造属于自己的美好明天！

高学历与高能力

孩子：

上一封信我们谈了"高分"并非"低能"的问题。当前社会上还有一种论调，即高学历往往是低能力。这简直是"高分低能"论调的翻版，当然也是错误的。这封信我们就来谈谈这个问题。

每年大学毕业季，都会爆出那些知名企业、大公司招聘时，只要"985""211"等名牌大学毕业生的新闻。而人们对这种论调的讨伐之声也总是不绝于耳，很多人认为这是一种就业歧视，也总能举出一些普通大学毕业，甚至是没上过大学者却取得成功的例子。

现实中低学历高能力的人确实存在。难道那些大公司都是傻子，连这个普通人都明白的道理，他们会不明白？当然不是，只是因为识别低学历高能力的人很困难。现实中，那些低学历高能力的人，也都是经过一番打拼成功后，才被人们知道的，而且占的比例也是极少数。而那些具有高学历的人，绝大多数能力都很高，即便不高，也会在社会竞争中不断提升自己，至于那些被媒体爆出来的高学历的低能儿，只是极端个例，而且也往往是由于人格、性格等方面存在缺陷。

因此，企业为了提高招聘效率，降低用人风险，最直接和最客观的标准便是看学历。然而并不是只看学历不看能力，而是通过学历看能力。一般来说，企业也不可能让一个低学历的人去试一试。即便对于那些名牌学校毕业的高学历者来说，一般也是正式录用后，让其从底层做起，然后逐步提拔到重要岗位。实践证明，这是一种经得起时间考验的靠谱办法。尽管对于低学历的人来说，这很不公平，也有些残酷，但对企业来说却是最优的方式。

学历高的人，相应的能力也高，这是一种普遍现象。他们走上社会后，也比那些学历较低的人更容易成功。这其中的原因其实并不难理解。

其一，能考进名牌大学的学生，往往天资聪颖，学习起来得心应手，做事情的信心比同龄人更足，更容易挑战和突破自我，能最大地发挥自身的潜能。而考低分进入一般大学的学生，一般接受能力较差，心理自卑，做事情的积极性和主动性不强，常常会受到老师的批评或歧视，进而导致自身的潜能得不到有效开发。他们走上社会后，也往往对工作和前途缺乏信心，从而随波逐流，不求进取。

其二，虽然现代教育提倡快乐学习、兴趣学习，但总体来说学习是一件艰苦和枯燥的事情。那些能考进名牌大学的学生，大都能甘于寂寞，勤奋努力，攻克难关。这些优秀品质，对以后做好工作也极为重要。而进入一般大学甚至没有考上大学的学生，大多对学习不感兴趣，不下功夫，放纵自己，贪图玩乐。他们走上社会后，不少人也是遇到困难便退缩、逃避、找借口、怨天尤人，本应能够做好的工作也未能尽全力。

其三，考进名牌大学的学生，能够获得更多的学习和进步机会。不论在小学、中学、大学，成绩优秀的学生总是有更多的机会被外派学习、交流、参加各种比赛和活动，与同样优秀和出色的人才在一起。在这些活动当中，更容易开阔自己的思维，汲取崭新的观念和思想，综合素质也能够得到发展提升。尤其在大学时代，名牌大学的学生拥有比普通大学生更为丰富和优秀的教师和校友资源，在日常学习和生活中，同学们互相学习、探讨、交流问题，互相取长补短，互相帮助进步，共同提高，他们建立的不仅仅是纯洁美好的友谊，而且为日后走上社会、进入职场和创业，积累了丰富而宝贵的优质人脉资源。

从这个意义上来说，仅从学历就能反映一个人的层次和高度。因此，高学历常常代表高能力，这并不是偏见，也不是歧视，而是无可辩驳的事实。看学历，成为用人单位一条不成文的选拔人才标准，也成为众多求职者不得不接受的苛刻原则。即便高学历不等于高能力，但在用人单位眼中，高学历是展示自己的硬通货，能为你顺利打开职场之门。如果没有它，你在社会上的打拼将会变得举步维艰，即便最后成功，也要付出更多的代价。

心理学上有一个"证实偏见"陷阱，●注证实偏见（又名证真偏见）：人们普遍偏好能够验证假设的信息，而不是那些否定假设的信息。寻找信息以证真而非证伪自己的假设倾向。当我们在主观上支持某种观点的时候，我们往往倾向于寻找那些能够支持我们原来的观点的信息，而对于那些可能推翻我们原来的观点的信息往往忽视掉。就是说人有一个天生的倾向，会更容易相信能证明自己观点的证据，而忽略那些与自己观点不符的证据。信奉这种论调的人，就是陷入了"证实偏见"陷阱，他们把读书不好或没有上过学而取得成功的人当作自己的偶像，做着黄粱美梦，梦想着自己不用学习，一样也具有某种超能力，能够取得成功。所以信奉这种论调的人，从根本上来说还是为自己不想下功夫学习寻找借口、进行开脱。

　　孩子，愿你趁早清除那些侥幸心理，抓住大好的青春年华，扎扎实实，一步一个脚印，努力读书吧！

不要去崇拜"暴发户"

孩子:

上一封信我们谈了学历与能力的关系, 这一封信我们来谈谈暴发户问题。现实生活中不少人崇拜暴发户, 而暴发户问题也是一种错误的读书观念的反映。

所谓暴发户, 是指那些像火山爆发一样快速富起来的人。而暴发户能在短时间内快速富起来, 并不是靠个人能力, 而主要靠时运、机会等外界因素。他们一夜之间发达了, 有的成为富甲一方的土豪, 有的成为火箭上升的权贵。因为原本出身贫寒, 而权财这一切来得太快太容易, 所以他们的心再也无法平静, 开始炫富摆酷, 挥金如土, 纸醉金迷……所以现实中的暴发户, 大多是不长久的, 就像昙花一现一样。

我国明末农民起义的领袖李自成, 🔈李自成（1606年9月22

日—1645年5月17日），原名鸿基，明末农民起义领袖，世居陕西榆林米脂李继迁寨。年少时给地主牧羊，曾任银川驿卒。1629年发动农民起义，后为闯王高迎祥部下的闯将，英勇有智谋。荥阳大会时，提出分兵定向、四路攻战的方案，受到各部首领的赞同。高迎祥去世后，李自成继称闯王。就是一个典型的暴发户。

李自成本是一个农民，参与和领导农民起义十多年，攻下西安后，建立大顺，做了皇帝。然后又挥师北上，由于大明王朝已经腐朽不堪，所以他不费吹灰之力就攻下了大明王朝的首都北京。

一个贫苦农民，在39岁的时候，突然就进入前朝皇帝的宫殿，面对文武百官匍匐在地，山呼万岁，这一切来得实在是太快了！

正因为这一切来得突然，李自成便昏了头，对后面的局势不知道该如何应对，也没有一个长远和系统的政治主张，他本人和上层将领贪图享受，霸占了前朝后宫的美女和珠宝，下属则大肆掠夺民间财物，强占民女。很快，北京城从起初的"迎闯王，闯王来了不纳粮"，变得乌烟瘴气，民怨沸腾。李自成还将投降大顺的明朝将领吴三桂的爱妾陈圆圆霸为己有，使吴三桂"冲冠一怒为红颜"，投降了清朝，引清军入关。在清军和明朝残余势力的夹击下，李自成不得不放弃北京，最后在湖北九宫山被地方地主武装杀害。前后仅仅短短的42天，李自成的皇帝生涯就结束了。

暴发户不长久，从古到今莫不如此。

国外一位记者专门跟踪采访十年前那些彩票巨奖得主，发现他们中的大多数比中奖前活得更加潦倒落魄，有的甚至是妻离子散、家破人亡。

英国普利茅斯市，一位40岁的男子迈克尔，10年前购买彩票中了280万英镑大奖。这下，他感到今后再也不用为钱发愁了，于是抛弃了古董家具经销商的工作，过起了"花花公子式"的奢侈生活。

他先是花75万英镑，购买了一座前女修道院，随后花25万英镑购买了另一座海景豪宅，花8万英镑买了两辆奔驰轿车，花20万英镑购买了一艘6米长汽艇，又花2.5万英镑购买了许多名牌衣服。他还四处投资，花30万英镑开了一家家具店，花25万英镑开了一家流行音乐录音棚，此外还投资了一家按摩店、一家酒馆和一家夜总会。

他还休掉了结发之妻，娶了一个20多岁的年轻模特为妻子，在巴哈马海滨举办了一场耗资1万英镑的婚礼。

可让迈克尔做梦也没想到的是，他和年轻模特的婚姻只持续了3个月，模特和他离婚后，还在离婚诉讼中分走了他那套价值25万英镑的豪宅。

由于一连串的投资失误，他投资的家具店、按摩店、酒馆、夜总会、录音棚等生意，全都以失败告终。最后他不得不"重操旧业"，从事起中奖前的古董家具销售工作。可是，他已不能再像中奖前那样安心工作，古董家具的生意也每况愈下，入不敷出。

更让人心酸的是，他和前妻有两个儿子，他中奖后分别给两个儿子一大笔钱，两个原本在学校品学兼优的儿子，自从得到了这笔巨款后，学习上不再用心，游手好闲，甚至染上了吸毒的恶习。

本来幸福的一个家庭，就这样被一笔意外的巨额财富毁了。为什么一夜暴富的人消受不起一笔巨额财富，而那些靠勤奋努力，一步一步走向成功的大佬，却能够坐享敌国之富呢？

那些靠勤奋努力，一步一步走向成功的人，不仅钱越赚越多，而且个人的素质也随着财富的增长而提高。他们有能力赚那么多财富，也有能力掌控那么多财富。而当那些一夜暴富的暴发户面对巨额的财产时，他们除了极度兴奋和毫无节制地满足自己的私欲外，并不能很好地处理这笔财富。即便是有意识地投资，也由于缺乏相应的判断能力，而使投出去的钱打了水漂。

经济学上有一个"资源匹配"原理。人们在进行资源配置时，⬤资源配置，是指对相对稀缺的资源在各种不同用途上加以比较做出的选择。资源是指社会经济活动中人力、物力和财力的总和，是社会经济发展的基本物质条件。社会经济发展到一定阶段，相对于人们的需求而言，资源总是表现出相对的稀缺性，从而要求人们对有限的、相对稀缺的资源进行合理配置，以便用最少的资源耗费，生产出最适用的商品和劳务，获取最佳的效益。不同资源的规模、性能等要相互匹配，才能有效发挥作用。否则，就会造成浪费，甚至灾祸。比如一台机器，要用相应功率的马达带动，大了小了都不行。一个岗位，必须要用相应才能的人，才能低的人干不了工作，才能过高的人则不能充分发挥而大材小用。

所以暴发户不长久，靠运气成功也靠不住。这些惨痛的事实告诉我们：靠勤奋努力取得成功才是长久之计。如果整天只做黄粱美梦，即便有一天你真的中了大奖，也无福消受；如果不经过任何面试流程，给你一个重要岗位，你也没有能力将其干好。因为你的经验与之不匹配！你若要让自己能够配得上这些，你就得努力奋斗！

孩子，只有现在努力读书，增长知识，提高素质，厚积薄发，才是可靠的成功之道。

现代社会对读书的要求越来越高

孩子：

之前几封信我们谈过了读书对提高个人能力所起的巨大作用。这封信我想从读书与社会发展的角度，来谈谈读书对个人发展的重要性，那就是现代社会对读书的要求越来越高。

人类社会经过漫长的发展，已经从农业社会、工业社会进入到高速发达和高度文明的信息社会，随着现代科技的发展，智能社会的到来也将指日可待。

不同的社会时代，对人才的要求和标准也大不相同。在东方的战国时代和西方的骑士时代，最受器重的人才是力敌万夫的勇士和巧舌善辩的谋臣；在中国皇权专制的时代里，靠熟读"四书五经"和写"八股文章"，通过科举考试，就能谋得一官半职，出人头地，光宗耀祖；在西方工业革命风起云涌的时代，善于用机器的力量改变世界的发明家以及那些精通专业技术的工程师成了所有人才中的佼佼者。

而在改革开放三四十年前的中国，由于长期受外国列强的欺凌，遭受战争的创伤，新中国成立后又遭受十年"文革"的浩劫，中国的社会经济非常落后，物质财富极端困乏，人们的生活条件非常艰苦，接受教育是极少数人的专利，很多人因家境贫寒而上不起学，整个社会的文盲率超过90%。所以在那个年代，一个人只要稍微读点书，能够识文断字、读书看报、写信、记账，就算是文化人，就能够在社会上找到一份较为体面的工作，受到人们的尊重。

改革开放后，中国社会经济得到了空前发展，对人才的需求量剧增，对人才的要求和标准也有了很大提高。全社会也瞬间由"文革"时期的读书无用论，变为读书热和文凭热，大学生一下子成为天之骄子。而那些没有文凭却有志于学习的人，也通过自学考试、夜大、函授等形式，获得了大学文凭，受到社会的器重，从而改变了自己的命运。其中有不少人通过勤奋自学，成为行业的精英和领军人物。在那时，只要你进入了大学校门，就不用担心找不到施展才能的岗位和平台，整个国家百废待兴，各个行业、各个领域、各个岗位就像久旱需甘霖一样急需人才。

如今，经过几十年的蓬勃发展，中国社会经济与发达国家的差距越来越小，国家的现代化、国际化程度越来越高，对人才的要求也越来越高，因此对读书的能力要求也提高了。过去，能够读书看报、写信，逢年过节帮人家写对联就了不得了；但现在，识文断字只是一个人在社会上生存的基本技能。一个一字不识的人寸步难行，你一出门，到大街上连各种标志、路牌都不认识、看不懂，怎么行？现在通讯已经很方便，你不识字，连智能手机都使用不了，怎么行？现代社会是信息社会，各种信息密集地向我们扑面而来，你不识字，连基本的判断能力和筛选能力都没有，怎么行？

当然我国现在早已普及了义务教育，以上这些现象也只是在少数中老年人身上出现。但一个人，如果仅仅是完成了义务教育，即使是普通大学的教育，也只能满足现代的基本生活和生存条件，而不能成为获取高薪职位以及向上进取的资本。要想达到知识改变命运的目的，就必须明确现代社会对人才的要求，与时俱进地通过终身学习达到现代社会不断变化的需求。

现代社会是信息社会，分工越来越细，人与人之间的协作越来越紧密，社会竞争越来越激烈，大多数人的工作不再是重复的机械劳动，也不再是单打独斗式的发明与创造，人们需要更多的独立思考、自主决策，也需要更加紧密地与他人沟通、协作。因此社会需要的人才也不仅仅是那些精通某一方面的专业人才，而是需要学识和经验、合作与交流、创新与决策、适应新环境等全方位拥有足够潜力与修养的综合性人才。

所以现在读书，不仅要牢固掌握课本知识，还要发挥学习的积极性和主动性，广泛涉猎各种课外知识。曾任谷歌全球副总裁、大中华区总裁，后离开谷歌自己创立"创新工厂"的李开复，在其《做最好的自己》一书中，提出了现代人学习应从低到高的四种境界：

第一，熟能生巧：在老师的指导下学习，掌握课本上的内容，知道问题的答案。

第二，举一反三：具备思考的能力，掌握学习的方法，能够举一反三，知其然，也知其所以然。

第三，无师自通：掌握自学、自修的方法，可以在没有老师辅导的情况下主动学习。

第四，融会贯通：可以将学到的知识灵活运用于生活和工作实践中，懂得做事与做人的道理。

李开复指出，融会贯通是学习的最高境界，21世纪最需要的也是能够在学习上融会贯通，在实践中应对自如，善于思考、推理和应用的人才。

孩子，从现在开始，一定要紧跟时代，认清形势，从时代的需要来理解现代社会的人才标准，从时代的需要对自己的学业和职业生涯进行规划，高要求、严要求，以青春的全部热情，投入到学习中去，改变自己的前途命运的同时，造福国家与社会。

祝你成功！下回再见吧！

郑板桥

《潍县寄舍弟墨第四书》

导读

　　孩子，我这次给你寄来郑板桥《潍县寄舍弟墨第四书》。郑板桥是我国历史上以"难得糊涂"著称的"扬州八怪"之一，他曾经做过县令，为官清廉，后来客居扬州，以卖画为生。这封信是他写给弟弟的，信中谈到了勤奋读书的重要性，我希望你能够体会其中的深意。

　　一个人读书求学时，并不知道将来能否飞黄腾达。但是，即使将来不能飞黄腾达，也不可以不读书、不求学。一旦拿定这个主意，做到即使考不中，但也获得了学问，这也是得大于失，是个不亏本的买卖。我这个做哥哥的，世人都称赞我会读书。但扪心自问，胸中又有多少学问？不过是从圣贤书中东挪一点，西借一点，抄抄改改、修修补补，以此沽名钓誉、欺骗世人耳目而已！如此看来，是读书人对不起书，不是书本对不起读书人了。曾有人问沈近思侍郎：改变贫穷面貌的最好办法是什么？沈侍郎回答说："读书。"这个人认为沈侍郎迂腐，其实沈侍郎并不迂腐。与其东西奔走求人求官，耗费时间耽误学业，又丧失人品，归来时又一无所得，不如在经书史籍之中优游岁月，不求有所得，但得到的好处就在眼前！相信沈侍郎这句话，就能富贵；不相信，就贫贱终身。其中关键就在于一个人有没有这样的见识和决心，并能持之以恒而已。

原文

凡人读书，原拿不定发达。然即不发达，要不可以不读书，主意便拿定也。科名不来，学问在我，原不是折本的买卖。愚兄而今已发达矣，人亦共称愚兄为善读书矣。究竟自问胸中担得出几卷书来？不过挪移借贷，改窜添补，便尔钓名欺世。人有负于书耳，书亦何负于人哉？昔有人问沈近思侍郎：如何是救贫的良法？沈曰：读书。其人以为迂阔。其实不迂阔也。东投西窜，费时失业，徒丧其品而卒归于无济，何如优游书史中，不求获而得力在眉睫间乎？信此言则富贵，不信则贫贱，亦在人之有识与有决并有忍耳。

第三章
读万卷书如行万里路
——读书能让你看见更大的世界

一本新书像一艘船，带领着我们从狭隘的地方，驶向无限广阔的生活的海洋。

——凯勒

秀才不出门，便知天下事

孩子：

　　读书对一个人的能力和素质的提高，起着非常重要的作用，这之前我们已经反复谈到。但读书为什么能够提高人的能力和素质呢? 在接下来的几封信里，我要和你专门谈谈。

　　今天这封信，我们先谈，读书能开阔视野，增长见识。也就是人们常说的: 秀才不出门，便知天下事。

　　秀才是古代读书人的别称，在古代，读书人足不出户，通过读书就可以知道天下大事，明晓天下兴亡和朝代更替的道理；通过读书，就能够掌握为人处世的方法，提高自己的境界，进而实现修身、齐家、治国、平天下的人生目标。

　　自古以来，书籍就是人类智慧的结晶，记载着社会发展的历程。无论是严谨雄辩的哲学思想，还是奥妙无穷的科学知识；无论是精美绝伦的唐诗宋词，还是扑朔迷离的寓言神话……无不以书的形式传承至今。培根曾说："书籍是在时代的波涛中航行的思想之船，它小心翼翼地把珍贵的货物送给一代又一代。"而后代的人们通过阅读、学习过去的文明成果，运用到当下，并在此基础上进一步创新，发展出新的成果，著书立说，以此生生不息，薪火相传。英国著名科学家牛顿曾说："我之所以看得比别人更远，是因为我站在巨人的肩膀上。"牛顿（1643年1月4日—1727年3月31日），爵士、英国皇家学会会长、英国著名的物理学家，百科全书式的"全才"，著有《自然哲学的数学原理》《光学》。1687年发表论文《自然定律》，对万有引力和三大运动定律进行了描述。在力学上，阐明了动量和角动量守恒的原理，提出牛顿运动定律。在数学上，牛顿与戈特弗里德·威廉·莱布尼茨分享了发展出微积分学的荣誉。在经济学上，牛顿提出金本位制度。如果没有前人大量的科学成果积累，牛顿是不可能凭空发现万有引力定律的。因此，牛顿的话不仅是一种自我谦虚的说法，更是事实，说明了读书对于提高人的认知和激活人的创新思维的重要性。

今天，我们在学校里学习语文、数学、英语、物理、化学、生物、历史等各种科学文化知识。学校设立的这些学科，里面收录的内容，都是人类经过长期的筛选和积淀，留存下来的最基础、最精华的内容，不仅包含了自然科学知识，而且包含了为人处世、道德品质等人文知识，不仅是我们进入人类浩瀚知识海洋的基础，而且是开启人类智慧之门的一把钥匙。学好这些知识，将为我们做人立世、实现理想打下厚重的知识根基和道德根基。每一部书籍，都向我们打开了一扇通向世界的窗口，使我们足不出户，就可以纵览世界风情和人情世故。

古语云："开卷有益。"学生时代，我们不仅要扎扎实实地学好课内知识，而且还要进行大量的课外阅读，多阅读一些百科全书、科普读物、名人传记以及其他古今中外的优秀图书。如果你读《史记》， ⊕《史记》是西汉史学家司马迁撰写的纪传体史书，是中国历史上第一部纪传体通史，记载了上至上古传说中的黄帝时代，下至汉武帝太初四年间共3000多年的历史。公元前104年，司马迁开始创作《太史公书》，即被后人称为的史书《史记》。前后历经14年，才得以完成。《史记》被列为"二十四史"之首，与后来的《汉书》《后汉书》《三国志》合称"前四史"。你不仅可以看到历史上那些有作为的王侯将相的英姿，也可以看到妙计藏身的士人食客、百家争鸣的先秦诸子、"为知己者死"的刺客、一诺千金的游侠、富比王侯的商人大贾，以及医卜、俳优等各种人物的风采；如果你读哥伦比亚作家加西亚·马尔克斯的《百年孤独》， ⊕《百年孤独》是哥伦比亚作家加西亚·马尔克斯创作的长篇小说，也是拉丁美洲魔幻现实主义文学的代表作，被誉为"再现拉丁美洲历史社会图景的鸿篇巨著"。作品描写了布恩迪亚家族七代人的传奇故事，以及加勒比海沿岸小镇马孔多的百年兴衰，反映了拉丁美洲一个世纪以来风云变幻的历史。作品融入神话传说、民间故事、宗教典故等神秘因素，巧妙地把现实与虚幻融合在一起，展现出一个丰富的想象世界。你就会了解什么叫魔幻现实主义手法，通过布恩迪亚家族7代人充满神秘色彩的坎坷经历，来认识哥伦比亚乃至拉丁美洲的历史演变和社会现实；如果你读美国作家玛格利特的《飘》，📖《飘》是美国作家玛格丽特·米切尔创作的长篇小说，于1937年获得普利策文学奖。小说以亚特兰大以及附近的一个种植园为故事场景，描绘了内战前后美国南方人的生活。作品刻画了当时许多南方人的形象，斯佳丽、瑞德、艾希礼、梅兰妮等人是其中的典型代表。故事以斯佳丽与白瑞德的爱情纠缠为主线，通过他们的习俗礼仪、言行举止、精神观念、政治态度，成功地再现了林肯领导的南北战争以及美国南方地区的社会生活。你就能够通过女主人公斯佳丽的传奇生活，了解美国南北战争的整个过程，以及新的生产关系代替旧的生产关系的艰难和阵痛；如果你读法国作家雨果的《巴黎圣母院》，📖《巴黎圣母院》是法国文学家维克多·雨果所著的小说，写于法国风云变幻、阶级斗争激烈的年代，1831年1月14日出版。故事的场景设定在1482年的巴黎圣母院，内容以一名吉卜赛少女爱斯梅拉达和由副主教克洛德·弗洛罗养大的圣母院驼背敲钟人卡西莫多的爱情故事展开。雨果是法国人道主义的代表人物，19世纪前期积极浪漫主义文学运动的代表作家。你就能够通过外表丑陋不堪的敲钟人卡西莫多，为拯救被副教主迫害的吉卜赛女郎爱斯梅拉达，甘愿舍身的悲壮故事，感受人世间的大善与大爱……

多读书、读好书，不仅能够丰富我们的写作素材，而且能够提高我们的写作能力，帮助我们写出好文章。

　　古代诗圣杜甫有句名言："读书破万卷，下笔如有神。"杜甫所博览过的群书不可计数，虽然许多书都被他翻烂了、翻破了，但书中的知识却深深地印在了他的脑子里，他在写文章、做诗的时候，一连串的好词好句便从笔尖汩汩而出，一篇篇的佳作流传千古。受到很多青少年崇拜的作家韩寒，他的父亲是一个知识分子，他正是在父亲的指导下，在小学和中学时代就阅读了大量经典书籍，才形成了自己独特的思想，下笔如惊鸿，少年成名。

　　希腊哲学家苏格拉底说过："真正高明的人，就是能够借助别人的智慧，来使自己不受别人蒙蔽的人。"👤苏格拉底（公元前469年—公元前399年），古希腊著名的思想家、哲学家、教育家、公民陪审员，被后人普遍认为是西方哲学的奠基者。苏格拉底、柏拉图、亚里士多德并称为"古希腊三贤"。一个人获得智慧，感悟人生，决不能只靠个人的经历和实践，而需利用前人已积累的经验。要学习前人的经验，最好的方法莫过于读书。因为读书能让无知的人变得有知，让有知的人变得渊博，让渊博的人变得智慧。

　　明朝的许仲琳说过："井底之蛙，所见不大，萤火之光，其亮不远。"许仲琳（约1560年—约1630年），亦作陈仲林，号钟山逸叟，应天府（今江苏南京市）人，明朝小说家，生活在明代中后期。著有《封神演义》，是一部中国古代神魔小说。如果不读书，不知道当今世界的发展趋势，不知道国家的政事，岂不也是"萤火之光，其亮不远"？

孩子，一个人对世界的认知总是有限的，如果总是满足于关注身边的日常琐事，难免让自己的认知途径变得更为狭窄有限。但是读书却可以让你放眼世界，丰富阅历，将无限广阔的世界陈列在你的眼前。

愿你能够抓住大好时机，努力读书，博览群书，成就不一样的自己！

读一本好书, 就是和高尚的人谈话

孩子:

上一封信我们谈了那么多, 不知道回去你有没有体会到读书的乐趣呢? 现实生活中你最好的朋友是谁? 你们经常交谈吗? 这一封信我想和你谈谈书籍就是我们最好的朋友。

古今中外, 不知有多少人把书籍当成自己最好的朋友。德国诗人、剧作家歌德说:"读一本好书, 就是和许多高尚的人谈话。"法国启蒙思想家、文学家、哲学家伏尔泰说:"第一次读到一本好书, 我们仿佛觉得找到了一个朋友, 再一次读这本书, 仿佛又和老朋友重逢。"我国著名诗人臧克家说:"读过一本好书, 像交了一个益友。"这些名人大师, 正是将书当作朋友来对话, 才能领略到读书的乐趣, 领会书里的寓意, 从中汲取知识的养分, 潜移默化, 陶冶自己的情操, 不断完善自己, 使自己成为一个高尚的人。

著名作家林语堂，📷林语堂（1895年10月10日—1976年3月26日），福建龙溪（今漳州）人，原名和乐，中国现代著名作家、学者、翻译家、语言学家，新道家代表人物。代表作《京华烟云》《吾国与吾民》《生活的艺术》《老子的智慧》等。较为详细地分析了读书与"高尚的人"的对话过程，他说："没有养成读书习惯的人，以时间和空间而言，是受着他眼前的世界所禁锢的。他的生活是机械化的，刻板的；他只跟几个朋友和相识者接触谈话，他只看见他周遭所发生的事情，他在这个监狱里是逃不出去的。可是当他拿起一本书的时候，他立刻走进一个不同的世界；如果那是一本好书，他便立刻接触到世界上一个最健谈的人。这个谈话者引导他前进，带他到一个不同的国度或不同的时代，或者对他发泄一些私人的悔恨，或者跟他讨论一些他从来不知道的学问或生活问题。"

那些为人类社会做出巨大贡献的伟人、大师，我们很难在现实生活中结识他们，但通过读书，却能够与他们进行对话，聆听他们的教诲，向他们学习。

我们读《居里夫人》，可以感受到居里夫人的伟大，她把一股丧夫之痛化为工作的动力，最终发现了镭。而她将镭公布于世的时候，并没有想到自己的利益。

我们读《鲁滨逊漂流记》，可以了解鲁滨逊的勇敢和执着，大船遇难，他被迫流落荒岛，但面对死亡，他并没有对生命绝望，而是顽强地生存了下来。

我们读《假如给我三天光明》，能领悟到什么叫坚持不懈、什么叫生存的价值。海伦·凯特那种坚韧顽强，绝不向命运屈服的精神，在不知不觉中激励我们克服困难，勇往直前。

现任中国残联主席、中国残奥委会主席，中国的当代保尔——张海迪，5岁时不幸患上小儿麻痹症，高位截瘫，从此再也站不起来了。于是她整日以书为伴，在书中认识了许多高尚的朋友，从书中找到了生活的方向，获得了前进的动力。当她因疼痛难忍有轻生念头的时候，她将奥斯特洛夫斯基的《钢铁是怎样炼成的》中主人公保尔·柯察金，作为自己的精神榜样，激励自己勇敢地活下去；当她遇到困难想退缩、停步不前的时候，她阅读美国盲聋哑女作家海伦·凯勒的《假如给我三天光明》，并以海伦·凯勒的顽强精神为支撑，鼓舞自己继续奋斗。她虽然没有机会走进校园，却从书籍中获取力量，学完了小学、中学的全部课程，除此之外还自学了英语、日语、德语以及世界语，并攻读了大学和硕士研究生的课程。后来从事文学创作，出版了《生命的追问》《轮椅上的梦》等，感染了无数读者。她还先后自学了十几种医学专著,学会了针灸等医术,为群众无偿治疗。

读一本好书,就如同与许多高尚的人面对面地交流;读一本好书,就如同深夜前方有一盏明灯,照亮我们前行的道路;读一本好书,会给我们带来诸多启示,指导我们如何正确对待学习与工作;读一本好书,就如同进入一片自由的天地,让我们知道什么是人生,什么是理想。

也正因此,世界上发达国家都非常重视阅读。美国通过立法规范来保障公民阅读,历任美国总统卸任后,都要设立以自己名字命名的图书馆。美国在遭受"9.11"恐怖袭击之时,时任总统的小布什正在福罗里达州一所小学与孩子们并肩读书;2011年发生在美国的"占领华尔街"运动现场,组织者们也开设了以一顶帐篷和几张桌子为设施的临时图书馆。美国的发达与强盛、国民整体素质的提升,与全民重视阅读有着很大的关系。

以色列是世界上最爱读书的民族,以色列国民人均每年读书达64本之多。以色列的孩子从1岁开始学念经句,5岁学习经卷。老师会在教室给孩子一块干净石板,用蜂蜜写上字母和经句,孩子边诵读边舔石板上的蜂蜜,从小感受到"读书甜蜜"。

德国有75%以上的人经常读书，一半以上的人会定期买书，而且书籍是德国排名最高的礼物。为了倡导读书，德国的少儿图书委员会实施了"阅读起航"行动。由儿科医生给前去体检的一岁宝宝免费送一个"读书包"，里面装着婴儿书籍和挂图；3岁时孩子会收到第二个"读书包"；上小学时又获得第三个"读书包"。

尊重知识、尊重文化是中华民族的优良传统，中国人把读书人家称为"书香门第"；而"开卷有益""读万卷书，行万里路"也是中国人对读书的态度和理念。中华文明上下五千年，璀璨辉煌，一直绵延不断，当归于书与读书。

孩子，如今我们正处于一个新的伟大变革的历史时期。让我们热爱读书吧，从书中汲取营养，获取教益，得到启迪，实现我们的人生梦想！

你读书的厚度，决定你人生的高度

孩子：

上几封信，我们谈了读书的好处：它让求知的人从中获知，让我们用数小时的时间了解他人一生智慧的结晶；还有利于培养健康的品格与积极向上的人生态度，促使自己的生活能力、生存能力、适应能力不断加强，进而实现自我价值。在这封信里，我要告诉你：读书还能提升人生的高度。

于丹教授在她的《论语心得》中说："一个人生命的长度是无法决定的，但是生命的厚度和人生的高度是可以改变的。这个高度就等同于厚度，厚度来源于什么呢？来源于一个人的底蕴，底蕴就是一个人读了多少书。"一个人读的书越多，他的底蕴就越深厚，他就可以站得更高，看得更远，为个人求得更大的自由和快乐，为国家和社会做出更大的贡献。

古今中外，那些伟大导师、科学巨人和仁人志士所达到的人生高度，与他们博览群书，刻苦攻读紧密相关。

前苏联伟大作家、现实主义文学的奠基人高尔基，⬛高尔基（1868年3月16日—1936年6月18日），前苏联作家、诗人、评论家、政论家、学者。高尔基的文学创作富有浓厚的浪漫主义色彩，其作品中的主人公往往饱含激烈的内心冲突，他们积极投身革命活动，企图找到改造现实之路。列宁曾评价他："高尔基是社会主义现实主义文学奠基人，无产阶级艺术最伟大的代表者，无产阶级革命文学导师，苏联文学的创始人之一，政治活动家，诗人。"代表作《童年》《在人间》《我的大学》等。有着苦难的童年，但他非常热爱读书，看到书就像饥饿的人扑在面包上一样，知识的力量使他变得比谁都坚强。高尔基从小就有强烈的读书愿望，他在学校时，成绩很好，获得过最优秀奖，然而贫穷使他只上了两年学。为了养家糊口，他四处奔波，干过各种工作，但他始终没忘记过读书，常常冒着危险找书看。为了躲避老板的监督，他常常利用深夜看书。他用罐头做了个油灯，收集主人烛盘里的残油，躲在贮藏室、板棚中苦读。有时实在找不到油灯，他就在月光下看书。在极端艰难困苦的环境里，高尔基发奋自学，从而具有了很高的文化水平，成为一位伟大的文学家。

霍金是继爱因斯坦之后最伟大的物理学家，⬛斯蒂芬·威廉·霍金（1942年1月8日—2018年3月14日），出生于英国牛津，英国剑桥大学著名物理学家，现代最伟大的物理学家之一，20世纪享有国际盛誉的伟人之一。代表作品《时间简史》《果壳中的宇宙》《大设计》《我的简史》，提出著名的黑洞、霍金辐射等理论。在他21岁时，不幸患上了卢伽雷氏症，肌肉萎缩，因此被禁锢在轮椅上，只有三根手指可以活动。疾病已经使他的身体严重变形，头只能朝右边倾斜，肩膀左低右高，双手紧紧并在当中，握着手掌大小的拟声器键盘，两脚则朝内扭曲着，嘴已经歪成S型，连微笑都变得极其困难。但他没有因为病痛的折磨而放弃对学习的渴望，此后，他牢牢地扼住了命运的咽喉，以书为伴，潜心思考，在理论物理学方面取得了巨大成就，发现了"黑洞"理论，创作了《时间简史》《果壳中的宇宙》《大设计》等划时代巨著，🖊《时间简史》第一次出版于1988年。全书共十二章，讲的是关于宇宙本性最前沿的知识，包括：我们的宇宙图像、空间和时间、膨胀的宇宙、不确定性原理、黑洞、宇宙的起源和命运等内容，深入浅出地介绍了遥远星系、黑洞、粒子、反物质等知识，并对宇宙的起源、空间和时间以及相对论等古老命题进行了阐述。被人们誉为"宇宙之王"。

闻一多读书成瘾，一看就"醉"。在他结婚当天，洞房里张灯结彩，热闹非凡。大清早亲朋好友都来登门贺喜，直到迎亲的花轿快到家时，人们还到处找不到新郎。急得大家东寻西找，结果在书房里找到了他。他仍穿着旧袍，手里捧着一本书入了迷。怪不得人家说他不能看书，一看就要"醉"。后来闻一多成为了五四运动之后非常杰出的作家。

周恩来上小学时，进步教员高戈看到他是个聪明、勤奋、求上进的学生，便经常找他谈心，介绍各种进步书刊给他看，如陈天华的《警世钟》《猛回头》等。受这些书刊的影响和启发，周恩来立下了"为中华之崛起而读书"的远大志向，后来为中国革命做出了巨大贡献。

北宋著名的思想家、理学家和教育家张载，⊙张载（1020年—1077年），字子厚，凤翔郿县（今陕西眉县）横渠镇人，北宋思想家、教育家、理学创始人之一。世称"横渠先生"，尊称"张子"，封先贤。其"为天地立心，为生民立命，为往圣继绝学，为万世开太平"的名言历代传颂不衰。二十岁时投奔范仲淹。当时范仲淹任延州经略，延州就是今天的延安，在北宋时期属于边疆地带。当时北方契丹族建立的辽国，对北宋是个很大的威胁。张载想随范仲淹镇守边疆，报效国家。但范仲淹见张载思想开阔，气质不同于一般人，就劝他回去读书，同时告诉他报效国家的途径有很多，现在还年轻，正是积累知识的大好时机。并赠送张载一本《大学》，⊙《大学》是一篇论述儒家"修身治国平天下"思想的散文，是一部中国古代讨论教育理论的重要著作。《大学》《中庸》《论语》《孟子》并称为"四书"。《大学》全文文辞简约，内涵深刻，影响深远，主要概括总结了先秦儒家道德修养理论，以及关于道德修养的基本原则和方法，对儒家政治哲学进行了系统的论述，对做人、处事、治国等有深刻的启迪性。告诉他其中自有他的千秋伟业，自有供他驰骋的天地。于是张载回去后精心研读儒家经典，终成一代大儒。他那句"为天地立心，为生民立命，为往圣继绝学，为万世开太平"的话，不仅是他自己人生崇高境界的写照，而且也成为后世读书人共同追求的崇高志向。

爱迪生之所以能成为一个发明家，就是因为他读了很多书，从中得到了启发，又进行了无数次的实践，才有了大量的发明；马克思数十年如一日，博览群书，获益甚多。他写《资本论》时，⬤《资本论》的作者是卡尔·马克思，出版于1867年9月14日的德国汉堡。全称《资本论·政治经济学批判》，是马克思主义的重要百科全书，同时也是马克思研究资本主义社会经济形态的巅峰之作。这部著作以唯物史观的基本思想为指导，通过深刻分析资本主义生产方式，揭示了资本主义社会发展的规律，使唯物史观得到了科学验证和进一步的丰富发展。就读了一千余册的自藏书，还到大英博物馆看了三间房子的书。如果马克思没有这么多的阅读量，他可能就写不出《资本论》了，或者是写出来并没有那么深刻，影响不会那么广泛。

正是因为知识之光可以引导一个人站得更高，看得更远，所以努力读书的人，必成大器。

孩子，如果你能够从今天开始，以那些伟人、大师们为榜样，努力读书，致力于升华气质、夯实厚度，不久的将来，你的生命和学业自然就有了高度。你觉得呢？

消除错误的读书观念

孩子:

有些同学不努力读书,除了受读书无用论的影响外,在他们的思想深处,还存在着其他几种错误观念,这封信我就和你谈谈。

无数伟人的成功和经历证明,读书往往决定着一个人未来的命运。但我们周围仍有不少人,不知道为什么而读书,不知道为谁而读书,他们对读书还存在着一些极其错误的认识,整天浑浑噩噩地虚度时光。

我们不妨看看我们周围,那些学习热情低、努力程度不够的同学,都存在哪些错误观念:

错误观念一: 为父母读书。

有些同学觉得父母花了很多钱财,将自己送到学校,所以自己就是在为父母读书。持这种观念的同学，有的是因为他们现在生活中所用的一切，都是父母供给的，他们对自己将来在社会上要靠自己赚钱生存，并没有什么切身体会，不知道其中的艰难。有的是觉得父母为养育自己付出了很多心血，自己就应该好好学习，报答父母。当然，这个想法是孝心的体现，但是我们如果就此认为，读书单纯是为了父母，这就不对了。

错误观念二：为老师读书。

在一部分同学心中，认为老师是赏识自己的伯乐，为了学生的成长，付出了辛勤的汗水，所以应该好好读书，报答老师。

错误观念三：压根就没有考虑过为谁读书，为什么读书，只是在父母、老师的管教下被动学习。

这样的同学认为，既然父母和老师要求我努力学习，管教又那么严格，我也没有办法，那么我还是学习吧。然而，学习不仅是一项自主性很强的活动，而且是一个长期修炼的过程。如果没有明确的目标和动力支持，再加上父母和老师稍微有所疏忽，管教不到位，这样的同学就会钻空子、偷懒、放松学习。如有些同学小学时在父母身边，加上老师管得严、管得细，学习成绩就非常好。但是到了中学后，离开了父母，到离家稍远的学校就读，加上中学老师也不像小学老师那样管教严格，他们便像脱缰的野马，尽情贪玩，学习成绩直线下降。

既然以上的观念都是错误的，那么我们究竟是在为谁读书，又是为什么读书呢？

我们读书的真正目的，是为自己读书，为自己的成长读书!

对于为父母读书的同学来说，尽管父母为我们付出了很多，但我们也不能只沿着父母为自己规划好的路线，盲目地走向不感兴趣的领域。因为决定我们人生未来命运的，不是父母，而是自己。只有我们的人生取得了成就，我们才真正对得起父母的养育之恩。对于为老师读书的同学来说，老师只负责传授我们知识，教会我们为人处世的道理，接下来的路还是要自己走。而对于那些盲目被动的同学来说，当今社会，如果我们没有科学文化知识，没有一技之长，就会被时代的浪潮淹没，幸福快乐的生活也会成为奢望。尤其是对于那些出生在农村和贫困家庭的同学来说，更要明白：只有今天努力读书，将来才能改变自己的命运，过上理想的生活，有尊严地生活在这个世界上。

那么为自己读书的观念是不是很自私，思想境界很低呢？其实为自己读书和为国家读书，一点都不矛盾。

我们通过读书改变个人命运、实现人生价值的同时，也在为国家、社会、他人创造着财富。为国家读书，是国家和民族对我们的期望，但我们不能只空喊口号，我们只有将书读好，通过自己的努力成为一个有用之人，才能报效国家。在科学技术非常发达的现代社会，一个人如果没有一点科学文化知识，没有一技之长，就会寸步难行，更谈不上拥有幸福快乐的生活。如果连自己的幸福都谈不上，还谈什么为国家做贡献？

没有勤奋读书做自己人生的坚强后盾，任何成就都谈不上。一个人不管将来想成为什么样的人，不管将来选择什么样的道路，都必须从小好好读书，努力学习科学文化知识，用知识把自己武装起来。

意大利文艺复兴时期的著名大师达·芬奇曾经善意地提醒年轻人："趁年轻力壮去探求知识吧，你将弥补由于年老而带来的亏损。读书带来的智慧乃是老年的精神养料。年轻时应该努力，这样老时才不至于空虚。"读书是为了获得知识，而知识是将来的谋生之本。从这个意义上说，你是在为自己读书。

当你还是一个孩子时，总感觉读书学习的生活是如此漫长；当你成为一个青年走上工作岗位时，才会发现当时努力学习是多么重要；当你进入壮年时，你常常会为了知识的贫乏而懊悔当年上学时期的虚度光阴；当你进入老年时，你会悲伤地发现人生是多么短暂啊！所以，珍惜少年时代的读书机会非常重要。你越清楚自己的学习目标，就越能抵制诱惑，克服拖延，从而更容易朝着目标正确前行。

孩子，你想获得人生的成功吗？那么从为"自己"努力读书开始吧！你想做个自食其力的人吗？那么从为"自己"努力读书开始吧！你想成为被人尊敬的人吗？那么从为"自己"努力读书开始吧！让自己的生命绽放出灿烂的光芒！

下回再见吧！

88

名人
家训

马援

《诫兄子严敦书》

导读

　　孩子，这次给你寄来的是东汉著名的伏波将军马援写给侄子的家书——《诫兄子严敦书》。马援在交趾前线军中听说兄子（侄儿）马严、马敦二人好评人短长，论说是非，于是写了这封信进行劝诫。在信中，他教导严、敦二人不要妄议别人的过失短长，这是他平生最厌恶的，也不希望后辈染此习气。同时，我也希望你能够牢记这一教诲。关于马援，历史上还有一个著名的典故叫做"马革裹尸"，你清楚其中的来历吗？不妨去查一查。

　　我的兄长的儿子马严和马敦，都喜欢讥讽议论别人的事，而且爱与侠士结交。我在前往交趾的途中，写信告诫他们："我希望你们听说了别人的过失，像听见了父母的名字：耳朵可以听见，但嘴中不可以议论。喜欢议论别人的长处和短处，胡乱评论朝廷的法度，这些都是我深恶痛绝的。我宁可死，也不希望自己的子孙有这种行为。你们知道我非常厌恶这种行径，这是我一再强调的原因。就像女儿在出嫁前，父母一再告诫的一样，我希望你们不要忘记啊。"

　　"龙伯高这个人敦厚诚实，说的话没有什么可以让人指责的。谦约节俭，又不失威严。我爱护他，敬重他，希望你们向他学习。杜季良这个人是个豪侠，很有正义感，把别人的忧愁作为自己的忧愁，把别人的快乐作为自己的快乐，无论好的人坏的人都结交。他的父亲去世时，来了很多人。我爱护他，敬重他，但不希望你们向他学习。（因为）学习龙伯高不成功，还可以成为谨慎谦虚的人。正所谓雕刻鸿鹄不成可以像一只鹜鸭。一旦你们学习杜季良不成功，那就成了纨绔子弟。正所谓"画虎不像反像狗了"。到现今杜季良还不知晓，郡里的将领们到任就咬牙切齿地恨他，州郡内的百姓对他的意见很大。我时常替他寒心，这就是我不希望子孙向他学习的原因。"

原文

　　援兄子严、敦，并喜讥议，而通轻侠客。援前在交趾，还书诫之曰："吾欲汝曹闻人过失，如闻父母之名：耳可得闻，口不可得言也。好议论人长短，妄是非正法，此吾所大恶也：宁死，不愿闻子孙有此行也。汝曹知吾恶之甚矣，所以复言者，施衿结缡，申父母之戒，欲使汝曹不忘之耳！

　　"龙伯高敦厚周慎，口无择言，谦约节俭，廉公有威。吾爱之重之，愿汝曹效之。杜季良豪侠好义，忧人之忧，乐人之乐，清浊无所失。父丧致客，数郡毕至。吾爱之重之，不愿汝曹效也。效伯高不得，犹为谨敕之士，所谓'刻鹄不成尚类鹜'者也。效季良不得，陷为天下轻薄子，所谓'画虎不成反类狗'者也。讫今季良尚未可知，郡将下车辄切齿，州郡以为言，吾常为寒心，是以不愿子孙效也。"

第四章
我的人生我作主
——读书能让你有更多的选择

我发现，大多数人对生活所要求的是拥有选择的机会，这比任何其他的事情都重要得多。

——坎贝尔

机遇只会给有准备的人

孩子：

　　成功不仅需要勤奋和努力，更需要机遇，这封信我想和你谈谈机遇只会给有准备的人。那么，我们怎么才能抓住机遇呢？

　　英国著名教育家、哲学家、思想家培根曾说："只有愚者才等待机会，而智者则造就机会。"机遇总是偏爱有准备的人，那些像守株待兔一样坐等机遇的人，即使机遇来到他们身边，也只能失之交臂。

　　俗话说："台上一分钟，台下十年功。"当我们羡慕别人赶上了好机遇，羡慕命运对他人的垂青时，却没有看到别人荣誉和鲜花背后所付出的万般艰辛。机遇随时都会出现在我们身边，只有智者能发现它、利用它，从而走向成功。

机遇是成功的钥匙，是点亮成功的火种。

中国航天第一人杨利伟，之所以能得到许多人梦寐以求的飞天机会，除了他良好的身体素质外，还与他刻苦学习和努力训练是分不开的。航天员的选拔要"过五关，斩六将"，当时的选拔对象并非杨利伟一人，而是有数十人，只是杨利伟比别人付出得更多，训练得更到位，才从多名选手中脱颖而出。

机遇只为有准备的人而生，成功只为有心的人而来。我们要想成功，要想得到机遇的青睐，就得从苦练功夫开始，为机遇的到来做好充分的准备。不要等到机会突然垂青你时，你却因自己能力不够，与之擦肩而过。

机遇是人生的转折点，是事业的起跑线。

有一个刚刚大学毕业的年轻女孩，找到一份办公室内勤的工作。主要任务是打扫办公室的卫生，接待来客，替公司老总拆阅、分类信件，工作繁琐、辛苦而且薪水很低。但是女孩却不辞辛苦，不仅做好了份内工作，而且注意收集企业员工的各种建议、意见，以及企业所属行业的各种信息、行业的动态等，她将这些资料进行归纳分类，并对一些问题提出自己的看法，写成报告。老总看后，非常赞赏。不久，她被提拔为办公室秘书，一年后又被提拔为办公室主任。

那些常常抱怨没有机会施展才能的人，往往都是现实中的懒惰者，缺乏机会也只是他们逃避现实、畏缩困难的借口。对于机遇，我们不但要有准备还要善于发现，更重要的是要抓住机遇。只有这样，我们才能赢得事业的成功。

弱者错失良机，强者创造时机。

中国共产党在南方瑞金时期，由于王明"左倾"机会主义路线的干扰，中央红军第五次反"围剿"失败，党和红军面临着生死存亡的危险，毛泽东、朱德、周恩来等中央领导人，坚决同王明"左倾"机会主义作斗争，他们利用自己的远见卓识和对时局的正确分析，做出了党和红军进行战略转移、北上抗日的伟大决策，为党和红军创造了获得新生的机遇。后来红军经过二万五千里长征到达陕北，揭开了中国革命新的一页。

有人把科学家重大发现、发明的原因归结为偶然的机遇，这实在是一个谬误。法国著名微生物学家巴斯德指出："在观察的领域里，机遇只偏爱那种有准备的头脑。"

试想，如果费莱明不是一个细菌学专家，或者对葡萄菌没有经历数年的研究，或者粗心大意，把发了霉的培养液随手倒掉了，那他还能成为青霉素的发现者吗？

试想，爱迪生如果不是通过无数次试验，证明上千种材料不能做灯丝，又怎能发现适合做灯丝的钨呢？

再试想，诸葛亮能辅佐刘备三分天下，帮助刘备建立帝业，难道是因为刘备"三顾茅庐"吗？显然不是，因为他在机遇到来之前就早已满腹韬略了。

……

有人说，机遇对于弱者来说，就像漫天的星斗，可望而不可及。虽然他能够清楚地看到，但是却没有办法去捕捉和利用。事实上，只要我们仔细观察周围的世界，你就会发现，越是高端的岗位，越是缺乏合适的人才。但问题是，你是否就能胜任那个岗位？如果你发现自己不能，那么你就不要抱怨命运的不公，不要抱怨机遇没有到来，你要做的是想方设法让自己强大起来，为机遇的到来做好充足的准备。

日本著名管理学家大前研一说："现在不是抱怨的时候。让我们将抱怨的时间，赶紧用在对自己将来的人生进行规划上吧。只要每天勤学苦练，练就了本领，你在未来的职场中，只需虎视眈眈，静待机会的到来就行了。"

孩子，愿你以百倍的热情努力读书，用知识来武装自己，一步步使自己走向强大，去创造、把握属于自己的人生机遇！

千万不要等到机遇来了，你却还没有准备好，悔之晚矣！

努力读书，抓住人生最好的机遇

孩子：

上一封信我们谈到了机遇问题，而这封信我则要告诉你：读书本身就是人生最好的机遇，所以你一定要努力抓住。

中国有句古话："君子藏器于身，待时而动。"一个真正有理想、有抱负的人，他首先会通过努力读书和学习，充实自己，壮大自己，等机遇来临时，便毫不犹豫地紧紧抓住，施展自己的才能。读好书，好读书，这是人生的真谛，是智慧的源泉。

努力读书，抓住机遇的同时改变命运。

汉武帝时期的丞相公孙弘，🖊公孙弘（前200年—前121年），名弘，字季，一字次卿，齐地菑川人（今山东寿光南纪台乡人）。西汉名臣，是西汉第一位以丞相封侯者，为西汉后来"以丞相褒侯"开创先例。他任职期间，广招贤士，关注民生，为儒学的传播做出了不可取代的贡献。**少年时家境贫寒，在渤海边以养猪为生。成年后他做了一名狱吏，整天过着劳碌而又艰辛的生活，后来还因工作出现差错而被免职。坎坷的遭遇使他认识到，不读书就难以过上好生活。于是他起了读书的念头，但这时他已经40岁了。周围的人都觉得，年龄都这么大了，读书还能有什么出息？家人也都劝他找个营生，赚钱养家糊口才是正道。但公孙弘却觉得，如果读书读出名堂了，就能彻底改变命运，而如果做其他事情，一辈子都要受穷和受气。于是他顶着各种压力，奋发苦读。一晃20年过去了，他60岁时，汉武帝即位，在全国征召贤才，听说他的事迹后，就召他为博士。**

他进入朝廷后，被派遣出使匈奴。但令人惋惜的是，由于汉武帝对他出使的情况不满意，归来后就将他免职了。好不容易做了官，就这样又回到了家乡，好多人对他进行嘲讽和挖苦。但公孙弘毫不灰心，仍旧不忘读书。10年后，汉武帝再度在全国征召有才能的人，菑川国便推举公孙弘应诏，这时他已经70岁了。这次应诏，他的策奏被汉武帝选为第一，召见后又拜为博士。由于他"恢奇多闻"，善于辩论，通晓文书法律，又能以儒家的学说对法律进行解释阐述，很快便被提升为左内史。两年后,他被拜为御史大夫。又两年后,被拜为丞相,封平津侯。此后他一直任丞相职,直到80岁去世。如果没有深厚的知识底蕴和几十年的勤学不辍,公孙弘也不会有70岁东山再起的机会。

努力读书,抓住机遇的同时提升自己。

唐朝有位大文学家苏颋, 🈯苏颋(670年—727年),字廷硕,京兆武功(今陕西武功)人,唐代政治家、文学家。苏颋进士出身,历任乌程尉、左司御率府胄曹参军、监察御史、给事中、中书舍人、太常少卿、工部侍郎、中书侍郎,袭爵许国公,后与宋璟一同拜相,担任紫微侍郎、同平章事。与燕国公张说齐名,并称"燕许大手笔"。小时候不知为什么,当宰相的父亲不喜欢他,总认为他没有出息;兄弟们也讨厌他,没人跟他玩。苏颋得不到家人的疼爱,就常和仆人们玩,甚至同他们吃住在一起。这样,父亲更不喜欢他了,让他睡在马厩里,像对待奴仆一样对待他。

即使在这样的环境中,他仍然没有自暴自弃。兄弟们在书房里念书,他干完活,就在马棚昏暗的灯光下苦读。

有一天,母亲偷偷到马厩里看他,偶然看到他写的文章,连忙拿给他父亲看。父亲看了,觉得他比其他儿子写的强多了,很是感动,便起了爱子之心,开始关心他,把他叫回来,让他和兄弟们一起到书房读书。苏颋从此更加努力学习,进步很快,在武则天执政时考中了进士,20岁便当上了宰相,被封为许国公。

努力读书，抓住机遇的同时促成飞跃。

前些年，热映过一部《一个都不能少》的电影。一个土生土长的名叫魏敏芝的农村女孩，被导演张艺谋选中，出演这部影片的女主角，并获得了巨大成功。但她并没有被一时的光环所蒙蔽，而是进一步思考自己今后的人生问题。她的头脑非常清醒，她知道现在取得的成功，只是因为偶然的机遇，并不能保证将来的道路一帆风顺，甚至也不能改变她出身底层的人生命运。她深知这是一部特殊的影片，其实她并不具备在演艺方面进一步发展的潜力。于是她毫不犹豫地选择了读书，考上了西安外语学院，后来又获得了出国留学的机会。而今，她成为了一名出色的纪录片导演。她说，她能走到今天，一是感谢张艺谋选她做演员，另外就是因为读书改变了自己的命运。她的话得到了很多人的赞同。如果没有抓住读书的机会，加强学习，她很可能今天还是一个普通的农村妇女。当时和她演出的还有几个农村女孩子，演出也都非常成功，但因为放弃了读书，如今还是过着和父辈们一样的生活。在现实生活中，有不少人因偶然的机遇取得了成功，但后来又因止步不前，悄无声息地被时代的浪潮湮灭了。

孩子，请你告诉我：是享受一段时间的荣誉，然后止步不前? 还是通过努力读书, 奋斗以后的出路呢? 不要像我们学过的《伤仲永》那篇课文: 方仲永七岁就能 "指物作诗立就", 其天赋不可谓不好, 但是他的父亲贪图眼前利益, 整天带着儿子四处炫耀, 接受别人的奖赏, 没有抓住大好的读书时机, 最后 "泯然众人矣"。

孩子, 不要抱怨人生没有机会, 读书就是最好的人生机会。只要抓住读书这个机会, 你的能力和素质就会提高, 未来更多的人生机会你就能抓住。你明白了读书对于人生的重要性, 任何时候都不算晚, 只要你发奋努力, 你都能有所成就。

努力的人，运气不会太差

孩子：

上一封信我们谈了机遇只会给有准备的人，不知你从内心深处是否认识到了这一点？这封信我将顺着上一封信的主题，来谈谈努力对个人成长的重要性。

中国有一句古语："天道酬勤。"意思就是说上天总会眷顾和酬劳辛勤努力的人。大凡努力读书的人，运气都不会太差。

有这样一个故事：有一个一心想考取中国人民银行总行研究生的小伙子，连续数年都屡考不中，但他仍一如既往地努力着。在他发奋攻读的间隙，不断有做古钱币生意的朋友拿来古钱币让他鉴别真伪。开始他都认真对待，而且每次鉴别都准确无误，渐渐地他的名声就传开了，来找他的人越来越多。而他的心思都在备考上，他实在招架不住了，便索性编了一本专门讲述古钱币知识的册子，谁来就给谁送一本，自己则懒得亲自鉴别。后来一个书商看中了这个册子，与他签订了出版合同，结果发行量很好，一版再版。于是他在一夜之间成了鉴别古钱币的专家，而且还获得了一笔丰厚的版税。

在科学发展的长河中，有许多发明或发现都是科学家在艰辛的攻关过程中产生的副产品。

19世纪伟大的物理学家伦琴，他在潜心研究阴极射线时，却意外地发现了一种未知的新的光线，即X射线（也叫伦琴射线）。我们今天去医院看病做透视，用的就是X射线。

1895年的一天下午，伦琴和夫人吃完饭，来到实验室，他准备观察雷钠管的发光现象。他从架子上拿了一只雷钠管，用黑色纸套严严实实地包了起来。接着，他关上门窗，拉严窗帘，然后给管子接通高压电源，让管子放电，以便检查黑色纸套是否漏光。正当他准备开始正式实验时，突然发现一个奇异的现象：附近的小工作台上有一块涂了氰亚铂酸钡的纸板发出一片明亮的荧光。但切断电源，荧光也随之消失了。这真是一个惊人的发现！从那天起，伦琴就住在了实验室，夜以继日，反复进行试验。他将实验的结果写成报告发表，立即引起了全世界的关注，人们把伦琴发现的这种光线叫做X射线。

这个发现成为19世纪90年代物理学上的三大发现之一，被广泛应用于金属探伤、医学、透视等领域。当时英国一位著名外科医生托马斯·亨利称之为"诊断史上的一个最大的里程碑"。为此伦琴于1901年摘走了首届诺贝尔物理学奖的桂冠。

表面看来，报考研究生的小伙子出书和伦琴发现X射线成名，都是一种意外的收获。因此有人说："马无夜草不肥，人无横财不发。"但说这话的人，却丝毫没有注意到，在这种意外收获的背后，凝聚了当事人多少心血和努力！拿报考研究生的小伙子来说，尽管他连续数年屡考不中，但是他仍毫不松懈，一如既往地坚持复习备考，正是由于他的刻苦努力，他才掌握了关于钱币的许多知识。如果没有考研道路上的刻苦努力，他也不可能掌握那么多的钱币知识，因此就没有能力帮助古币收藏者鉴别钱币，也就不会有小册子的问世。再拿伦琴发现X射线来说，也是他长年累月在实验室里反复实验、艰辛思考的结果。正所谓"功夫不负有心人"。

看看我们的周围，那些有体面的工作、有较好的薪水待遇、有较高的社会地位的人，哪一个不是勤奋努力者？他们的成功并不是侥幸。即便有些人的成功是靠运气,但运气也是用努力和汗水换来的,好运不会无缘无故地砸在一个人的头上。有的人经常抱怨,自己的运气不好、生活不顺心,但是整天抱怨的结果,除了时间的流逝和年龄的增长外,其他什么也得不到。

大家都看到鸭子在水面潇洒地游来游去,那么自在,那么惬意,可是却没看见它的双脚在水下努力地划动。它们自由自在的背后,也是伴随着努力,伴随着拼搏!

孩子,努力的人才是最美丽的。当你努力完成一件事情以后,你会发现自己的运气不会太差。如果你认为努力过后还是事事不如意,那么说明你需要调整方式、方法,找对方向拼尽全力。当你坚持不懈地努力过后,你会发现自己拥有一个不一样的人生!

努力读书，做自己命运的主人

孩子：

上一封信我告诉你努力读书会让你获得好运，这一封信我要告诉你，努力读书能让你做自己命运的主人。

有一句话说的好："我们不能改变环境，但是我们可以改变自己对待环境的心态。"不管我们身处的环境如何，都不能决定我们未来的人生命运。我们未来的命运，就掌握在自己手中。

如果我们身处的环境不是很好，但是通过读书，我们却可以改变自己的处境，增长自己的见识，提高自己的能力，从而改变自己的命运。

在今天的信中，我想和你讲一个"牛背上的学生"的故事：

六百多年前，有个坐在牛背上的学生。这人姓王名冕，号元章，住在诸暨县的一个乡村里。他虽喜爱读书，但家里很穷，十岁的时候，父亲就叫他去牧牛了。他骑在牛背上，常常走到学校的近旁，去听学生读书。自己积攒了一些钱，舍不得买东西吃，也托人去买几本书，趁着放牛的时候，慢慢品读。

有一次，王冕傍晚回家，由于沉迷于读书，把放牧的牛都忘记了。王冕的父亲大怒，打了王冕一顿。过后，他仍是这样。他的母亲说："这孩子想读书这样入迷，何不由着他呢？"王冕从此以后就离开家，寄住在寺庙里。一到夜里，他就偷偷地溜出来，坐在佛像的膝盖上，手里拿着书，借着佛像前长明灯的灯光诵读，书声琅琅，一直读到天亮。

过了三四年，王冕的学识越来越渊博。有一天，正是黄梅时节，天气阴沉。王冕放牛到七泖湖边，很是疲倦，就索性躺在绿草地上休息。不多时，只见浓云密布，一阵大雨来了。幸亏夏天的雨，来得快去得也快。他避在大树底下，一刻儿功夫，雨就停了。只见那黑云边上镶着白云，渐渐散去，透出一线阳光来，湖水被照耀得通红。湖边山上，青一块，紫一块，绿一块，树枝上都像被水洗过了一番，绿得格外可爱，湖里有十几枝荷花，花苞上清水滴滴，荷叶上珠儿滚滚。王冕看了一会儿，心里想道："古人说'人在画图中'，实在不错。可惜我没有图画的技能，否则把这荷花画他几枝，不是更有趣吗？"隔了一宿，他心里又想到："天下哪有学不会的事，我何不画他几枝？"

那日天色已晚，他就先骑在牛背上回去了。自此以后，他天天想学画，积攒的钱也不买书了。他托人到城里买些胭脂、铅粉、花青，专门到湖边去学画荷花。初时画得不好，隔了三个月，那荷花精神、颜色无一不像。如果不是多出一张纸，观者会以为这花是生在湖里的，或者是刚从湖里摘下来贴在纸上的。乡间人看见他画得好，也有拿钱来买的。王冕得了钱，会买些好东西孝敬父母。从此诸暨县里的人，一传十，十传百，都晓得他是一个画花的名家，都来购买。

那时，安阳的韩性听说王冕如此勤奋读书，觉得他与众不同，将他收作学生，王冕于是学成了博学多能的儒生。但屡应试不第，遂将举业文章付之一炬。每天读书卖画，渐渐不愁衣食，父母也很欢喜。后来他专门研究画梅花，自称"梅花屋主"。

王冕是一个穷苦人家的孩子，正是因为读书，改变了他的命运。这样的例子，在中国古代还有很多。

现在，我们读书的环境已经非常好了，国家早已实行了免费的义务教育，已经没有人会由于经济窘迫而读不起书了。现在的孩子面临的问题，要么是学习中暂时的挫折，要么是普通人家的孩子没有优越的物质条件，但是这些问题和古人所经历的磨难相比，又算得了什么呢？

孩子，不要抱怨自己的出身，不要哀叹自己的不幸，也不要沉溺于暂时的挫折。只要坚持不懈地努力，再大的不幸，也不能阻碍一个人的成长；再低的起点，也不能阻碍一个人的成功。只要你努力读书，你就是未来自己命运的主人！

下回再见吧！

梁启超
《给孩子们书》

导读

  孩子，这次和你分享的是来自《梁启超家书》中的一封信。你知道梁启超吧？他是我国近代思想家、政治家、教育家，他的儿子梁思成是我国著名的建筑学家。这封信是他写给孩子们谈人生成就的问题的。我对你也是如此，希望你也"但问耕耘，莫问收获"，只要你努力付出了，就问心无愧，无论结果如何，有时候也不是我们自己能够左右的。

孩子们:

思成和思永同走一条路,将来互得联络观摩之益,真是最好没有了。思成来信问有用无用之别,这个问题很容易解答,试问开元、天宝间李白、杜甫与姚崇、宋璟比较,其贡献于国家者孰多?为中国文化史及全人类文化史起见,姚、宋之有无,算不得什么事,若没有了李、杜,试问历史减色多少呢?我也并不是要人人都做李、杜,不做姚、宋,要之,要各人自审其性之所近何如,人人发挥其个性之特长,以靖献于社会,人才经济莫过于此。思成所当自策厉者,惧不能为我国美术界作李、杜耳。如其能之,则开元、天宝间时局之小小安危,算什么呢?你还是保持这两三年来的态度,埋头埋脑去做便对了。

你觉得自己天才不能负你的理想,又觉得这几年专做呆板工夫,生怕会变成画匠。你有这种感觉,便是你的学问在这时期内将发生进步的特征,我听见倒喜欢极了。孟子说:"能与人规矩,不能使人巧。"凡学校所教与所学总不外规矩方圆的事,若巧则要离了学校方能发见。规矩不过求巧的一种工具,然而终不能不以此为教,以此为学者,正以能巧之人,习熟规矩后,乃愈益其巧耳。不能巧者,依着规矩可以无大过。

你的天才到底怎么样,我想你自己现在也未能测定,因为终日在师长指定的范围与条件内用功,还没有自由发挥自己性灵的余地。况且凡一位大文学家、大美术家之成就，常常还要许多环境与其附带学问的帮助。中国先辈说要"读万卷书，行万里路"。你两三年来蛰居于一个学校的图案室之小天地中，许多潜伏的机能如何便会发育出来，即如此次你到波士顿一趟，便发生许多刺激，区区波士顿算得什么，比起欧洲来真是"河伯"之与"海若"，若和自然界的崇高伟丽之美相比，那更不及万分之一了。然而令你触发者已经如此，将来你学成之后，常常找机会转变自己的环境，扩大自己的眼界和胸怀，到那时候或者天才会爆发出来，今尚非其时也。

今在学校中只有把应学的规矩，尽量学足，不唯如此，将来到欧洲回中国，所有未学的规矩也还须补学，这种工作乃为一生历程所必须经过的，而且有天才的人绝不会因此而阻抑他的天才，你千万别要对此而生厌倦，一厌倦即退步矣。至于将来能否大成，大成到怎么程度，当然还是以天才为之分限。

我平生最服膺曾文正两句话："莫问收获，但问耕耘。"将来成就如何，现在想他则甚？着急他则甚？一面不可骄盈自慢，一面又不可怯弱自馁，尽自己能力做去，做到哪里是哪里，如此则可以无入而不自得，而于社会亦总有多少贡献。我一生学问得力专在此一点，我盼望你们都能应用我这点精神。

第五章
腹有诗书气自华
——读书能改变你的气质

人之气质，由于天生，本难改变，惟读书则可变化气质，古之精相法者，并言读书可以变换骨相。

——曾国藩

见多识广, 你就会谈吐不凡

孩子:

　　人的气质改变, 首先是从谈吐开始。要想谈吐不凡, 读书是重要的途径, 腹有诗书气自华。下面这几封信, 我想和你谈谈读书与人的气质问题: 读书能改变人的气质。这封信, 我就先和你谈谈读书是怎样让人谈吐不凡的。

　　在现实生活中, 那些侃侃而谈, 辩才无碍的人, 常常会成为社交活动的中心, 他们或以自己广博的见识, 引经据典, 让在座的人大开眼界; 或以对某个问题的深刻见地, 一语中的, 让人醍醐灌顶, 茅塞顿开; 或以独特的角度, 别开生面, 让人看到了事物的另外一片天地。那些善于谈吐的人在讲话时, 或幽默风趣, 让人开怀大笑; 或慷慨激昂, 让人热情洋溢; 或娓娓道来, 如涓涓细流触动人心。那些善于谈吐的人,往往无论走到哪里，都会受到欢迎、受到追随。他们不仅能够很好地展示自己，而且能调节气氛，主导场面，甚至能够引领潮流，因而更容易获得成功。

我们不难发现，那些政坛要人、社会精英、以及各领域的事业成功者，大部分都具有不一般的谈吐能力和说话技巧。而这种能力的获得，除了天资外，更重要的是来自于广博的阅历和学习。如果一个人不读书、不学习、腹中空空，纵使天生一副伶俐的口齿，又有什么可供谈资呢？

我国第一任总理周恩来就以谈吐不凡的个人魅力闻名于世。在一次招待会上，一位西方女记者拿着话筒对周恩来总理问道："周恩来先生，可不可以问您一个私人问题？"

"可以。"周恩来慈祥地笑着说。

"您已经60多岁了，为什么依然容光焕发，记忆力超群，显得这样年富力强？"场内顿时笑声和议论声不绝于耳，这正是大多数人都想知道的问题。

周恩来和蔼地笑了笑，等会场内安静下来后，他才声音嘹亮而清脆地回答："因为我是按照东方人的生活习惯生活，所以直到现在我都非常健康！"

在场的翻译纯熟地翻译出周恩来的话，顿时整个大厅里响起了阵阵掌声和喝彩声，各国记者无不为周恩来的巧妙回答而心生敬意。

在另一次外交部举行的记者招待会上，周恩来介绍了我国经济建设的成就及对外方针后，一位西方记者提问道："请问，中国人民银行有多少储蓄？"这实际上是在嘲笑我国建国初期的穷困潦倒。

周恩来正面做出回答："中国人民银行储蓄资金嘛，有18元8角8分。"在场的人都很惊诧，顿时悄无声息。

周恩来以诙谐幽默的语调解释说："中国人民银行发行面额为拾元、伍元、贰元、壹元、伍角、贰角、壹角、伍分、贰分、壹分的十种主辅币人民币，合计为拾捌元捌角捌分。中国人民银行是由全中国人民当家做主的金融机构，有全国人民做后盾，抱诚守真，实力雄厚，它所发行的货币，是世界上最有信誉的货币之一，在国际上享有盛誉。"周恩来语出惊人，大厅内顿时响起了热烈的掌声。

他这种谈吐气质是如何形成的呢？是在长期坚持不懈的读书和学习过程中形成的。

周恩来于1945年1月8日在写给后来出任八路军高级参谋的王梓木信中写道："多多读书，多多研究。"周恩来出生于一个地地道道的书香门第，受到中华传统文化熏陶的他从小就养成了爱读书的习惯。他一生爱读书、爱用书，与各种书有着深厚的情感。无论是在条件艰苦的战争年代，还是日理万机的和平建设时期，他都保持着好学的良好习惯，想方设法挤出时间看书学习。

　　周恩来在熟读中外传统文化经典中，不仅开阔了时空视野，提升了哲学思考和思辨能力，也极大地丰盈了他的知识储备和语言积累。周恩来总理的读书经历生动地说明：读书能增长见识，丰富学养，提升气质；不读书则腹中空空。

　　孩子，我们现在的读书环境，比过去不知要优越多少倍。你一定要珍惜这个大好时光，努力读书，使自己成为一个见多识广、思想睿智、谈吐不凡、学有所成，有益于国家和社会的栋梁之才。

诗书浸润，你就会气质高华

孩子：

这封信我想和你谈谈读书能让人的气质高雅与华贵。

北宋文学大家苏轼早年曾任陕西凤翔府通判，🔵苏轼（1037年1月8日—1101年8月24日），字子瞻，又字和仲，号铁冠道人、东坡居士，世称苏东坡、苏仙。眉州眉山（今属四川省眉山市）人，祖籍河北栾城，北宋文学家、书法家、画家。与黄庭坚并称"苏黄"；与辛弃疾并称"苏辛"；与欧阳修并称"欧苏"，为"唐宋八大家"之一；苏轼也精于书法，为"宋四家"之一。善于画，尤其擅长墨竹、怪石、枯木等。代表作《东坡七集》《东坡易传》《东坡乐府》。期间结识了一位名叫董传的朋友。董传当时生活贫困，衣衫朴素，但简朴的衣着掩饰不住他的满腹经纶和乐观向上的精神风骨。苏轼对董传非常钦佩，后来苏轼被调往长安任职，与董传分别时写下了《和董传留别》的著名诗篇：

粗缯大布裹生涯，腹有诗书气自华。

厌伴老儒烹瓠叶，强随举子踏槐花。

囊空不办寻春马，眼乱行看择婿车。

得意犹堪夸世俗，诏黄新湿字如鸦。

　　这首诗的大意是：我虽然身穿简陋的粗布衣服，但是我却满腹诗书，气质高华。我已经厌倦了与那些老书生清谈，我打算振奋精神和那些意气风发的士子们一起去进京赶考。虽然我身上没有什么值钱的东西，只有一双旧鞋跟随了我多年，但看到那些富贵人家择婿嫁女的华贵车马，我一点也不羡慕。我只等皇榜高中的那一天，再向世人展示我的才华和追求。

　　这首诗不仅是苏轼对董传才华的钦佩及对其前程的期许与勉励，也是对自己达观洒脱人生态度的写照。尤其是那句"腹有诗书气自华"，因经典地阐述了读书与人的修养的关系，广为传诵，成为后世很多读书人所追求的人生境界。

　　清代学者梁章钜说："人无书气，即为粗俗气，市井气，而不可列于士大夫之林。"曾国藩说："书味深者，面自粹润。"读书与不读书，读书多与读书少的人，所表现出的内在气质与素养是绝不相同的。高华的气度是饱读诗书的必然结果，一个人只要饱读诗书，学有所成，身上自然会散发出一股书卷之气，自然才华横溢，气质高雅；一个人只要饱读诗书，不需要刻意装扮，就会由内而外产生出一种非凡气息。相反，如果没有内涵的话，不管怎么打扮，都不会显出这种气质、风度。

宋代的文学家黄庭坚曾说："人不读书，则尘俗生其间，照镜则面目可憎，对人则语言无味。"📖黄庭坚（1045年8月9日—1105年5月24日），字鲁直，号山谷道人，晚号涪翁，洪州分宁（今江西省九江市修水县）人，北宋著名文学家、书法家、江西诗派开山之祖。与杜甫、陈师道、陈与义合称"一祖三宗"；与张耒、晁补之、秦观合称"苏门四学士"；与苏轼齐名，世称"苏黄"，为"宋四家"之一。著有《山谷词》等传世。这不是说，读书多了，便会成美女俊男，而是说不读书，即使是美女俊男，与他（她）交谈时，眼前的俊美，也变得风韵全失，索然无味，也觉得辜负了一张好脸，并且觉得金玉其外。

为什么读书会使人的气质变得高雅呢？书籍是人类文明发展过程中经验和智慧的结晶。而读书的过程，就是让人类文明的精华和营养浸润自我并且完善自我的过程。谁能经此过程，谁就能够提升自我的精神境界和气质内蕴。三毛说："读书多了，容颜自然改变，许多时候，自己可能以为许多看过的书籍都成过眼烟云，不复记忆，其实它们仍是潜在的。在气质里，在谈吐上，在胸襟的无涯，当然也可能显露在生活和文字里。"

读书是一种精神的跋涉，当你捧读一本有益的书时，不仅能获取广博的知识，更重要的是汲取书中的那些积极向上的人生思想和价值观念。对人性和社会通达深刻地认识，对世间真理的思辨和把握，以及字里行间透露出来的真善美情感，都能渗透和浸润你的心灵，让你的心灵一点一点地丰满、纯净起来，进而改善和提升你的气质。

如果你读老子和庄子，你可能会形成超脱和达观的精神境界；如果你读孔子和孟子，你可能会形成"修身、齐家、治国、平天下"的责任担当和家国情怀；如果你读唐诗宋词，你对人生和生活的感悟可能会更加深刻；如果你读中外名人传记，你可能会变得更加睿智，更加敢于面对挫折和困难，意志和信念会更加坚定……

读书能改善人的气质也有一定的科学依据。据英国《独立报》一项最新研究结果显示：读完一本扣人心弦的小说之后，人的大脑会发生实际的、可监测的积极生理变化，并且这一变化会持续至少5天。阅读一本好书时，大脑中原本处于静息状态的连接性会变得活跃起来，并且还会在大脑左颞叶皮层产生一种与肌肉记忆类似的神经变化。

在生活中我们不难发现, 那些爱读书的人, 才智或言行就显得不同寻常, 他们由内而外散发出的独特气质和魅力, 是浓妆艳抹代替不了的, 是乔装打扮表现不了的。与那种简单粗暴, 动不动就火冒三丈的人相比, 他们总是在言行举止中透露出一种非凡的涵养, 待人接物、说话做事, 更懂责任、更能担当。

孩子, 热爱读书吧! 愿你经过诗书的浸润, 成为一个气质高雅与华贵之人!

读书是门槛最低的高贵

孩子:

读过书后, 你的气质是不是提升了呢? 这封信我要告诉你, 读书是门槛最低的高贵。

拥有高贵的气质、高贵的生活和高贵的地位, 是很多人的向往和追求, 但是不同的人通向高贵的途径也不一样。有的人出生在富贵之家, 从一开始就有享之不尽的荣华富贵; 有的人一夜之间发了大财, 然后过上了锦衣玉食的生活; 有的人挖空心思, 机关算尽, 投机钻营, 一步一步往上爬; 有的人不惜花费很多钱财来包装自己, 穿金戴银, 在人前显出一副高贵的样子……

然而, 无数人的经历证明: 读书是通往高贵的最低门槛。一般来说, 高贵的生活都离不开昂贵的代价, 并非所有人都能负担得起，也并非所有人都具备雄厚的实力，而读书则相对要容易得多、简单得多。只要你愿意，无论身处哪个阶层，通过读书你都能够拥有一颗高贵的心灵，塑造高贵的精神和高贵的气质。

古人说："万般皆下品，唯有读书高。"读书不仅是一项高贵的举动，也能使人走向高贵。世间通向高贵的路有很多条，但是唯有读书是付出成本最低的一条路。毛泽东同志曾说："世界上读书最容易，读书比杀猪还容易，因为杀猪，猪会叫、会跑。你读书，书不会叫、不会跑，你抓住它就可以读。"

我国南北朝时期，齐国有一个叫做江泌的人，江泌小的时候家里很穷，父亲瘫痪、母亲又常常生病，江泌白天要去外面工作赚钱养家，晚上还要帮母亲做事，根本没有钱也没有时间去上学读书。

有一天晚上，家里的人全部睡着以后，江泌一个人坐在屋子里，突然，他看到窗外的月光好亮，江泌心想："这么亮的月光，我可以用它来看些书，就不愁没钱点灯看书了。"可是，月亮会慢慢移动，江泌就拿着书随着月光一边移动一边看书，直到月光不见为止。

有时候，江泌白天工作太累，到了晚上还是努力提起精神看书，就这样，一天一天过去了，江泌的学识越来越渊博，终于变成了一个了不起的大学问家！

江泌这个人心性慈善，衣服破烂不能再穿，唯恐衣内虱子饿死，于是他又将虱子取回放入所穿的衣中。数月之间，虱子竟也不忍咬他，不知不觉全不见了，从此他终身不再生虱。他日常食用青菜，不吃菜心，因为菜心含有生机，江泌不忍采折伤害，其慈心广及于物类到这个地步。

后来江泌官至南康王子琳侍读，掌管教授康王经书，可以说是地位很高了。

因为江泌的事迹，历史上人们就用"随月读书"来形容一个人用功读书，不怕辛苦的精神。

富兰克林自幼酷爱读书，⚫本杰明·富兰克林（1706年1月17日—1790年4月17日），出生于美国马萨诸塞州波士顿，美国政治家、物理学家、外交家、发明家、出版商、印刷商、记者、作家、慈善家。他是美国独立战争时重要的领导人之一，也是美利坚开国三杰之一，被美国的权威期刊《大西洋月刊》评为影响美国的100位人物中排名第6。但因家贫无钱上学，从少年时代起，就独自谋生。他常常饿肚子省钱买书来读。有一天，他在路上看到一位白发老奶奶，已饿得走不动了，便将自己仅有的一块面包送给了她。老奶奶看他也是一个穷人，不忍收他的面包。但富兰克林说："你吃吧，我包里有的是。"说着他拍了拍那只装满书籍的背包。老奶奶吃着面包，只见富兰克林从背包里抽出一本书，津津有味地读起来。"孩子，你怎么不吃面包啊？"老妪问道。富兰克林笑着说："读书的滋味要比面包好多了！"

因经济拮据，购书能力有限，他只得经常借书读。有时为了按时还书，他常常读到深夜，疲乏了就以冷水浇头提提神，坐下继续阅读。后来富兰克林能成为美国历史上功勋卓著的总统和科学家，与他刻苦读书是分不开的。

东汉时期，有个名叫孙敬的人，他年轻时勤奋好学，经常关起门，独自一人不停地读书。每天从早到读到晚，常常废寝忘食。一直伏案读书，疲惫困倦了也不休息。时间久了，直在书桌上打瞌睡。他怕影响自己读书学习，就想出了一个特别的办法。古时候，男子的头发很长，他就找了一根绳子，一头牢牢地绑在房梁上。当他读书疲倦打盹时，头一低，绳子就会牵住头发，这样便会把头皮扯痛了，使自己清醒起来，再接着读书学习。战国时期，有一个名叫苏秦的人，在年轻时，由于学识浅薄，曾到好多地方做事都不受重视。回家后，家人对他也很冷淡，没有正眼看过他。这对他的刺激很大，所以他下定决心，要发奋读书。他常常读书到深夜，一边打盹，一边不停地想睡觉。他也想出了一个方法：准备一把锥子，一打瞌睡，就用锥子往自己的大腿上刺一下。这样，猛然间感到疼痛，使自己清醒起来，再坚持读书。这就是"悬梁刺股"

的故事。后来孙敬和苏秦都成了著名的政治家，他们的成就与刻苦读书密不可分。

是读书，让这些出身低微的人，一步步走向了高贵的人生。而读书的时间，也是最灵活和最容易获得的，只要你愿意，你随时随地都可以抽出零碎的时间，睡觉前可以读一会儿，坐公交车可以读一会儿，劳动的间隙可以读一会儿。一件名牌衣服可以花掉一个普通人一个月的薪水，但是买一本好书，只要一个汉堡的钱就够了。而一个汉堡的花费，便可以让我们与一个高尚的人交谈，与其一生的智慧共鸣，碰撞出思想的火花，促进我们内在的提升，帮助我们形成高尚的人格和为人处世的智慧。

但是在我们周围，有好多同学或整天浑浑噩噩，将心思不放在学习上，让时光流逝；或整天和同学攀比，吃穿用都讲名牌、讲时尚，仿佛自己也过上了高贵的生活。殊不知，这些习惯已使他们和高贵的差距越来越大，他们正一步步滑向卑微。

孩子，请你记住：读书使人成功，读书使人高贵！

愿你从今天开始，抓紧分分秒秒的时间，努力读书，日积月累，你就会变得学识通达、胸襟开阔，从而一步步从卑微走向高贵，从弱小走向强大。

读书能让人变得强大和不可战胜

孩子：

读书其实有很多好处，这封信我要告诉你，读书也能让人变得强大和不可战胜！

马克思曾说："与其用华丽的外衣装饰自己，不如用知识武装自己。"

高尔基也说："没有任何力量比知识更强大，用知识武装起来的人是不可战胜的。"

孩子，请你想一想：如何用知识来武装自己呢？我来告诉你答案：读书！

泰勒斯是古希腊早期最杰出的学者，🔊泰勒斯（约公元前624年—公元前547或546年），西方第一个自然科学家和哲学家，同时也是思想家，出生于爱奥尼亚的米利都城，创建了古希腊最早的哲学学派——米利都学派（也称爱奥尼亚学派）。希腊七贤之一，被称为"科学和哲学之祖"。他是第一个提出"世界的本原是什么？"并开启了哲学史的"本体论转向"的哲学家，是学界公认的"哲学史第一人"。也是人类历史上第一位天文学家、哲学家、几何学家。除此之外，他在数学、农学等方面也有很高的造诣，后人把他称为"科学之祖"。

大约公元前624年，泰勒斯出生在古希腊的一座小城市——米利都。他的父亲是一个商人，他从小就受到了很好的教育。成年以后，家人想让他成为一个大商人，但他却全身心投入到天文学的研究中，又创办了西方大名鼎鼎的哲学学派——米利都学派。他只探索这些"没用的事情"，赚不到钱，而且一有钱就四处旅行，很快就把钱花光了。

有一次，衣衫褴褛的泰勒斯穿过一条大街时，一个商人走了过来，挖苦说："人们都说你是一个知识渊博的哲学家，可是哲学只能给你带来贫困和寒酸，又不能给你带来面包和金子，学它有什么用呢？"

泰勒斯听后没有说话，他想用事实来回答商人。那一年，他用自己渊博的天文学知识预测气候变化，用统计方法分析橄榄的生产量，断定橄榄一定会大丰收。他以低廉的价钱收购了附近所有榨橄榄油的机器。到了收获的季节，橄榄大丰收，对压榨机的需求骤然剧增，他趁机收取租金，赚了一大笔钱。

商人知道这个消息后，对他佩服得五体投地。

他对商人说："我要想发财并不难，但我需要的是知识，它是无价之宝，是金钱买不到的。"

他还利用天文学知识，成功预测了一次日食，并利用这次日食阻止了一场战争。

公元前612年，米底王国与吕底亚王国发生了一场战争。有一天，泰勒斯来到两国边境，看到城池破败，横尸遍野，非常痛心。于是，他便奉劝两国国王停止这场战争，结果碰了壁。他非常生气，愤愤地警告国王说："你们这样做，是违背了神的意志。如果你们硬要打仗的话，神力无边的太阳神阿波罗一定会发怒的！"

决战的这天下午，当两国的将士们短兵相接时，天突然黑了下来，白昼顿时变成黑夜。泰勒斯的警告应验了。两国国王连忙跪在地上祈祷，祈求太阳神的宽恕。双方士兵们也惊恐万分，扔掉武器四处逃散。两国于是停战和好，后来还互通婚姻。

原来，泰勒斯早就预测出两国决战那天会有日食，见两国国王执意要打仗，就编了个太阳神发怒的神话，巧妙地阻止了这场战争。

利用自己的知识，泰勒斯不仅获取了大量的财富，而且为人们避免了一场战乱，赢得了和平。这就是知识的力量。

人类从蒙昧时代走到今天的智能时代，从远古时期极为恶劣的居住环境创造出今天高度舒适的宜居环境，可以说是知识起了关键性的作用。世界上真正的强者，不是那些体阔腰圆的大力士，而是那些博学多识的智慧之人。

晚清重臣曾国藩，是受到毛泽东、蒋介石、梁启超高度评价的"千古第一完人"。其实早年的曾国潘并无什么过人之处，容易骄傲、心胸不宽等人性劣根在他身上表现得异常明显。据说他刚进翰林院不久，正春风得意，一次在给父亲过生日时，对前来祝寿的一位好友夸夸其谈，有些得意忘形，结果好友非常反感，拂袖而去。

但后来的曾国藩却涵养极高。他与左宗棠都是清廷的股肱之臣，但左宗棠非常自负，从来不把他放在眼里，还经常谩骂他。但他却不理会，更不记仇，反而在左宗棠出兵平定新疆时，给予大力支持。当时的人将二人称作"曾左"，左宗棠心怀不服，便问手下，为何世人都说"曾左"，而不说"左曾"呢？一名近侍回答说："因为曾公眼里常有左公，而左公眼里并无曾公。"近侍的话，让两人高下立判，左宗棠幡然醒悟，自愧不如。

孩子, 请你告诉我: 曾国藩的前后为什么会发生那么大变化呢? 我来告诉你答案: 读书!

曾国藩自知自己资质不高, 便极力用读书来弥补。他读书时, 积极思考。坚持写日记, 将一天的思考心得用写日记的方式记录下来, 不管战事如何紧张, 事务如何繁杂, 他都天天坚持, 直到临终的前一天, 还写了日记。

更令人值得钦佩的是, 曾国藩善于将书上的道理与现实实际结合, 融会贯通, 灵活应用。他博览历史, 通晓人性, 他对上级恭谨有度, 很受恩宠; 对下属知人善任, 深得人心。正是读书改变了曾国藩的思想, 赋予了他智慧, 让他胸中有大志, 德才兼备, 由一个平常人逐步成长为一代圣贤。

读书越通透, 阅读与实践结合的时间越久, 就越具备看穿世事的洞察能力, 也更加能够主宰自我的心灵世界, 不被纷繁杂乱的世事所牵绊。

孩子, 愿你从现在开始, 努力读书, 持之以恒, 点滴积累, 时间久了, 你就会在不知不觉中发现, 原来你也能够如此强大。

下回再见吧!

曾国藩

《谕纪泽、纪鸿书》

导读

　　孩子，这次给你寄来《曾国藩家书》中的一篇，我曾经多次和你谈到曾国藩这个人物，他的修身功夫，是很值得我们学习的。这封曾国藩写给儿子的家信，不仅表达了读书能改变一个人的气质，也指明了要读经典、要读懂读透的读书方法，希望你能牢记此理。最近学习如何？我给你快递了一套《少年丛书》，不知你读了几本了？这套书里全部是中外名人的传记，对你来说，很有激励作用，希望课外你能多多翻阅。

字谕纪泽、纪鸿儿:

今天派专人送信回家,刚要起程,恰好又接到王辉四带来的四月初十寄来的信。其中有你和澄叔的各一封,由信中得悉一切。

你近来习字的力道总是太薄弱,骨力不强劲,墨气也不够丰腴,正如你的身体一样,一直都存在轻弱无力的毛病。你应该用油纸临摹颜体的《郭家庙》,柳体的《琅琊碑》《玄秘塔》,用来锻炼笔力,弥补不足。你要天天留心,专心在"厚重"二字上下工夫。否则字质过于薄弱,体质便会因此显得更虚弱了。

人的气质本由天生,早有定数,是难以轻易改变的,只有读书才能重新塑造气质。古代擅长相面的人,都认为读书可以改变骨相。要求得变骨相的方法,必须先立下坚定不移的志向。以我的生平为例,三十岁前嗜好吸烟,整日抽水烟,没有一时的间断,自道光壬寅年十一月二十一日立志戒烟后,至今没再抽烟。四十六岁以前做事没有恒心,近五年深以为戒,现在大小事情都能持之以恒了。就这两点看,可见没有什么事是不能改变的。

你在"厚重"二字上,必须立志下苦工夫以求改变。古人说服金丹可以换骨,我认为人的志就是金丹!满叔的四封信偶然忘了送去,所以特由驿站补送回去。此嘱。

同治元年四月二十四日

原文

字谕纪泽、纪鸿儿：

今日专人送家信，甫经成行，又接王辉四等带来四月初十之信，尔与澄叔各一件，借悉一切。

尔近来写字，总失之薄弱，骨力不坚劲，墨气不丰腴，与尔身体向来轻字之弊正是一路毛病。尔当用油纸摹颜字之《郭家庙》、柳字之《琅琊碑》《玄秘塔》，以药其病。日日留心，专从厚重二字上用工。否则字质太薄，即体质亦因之更轻矣。

人之气质，由于天生，本难改变，惟读书则可变化气质。古之精相法者，并言读书可以变换骨相。欲求变之之法，总须先立坚卓之志。即以余生平言之，三十岁前最好吃烟，片刻不离，至道光壬寅十一月二十一日立志戒烟，至今不再吃。四十六岁以前作事无恒，近五年深以为戒，现在大小事均尚有恒。即此二端，可见无事不可变也。

尔于厚重二字，须立志变改。古称金丹换骨，余谓立志即丹也。满叔四信偶忘送，故特由驷补发。此嘱。

涤生示

同治元年四月二十四日

第六章
为明天加油
——读书要有远大的理想

所有成功人士都有目标。如果一个人不知道他想去哪里，不知道他想成为什么样的人、想做什么样的事，他就不会成功。

——诺曼·文森特·皮尔

有了理想，便不会失去人生的方向

孩子：

　　之前几封信我们谈了读书的诸多好处，这封信我和你谈谈理想问题，读书需要理想的引领，有了明确的理想，读书才能够坚持下去。

　　拿破仑曾说过："明确目标是成功的首要组成部分。"

　　每个人都渴望成功，但是成功人士的经历告诉我们：成功必须要有理想目标的引领和驱动。否则，我们的人生就会浑浑噩噩，在黑暗中迷茫，找不到前行的方向和动力。如果一个人不知道他想去哪里，不知道他想成为什么样的人、想做什么样的事，他就不会成功。目标虽然不能决定一切，但目标却像指引航船航行的灯塔一样，如果没有灯塔，航船就不知道朝哪个方向航行。理想是人生的导航，没有理想的人生是迷茫的人生。

古今中外，那些成就卓著的伟大人物，都有自己明确的人生目标。为中国文化的传承和发展做出巨大贡献，被后世一直尊为"至圣先师"的孔子，少年时期就为自己勾画了君子境界的人生追求；宋代的抗金英雄岳飞，少年时期就树立了"精忠报国"的人生理想，他的母亲将这四个字刺在他的背上，时时对他进行激励；世界著名的生物学家、进化论的创立者达尔文，少年时期就对博物学非常感兴趣，他放弃家庭优越的生活，跟随一艘名叫贝加尔号的航船进行环球旅行，考察沿途的地质、植物和动物，为进化论积累了大量资料；诺贝尔奖的创立者、世界著名化学家诺贝尔为减轻工地上挖土工人的繁重劳动，他废寝忘食，四年里反复做了几百次试验，终于发明了炸药。

那些杰出的人物百折不挠，勇往直前，正是理想的浪涛激励着他们去努力奋斗。

著名童话大师安徒生年少时的人生目标是成为一名剧作家，为了实现这个理想，他离开家乡只身去了哥本哈根。无依无靠的他，颠沛流离，但他并未因此而退缩放弃。1835年，他试写了几篇童话，深受儿童喜爱，此后他改变了自己最初的理想，童话大师成了他的新理想。后来他写出了《海的女儿》《丑小鸭》等许多著名童话,成为人们公认的世界童话大师。

不错,我们常常能看到有的歌手、演员一夜走红,但我们看不到的是,他们都有一段不为人知的奋斗历程,他们将无数的汗水与泪水洒在了通往成功的路上。他们的确有过人的天赋,但也付出了比常人更多的辛苦,他们怀着梦想,努力拼搏,才获得了成功。

演员孙俪,小时候长得很漂亮,又聪明乖巧,爱唱爱跳,很有艺术天赋。小学六年级时,她的父母因为感情出现了裂缝,所以就离婚了,于是她成为了一个单亲孩子。

父母离婚后,妈妈在一家商场做售货员,为了能多挣些钱,妈妈每天从商场下班后,还要去一家公司做保洁,生活的艰难超出了一般人的想象,孙俪心疼妈妈,就在心里暗暗发誓:长大了一定要有出息,让妈妈过上好日子!

15岁那年,孙俪考入上海警备区文工团,成为一名正式的舞蹈演员。她十分珍惜这个机会,练功非常努力。19岁那年,电视剧《玉观音》的导演看中了她,让她饰演女警察安心。这是一位饱经离婚与丧子磨难、爱情与亲情纠葛、感情与理智冲突的角色。从未专业学过影视表演的她,为了演好这个角色,一天只睡三四个小时,用心揣摩每一个动作、每一个表情。导演让她哭10遍,她就真的哭10遍,最后将安心演绎得淋漓尽致。该剧的热播让她很快成为观众耳熟能详的名字。紧接着,她又出演了《风雨西关》,由于很多场景都要在原始森林拍摄,也不抹防晒油、防虫霜,所以拍摄时又是暴晒又是蚊虫叮咬,可是她一点也不在乎。每天不管多晚下戏,她都会把第二天的台词背熟。

由此可见,有理想才会有奋斗的动力,有艰辛的奋斗才会取得成功,天上永远不会掉馅饼。著名作家柳青说过:"人生的道路虽然漫长,但紧要处常常只有几步,特别是当人年轻的时候。"孩子,你正值人生"紧要处"的几步,是确立人生目标的关键时期,你一定要谨记:今天的理想,决定了你未来人生的状态,今天买到去哪里的车票,决定了明天你将到达哪里!

愿你尽早确立人生目标,并为之奋斗,抛洒努力的汗水,你同样可以步入成功的殿堂!

为理想努力，从小事做起

孩子：

　　这封信我们还是谈理想，我要告诉你的是：不管你的理想有多么宏伟，但都必须从小事做起。

　　在我们周围，很多人对自己的未来进行过美好规划和设计，但最后真正取得成功的人却很少。这是为什么呢？因为他们好高骛远，眼高手低，总认为大丈夫应当做一些轰轰烈烈的大事情，他们总在寻求做大事情的方法和机遇，却不愿意从力所能及的小事情做起。

　　理想不是空洞的口号，也不是挂在墙上的目标，而是一件由很具体的小事情构筑的大工程，需要我们一点一滴地去做。

　　一个真正有理想的人，不仅是勇于做大事情的人，更是一个善于做小事情的人。列宁曾说过："我们不要拒绝做小事，大事业是从小事聚集起来的。"老子在《道德经》里也明确地告诫我们："天下大事，必作于细。" 📖《道德经》是春秋时期老子（李耳）的哲学著作，又称《道德真经》《老子》《五千言》《老子五千文》，是中国历史上最伟大的名著之一，被誉为"万经之王"。对传统哲学、科学、政治、宗教等产生了深刻影响。《道德经》以"道德"为根本，论述修身、治国、用兵、养生之道，多以政治为旨归，即所谓"内圣外王"之学，文意深邃，包涵广泛。万丈高楼平地起，一个勇于和善于做小事情的人，必将是极大的成功者。

我们来看看国际巨星成龙的成长历程吧。成龙出生在香港一个普通家庭，父亲是法国领事馆的一名厨师。因为他家住在领事馆区，附近大多是法国人、美国人，所以他经常跟外国小孩打架。成龙小时候很喜欢看武侠片，非常崇拜曹达华、于素秋等明星。于是他立志学习武艺，一方面想在外国孩子面前长中国人的志气，一方面想将来当一名武术明星，过上好日子。

成龙8岁那年，父亲带着他拜京剧武生于占元师傅为师，于师傅正是成龙崇拜的武侠女星于素秋的父亲。从此，成龙便成为京剧班的一名学员，每天清晨五点多就起床练功，晚上12点才上床睡觉，十分辛苦。最初的那段日子，成龙常常在晚上暗自哭泣，但他最后还是坚持了下来。17岁那年，他到邵氏影业跑龙套,当了一名武师,专门做演员的替身。

当武师出卖的是劳动力,地位卑微,每天等候导演来挑人。为了在众多人中被选中,成龙演出时非常卖力,因而常被导演选上。最开始时,他只能演死人,第一次演的时候,由于没有演好,导演狠狠骂他:"不要动,你已经死了,肚子还动什么!"开始他很沮丧,觉得自己连死人都演不好。后来他细心地琢磨,什么时候应该吸气,什么时候应该闭气,什么时候镜头会对准死人,他不断地反复琢磨,终于成了"死"得最像的人。

进入演艺圈后,他想先做一名武术指导,磨练自己的武术功底和技巧,然后再向武术明星迈进。而做一名武术指导要先懂得镜头,于是他扛了两年摄像机。那时候电影圈武行有一个很有名的武术指导,地位很高,有许多小弟、跟班。为了能引起他的注意,他每天都站在他要经过的地方。终于有一天,武术指导停下车,问了他一句:"你是跟我的吗?"他说:"是。"于是武术指导便让他上了自己的车。一路上他坐得很规矩,什么也没说。到片场以后他被派去擦车,于是他抓住这个千载难逢的机会,非常认真地擦车,每个缝隙都用牙签来挑干净。后来那个武术指导每天都带他去片场,他依然每天坚持认真擦车,最终成为那位武术指导身边的红人。

几年后，成龙被推荐拍摄古龙的作品。一开始他模仿李小龙的形象拍片，尽管下了很大功夫，却始终无法走红。但他并没有灰心气馁，经过反复总结和摸索，他开辟了一条功夫喜剧的路线，逐渐形成了自己的独特风格，一步步摘取了国际巨星的桂冠。

曾有媒体报道：某年成龙的全年收入几个亿。当很多年轻人都羡慕不已的时候，成龙说道："这是我应该得到的，是我多少年打拼出来的。年轻人不应该总看到别人的收获，不想想别人的付出。"

是的，一分耕耘，一分收获，只有无比努力的付出，才会有无比丰厚的回报。对于成龙来说，他原本只是一个普通人家的孩子，但是自从立下志向的那一刻起，他不畏艰难，扎扎实实地做好每一件事情。在京剧班苦练功夫，进了演艺圈演好死人、做好武术指导、演好每一个角色，他一步一个脚印，做好每一件事情，最后才取得丰硕的成果。由于拍武戏，受伤是常有的事情，他从头顶到脚趾，全身没有一处没受过伤。以前拍电影没有保障，拍火戏时，用的是真火，他的眉毛都烧没了。还有一次拍戏意外受伤，为了接受治疗，他的脑袋还开过刀，成龙拍戏时简直就是在玩命。可以说，他的成绩，是用血汗堆积出来的。

很多成功人士的经历告诉我们,从具体的小事情做起,不仅是在为实现自己的理想做准备、打基础,也是体验人生、磨练自我、升华品格、积累经验的必经过程,历练自己的心性和品格,参悟做人做事的真谛,使自己的能力得到提高,使自己对事物的感悟更加深刻。

孩子,树立宏大的理想并非难事,但是为理想奋斗,从具体的小事情做起,才是实现理想的真谛!对于现在的你来说,每天完成当天的学习任务,就是为实现宏大理想进行积累。只要天天如此,日积月累,你一定会拥有巨大的收获。

理想可以改变，但奋斗之火不能熄灭

孩子：

我们都知道火遇到水就会熄灭，那么什么火才会生生不息呢？这封信我要告诉你：理想可以改变，但奋斗之火绝不能熄！

在现实生活中，不知道你有没有遇到这样一种情况：曾经的理想，曾经的人生目标，由于各种条件的限制，或者环境的变化，导致最终难以实现。如果我们一意孤行，不仅无法实现当初的理想，而且会使自己碰一鼻子灰。也有的人，随着年龄的增长，环境的变化，发现当初的理想其实并不适合自己，于是想重新设定新的人生目标。

其实这种情况非常正常，与我们主张的坚持理想和为理想奋斗并不矛盾。在必要的时候，我们可以改变理想，确立新的人生目标，但是奋斗之火绝对不能熄灭。因为奋斗的过程，不仅是实现理想的过程，也是我们磨练意志、升华品格、积累经验的过程，即使努力奋斗过后，还是无法实现当初的理想，也会为我们未来的人生积累丰富的经验和教训，为实现新的理想打下坚实的基础。

1943年，杨振宁在美国留学时，⚫杨振宁（1922年10月1日—），出生于安徽合肥，世界著名物理学家，中美关系松动后回中国探访的第一位华裔科学家。现任香港中文大学讲座教授、清华大学教授、美国纽约州立大学石溪分校荣休教授、中国科学院院士、美国国家科学院院士、台湾"中央研究院"院士、俄罗斯科学院院士、英国皇家学会会员。1957年获诺贝尔物理学奖。决心要完成一篇实验物理论文，并立志在实验物理领域有所成就。但是杨振宁在实验室泡了近20个月，实验却并不顺利。他在做实验的时候，经常会发生爆炸。当时实验室里流传一句话：哪里有爆炸，哪里就有杨振宁。最后，杨振宁不得不痛苦地承认：自己动手的能力确实比别人差！

被誉为美国氢弹之父的泰勒博士是杨振宁非常尊敬的前辈，他一直关注着杨振宁。一天，泰勒博士关切地问杨振宁："你的实验是不是没有成功？"

"是的。"杨振宁诚恳地回答。

泰勒博士直率地说："我认为你不一定非要坚持写一篇实验物理论文，你已经写了一篇理论论文，我建议你把它充实一下，作为自己的博士论文。我可以做你的导师。"

听了泰勒博士的话，杨振宁的心情非常复杂。他非常感激泰勒博士的关注，但要下决心打消自己的念头，又实在不是一件容易的事。一方面，他深感自己做实验确实是力不从心；而另一方面，他又不甘心就这样认输。于是他说："我想考虑一下，两天后给您答复。"

杨振宁认真思考了两天。最后他接受了泰勒博士的建议，放弃了写实验论文的决定。后来，他把主攻方向转到理论物理研究，几十年如一日，孜孜不倦，呕心沥血，取得了卓越的成就。1957年10月，他与李政道共同获得了该年的诺贝尔物理学奖。

杨振宁的故事告诉我们：有时候，改变目标并不意味着失败和退缩，只是为了找到更适合自己的目标。而在确定好新的更适合自己的人生目标后，我们的努力就会变得更加有效。而有些人，在实现目标的过程中，一旦遇到不顺，就自暴自弃，怨天尤人，不仅放弃目标，而且一蹶不振，随波逐流，从此使自己的人生走向平庸。这是不可取的。

鲁迅出生在浙江绍兴一个富裕世家，由于祖父被卷入一场科考舞弊案，犯事下狱，父亲又患了重病，家道很快中落。他少年时期，为了给父亲看病，不得不常常出入于当铺及药铺之间,他把家里稍微值钱的东西拿到当铺当点钱,然后到药铺给父亲抓药。但是由于当时医疗条件落后,最后依然没能挽救父亲的生命。小小年纪的鲁迅,便在心里立下了一个志向,长大后要成为一名出色的医生,给千千万万像父亲那样的病人治病,来消除他们身体上的痛苦。1902年,他考上了清政府的公派留学生,被派往日本仙台医科专门学校学习医学。

当时正值日俄战争,有一次,学校放映电影,一个被说成是俄国侦探的中国人,要被手持钢刀的日本士兵砍头示众,许多围观的中国人,虽然和日本人一样身强体壮,却个个无动于衷,脸上全是麻木的神情。这时,鲁迅身边一名日本学生说:"看这些中国人麻木的样子,就知道中国一定会灭亡!"听了这句话,鲁迅心里很不是滋味,他没有继续观看电影,而是走出了教室。

一连几天,他的脑海里都是电影里的场景。他想:如果中国人的思想不觉悟,即使治好了他们身体上的病,活着也没有多大意义,也还是只能忍受帝国主义列强的欺侮。所以现在最要紧的,不是治好他们身体上的疾病,而是改变他们的精神面貌。于是他下定决心,弃医从文,他要用笔唤醒中国老百姓的麻木。

从此，他把自己的一生都用在写作上，他写了大量的小说和杂文，批判国民的劣根性。他成为文坛巨匠、新文化运动的旗手，为国民的思想启蒙做出了巨大贡献。他的很多思想，对于今天的中国现实来说，仍是非常深刻的。

由此可见，随着时间的推移、阅历的丰富、经验的积累，理想就会更加明晰。

理想是人生走向成功的导航，而奋斗是支撑理想的基石。理想没有高低之分，只要理想是有意义的，无论你的理想是什么，都要靠努力奋斗来实现。只要奋斗之火不熄，你的理想就一定能够成为现实！

孩子，你找到了适合自己的理想了吗？如果你找到了适合自己的理想，那么恭喜你，你很幸运。但是随着时间的推移，发现最初的理想并不适合你时，也不要灰心丧气，而应该认真分析，对自己的人生重新定位，确立新的、更适合自己的奋斗目标。愿你握紧船舵在一望无垠的大海上乘风破浪，直挂云帆济沧海！

读书是推动理想飞翔的双翅

孩子:

理想是人生的导航,奋斗是实现理想的基石,但让理想能够展翅飞翔的助推器,却是读书!这封信我想专门和你谈谈这个问题。

现代社会,是一个知识爆炸的时代,也是一个知识经济的时代。一个人要想取得很大的成就,实现自己的理想,光靠勇气和勤奋是不行的,更要靠才干和智慧,而才干和智慧则主要来源于读书。所以读书是推动理想飞翔的翅膀!

世界上那些伟大人物的成功经历,都充分说明了这个道理。

我们一谈到牛顿,很多人会认为他小时候一定是个神童、天才。其实不然,牛顿自幼身体瘦弱,头脑并不聪明。

牛顿出生在英格兰一个自耕农家庭里。不幸的是他是一个早产儿，出生时只有三磅重，接生婆和他的亲人都担心他能否活下来。当时谁也不可能料到这个看起来微不足道的小东西，后来会成为一位名垂千古的科学巨人。

牛顿出生前三个月父亲就去世了。他两岁时，母亲改嫁给一个牧师，他便和祖母相依为命。5岁时，他被送到公立学校读书。少年时代的牛顿成绩一般，但他非常喜欢读书，并从中受到很多启发，还喜欢动手制作一些奇奇怪怪的小玩意，如风车、木钟、折叠式提灯等等。据说他把风车的机械原理摸透后，自己制造了一架磨坊的模型，他将老鼠绑在一架有轮子的踏车上，然后在轮子的前面放上一粒玉米，刚好那地方是老鼠可望不可及的位置，老鼠想吃玉米，就得不断地跑动，于是轮子就会不停地转动。有一次他放风筝时，在绳子上悬挂着一盏小灯，夜间村民望去，惊疑是彗星出现。他还制造了一个小水钟，每天早晨小水钟会自动滴水到他的脸上，催他起床。他还喜欢绘画、雕刻，尤其喜欢刻日晷，家里墙角、窗台上到处安放着他刻画的日晷，用以观察日影的移动。

他11岁时，母亲的后夫去世，母亲带着和后夫所生的一子二女回到他身边。12岁时，他就读于离家不远的一所中学，学习成绩仍是不大出众，只是爱好读书，尤其喜欢读几何学、哥白尼的日心说等,他还分门别类地记了很多读书笔记。后来迫于生活压力,母亲让他休学在家务农,赡养家庭。但他一有机会便偷空看书,以致常常忘了干活。他的好学精神感动了舅父,于是舅父说服母亲让他复学,并鼓励他上大学读书。

19岁时,牛顿以减费生的身份进入剑桥大学,靠为学院做杂务的收入支付学费。当时有一位名叫伊萨克·巴罗的科学家,发现牛顿具有深邃的观察力和敏锐的理解力,于是便将自己的数学知识,包括计算曲线图形面积的方法,全部传授给牛顿,此外牛顿还系统地学习了算术、三角,读了开普勒的《光学》,笛卡尔的《几何学》和《哲学原理》,伽利略的《两大世界体系的对话》,胡克的《显微图集》,还有皇家学会的历史和早期的哲学学报等。从此,他在自然科学领域内思潮奔腾,才华迸发,思考前人从未思考过的问题,踏进了前无古人的领域,创建了前所未有的惊人业绩。可以说,如果没有如饥似渴的读书经历,牛顿是不会成为一个科学巨人的。

我们再来看一看美国总统林肯的经历。

林肯出生在肯塔基州哈丁县一个贫苦的家庭,父母是英国移民的后裔,以种田和打猎为生。小时候,他帮助家里搬柴、提水、干农活等。9岁时,他年仅36岁的母亲不幸去世了。一年后，父亲与他的继母结婚。继母慈祥勤劳，对小林肯充满爱心，林肯也敬爱继母，一家人生活得和睦幸福。但是由于家境贫穷，林肯难以受到正规的教育。为了维持家计，少年时的林肯当过俄亥俄河上的摆渡工、种植园的工人等等。他15岁时，才开始认字母，每天早晚都要走四里的森林小路到学校求学。他买不起算术书，特地向别人借，再用信纸大小的纸片抄下来，然后用麻线缝合，做成一本自制的算术书。他以不定期上课的方式在校求学，知识都是一点一点学的。他所受到的正规教育，加起来不过十二个月左右。25岁以前，林肯没有固定的职业，四处谋生。但是他在艰苦的环境中，始终不忘读书，常常将书本带在身边，一有空闲就看书。晚上，他常常读书到深夜。在青年时代，林肯通读了莎士比亚的全部著作，还读了《美国历史》及其它许多历史和文学书籍。

林肯由一个贫苦的普通孩子，成长为统率美国的政治家，可以说读书起到了关键作用。林肯在被提名为总统候选人时，曾说："我能够达到这一点小成果，完全是此前应各种需要，时时自修取得的知识。"

孩子，如果你不甘心一辈子碌碌无为，那么就趁着大好时光努力读书吧！让读书带领你走出平庸，驶向辉煌！下回再见吧！

名人
家训

李忠毅公

《诫子书》

导读

孩子，我最近读到李忠毅公的《诫子书》，这次专门抄录
给你。这篇文字和之前的《杨椒山遗嘱》一样，都是在狱中所
写的。李忠毅公就是明朝的李应升，他是万历年间的进士，他
和杨椒山一样，也是一个敢于直言进谏的臣子，天启年间被魏
忠贤所害。他的这篇文字，其真挚的情感，读来令人感伤，其意
义远在文字之外。我希望你也能够时常阅读。

我直言不讳所招致的灾祸，自料只能以死来报效国家，
不能再和你相见，因此写了一些话告诉你，等你长大的时候，

引以为戒，这也如同我未曾死去。

你从小生长在衙门里，祖父母视你为宝贝，内外的亲戚都把你当贵公子一样看待。穿好的，吃好的，喜怒随心所欲，已经养成了娇生惯养的习气，不肯穿旧衣服，不肯吃粗糙的食物，如果你长大后不肯改掉这些坏习惯，一定会落得窘迫的下场。所以应当节俭以惜福，这是第一点。

你小的时候所看到的尽是官员的显赫气象，并未见到我做童生准备考取秀才时，对人谦虚意下，还有你祖父母为了支持我所过的艰辛困苦的生活。你还没有见过我被囚的情形，以及在狱中被囚禁的痛苦状况。倘若你不能够像勾践一样用卧薪尝胆的意志来思索，这哪里是有良心的人呢？人不可以傲慢，对物品不可以糟蹋，应当用谦卑来守身，这是第二点。

祖父母很爱你，你却对他们一点也不恭敬。你母亲教训你，你很傲慢。我如今遭遇不测，你代替我当儿子，怎能不悉心体察祖父母的心意呢？至于你母亲，又将依赖谁呢？你如果不孝，神明会惩罚你的，因此应当以孝心来侍奉亲人，这是第三点。

我做官时很爱惜自己的名节，从来没有贪取财物来富裕咱家。现在家中所留下来的基业，都是你祖父母辛苦积攒下来的，况且因为这次的事情已经花去大半。我一向是有誓愿的，我们兄弟三份，一定不可以多取一点。你对伯父婶母要像自己的父亲母亲一样看待。即使有祖父母的命令，也一点也不能够多取，以辜负我的旨趣。应该以公平的心来传承家业，这是第四点。

你既然兄弟很少，又只有一个庶妹，就应该把她当作一母同胞看待。如果她嫁到中等贫困之家，应该给她百亩田地作为嫁妆。至于庶妹的母亲，侍奉我已有数年，应当使她足衣足食，划拨给她赡养家口的田地，让她收租来维持生活。内外出入要谨慎，要防范不好的事情发生。这是事关恩义的大事，以上是第五点。

你的禀性并不迟钝，我疏忽于对你的教育，读书也迟了。你看在我一生辛苦的份上，也应当立志勤奋读书。如果有从政的可能，你应当提前告老还乡。如果没有从政的可能，你也要做一个秀才，把我所留下来的稿子和书籍好好地编辑整理一番，这也是传承文化道统的命脉啊！这是第六点。

我今生不能尽到孝养父母的责任，来日等到祖父母过世以后，要把我安葬在祖父母的墓旁，一定不要远离二老。

原文

吾直言贾祸，自分一死，以报朝廷，不复与汝相见，故书数言以告汝。汝长成之日，佩为韦弦，即吾不死之年也。

汝生长官舍，祖父母拱璧视汝。内外亲戚，以贵公子待汝。衣鲜食甘，嗔喜任意。娇养既惯，不肯服布旧之衣，不肯食粗粝之食。若长而弗改，必至穷饿。此宜俭以惜福，一也。

汝少所习见，游宦赫奕。未见吾童生秀才时，低眉下人，及祖父母艰难支援之日也。又未见吾囚服被逮，及狱中幽囚痛苦之状也。汝不尝胆以思，岂复有人心者哉。人不可上，物不可凌。此宜谦以守身，二也。

祖父母爱汝，汝狎而忘敬。汝母训汝，汝傲而弗亲。今吾不测，汝代吾为子，可不仰体祖父母之心乎。至于汝母，更倚何人。汝若不孝，神明殛之矣。此宜孝以事亲，三也。

吾居官爱名节，未尝贪取肥家。今家中所存基业，皆祖父母勤苦积累。且此番销费大半。吾向有誓愿，兄弟三分，必不多取一亩一粒。汝视伯父如父，视寡婶如母。即有祖父母之命，毫不可多取，以负我志。此宜公以承家，四也。

汝既鲜兄弟，止一庶妹，当待以同胞。倘嫁于中等贫家，须与妆田百亩。至庶妹之母，奉事吾有年，当足其衣食，拨与赡田，收租以给之。内外出入，谨其防闲。此恩义所关，五也。

汝资性不钝，吾失于教训，读书已迟。汝念吾辛苦，励志勤学。倘有上进之日，即先归养。若上进无望，须做一读书秀才。将吾所存诸稿简籍，好好诠次。此文章一脉，六也。

吾苦生不得尽养，他日伺祖父母百岁后，葬我于墓侧，不得远离。

第七章
为成功奠基
——读书需要艰辛的付出

没有加倍的勤奋，就既没有才能，也没有天才。

——门捷列夫

最优秀的人，往往是最勤奋的人

孩子：

优秀的人都具备哪些品质呢？这封信我就告诉你：那些最优秀的人，往往是最勤奋的人。

在我们周围，常常会听到有人抱怨：我没有天赋，也没有机遇，无论如何努力，也改变不了自己的命运，所以我还是这样混日子，过一天算一天吧！

事情真的是这样吗？我们先来看一个故事：

1903年，有一位名叫科尔的学者在纽约的数学学会上占尽风头，因为他破解了一道世界性的难题。有一个人对科尔说："先生，您是我这辈子见过的最有智慧的人！"面对这样的夸赞，科尔只是微微一笑，回答说："我并没有你想象中那么有智慧，我只是比一般人更加勤奋努力罢了。"然后科尔问:"你知道我破解这道难题,花了多长时间吗?"

那人回答说:"一个礼拜吗?"

科尔微笑着摇了摇头。

那人又回答说:"一个月的时间吗?"

科尔依然摇了摇头。

得到这样的答复,那人更吃惊了:"我的上帝啊!你不会花了一年的时间吧?"

科尔很平静地回答说:"先生,你错了,不是一年,而是三年内所有的星期天……"

和你讲这个小故事,我是希望你能够明白,做学问,仅靠天赋是不够的,更需要付出辛勤的汗水。

我想再和你讲一个"祖莹偷读"的故事。

祖莹是北魏大臣,著名的文学家,他字元珍,是范阳郡遒县人。父亲叫季真,担任中书侍郎、钜鹿太守职务。

祖莹八岁的时候就能够背诵《诗经》《尚书》了,十二岁成为中书博士张天龙的学生。他迷恋读书,日以继夜地学习,他的父母害怕他会生病,便禁止他这样做,但还是没能使他停止读书。他经常偷偷地在灰里藏木炭,赶走童仆,等到父母睡着之后,点燃木炭读书,他担心漏光,被家里人发觉,便用衣服和被子遮盖着窗户和门。因为这件事情,他的名声传得更广了，里里外外的亲属都叫他"圣小儿"。他还特别喜欢写文章，中书监的高允每次谈到他都感叹说："这个孩子的才能，是所有学生都比不上的，他最终会大有作为的。"

当时中书博士张天龙讲《尚书》，选拔祖莹为主讲，协助张天龙讲经，学生们都聚集来听。祖莹在夜里读书太过疲倦，不知道天已经亮了。博士十分着急地催促他去讲课，结果他却错拿了住在同一个房间的学生——赵郡李孝怡的《曲礼》卷去上课。由于博士非常严厉，他不敢再回去，于是就把《曲礼》放在面前，开始背诵多篇《尚书》，结果没有遗漏一个字。祖莹讲完之后，李孝怡因为对他感到惊异，就向博士说起了这件事。后来高祖听说这件事，就召他入宫，让他背诵"五经"的章句，并且陈述大概意思。祖莹成功地做到了，皇帝啧啧称赞并重重赏赐了他。再后来，他凭借着自己的才能成为太学学士。

古今中外的无数事实证明，无论是那些叱咤风云的政治家、成就卓越的科学家、各领风骚的艺术家，以及我们看似平凡却过着优越生活的普通人，其成功都离不开"勤奋"二字。

因为勤奋，牛顿才能站在巨人的肩上发现万有引力定律，爱因斯坦才能俯瞰浩渺宇宙创立相对论；因为勤奋，曹雪芹才能数十年如一日，不为世俗和贫困所迫，写出人类文化艺术的瑰宝《红楼梦》；莎士比亚才能成为卓越的戏剧大师，写出不朽的经典戏剧《哈姆雷特》和《罗密欧与朱丽叶》等……

哈佛大学教授迈克尔·桑德尔来中国演讲时说过这样的话："一块土地再肥沃，如果不去耕种，也长不出甜美的果实；一个人再聪明，如果不懂得勤奋，也目不识丁。"

每一个成功者手中的鲜花，都是用他们辛勤的汗水浇灌出来的。有智者总结说："世界上可怕的事情是，比你聪明的人，比你还努力；世界上更可怕的事情是，出身比你好的人，比你聪明，而且还比你努力；世界上最最可怕的事情是，出身比你好的人，比你聪明努力，还比你有远见。"

著名作家雨果说："艺术的大道上荆棘丛生，这也是好事，常人望而却步，只有意志坚强的人例外。"

著名诗人海涅说："有几分勤学苦练，天资就能发挥几分。天资的充分发挥和个人的勤学苦练是成正比的。"

在现实社会中，运气不常有，而勤奋之树常青，人与人的智慧大抵相近，最后拼的实际上就是勤奋。

孩子，愿你也能像那些伟大人物和成功人士一样，在学习上刻苦勤奋，锲而不舍，挥洒汗水，你未来的人生也必将是一片辉煌和光明！

勤能补拙，天道酬勤

孩子：

为什么勤奋能让人变得优秀呢？因为勤能补拙，天道酬勤。这封信我就和你谈谈这个问题。

据科学研究发现，人的大脑有100多亿个神经细胞，一个人脑中能够储存的信息量，相当于美国国会图书馆的50倍，即5亿本书的知识，但是被开发利用的仅占1/10。这也从科学的角度，证明了伟大的成功与巨大的辛勤劳动分不开。有一分耕耘就会有一分收获。日积月累，从小到多，奇迹就会自然而然地在你的勤奋中产生了。

晚清名臣曾国藩小时候读书的故事，更能说明这个道理。

曾国藩在小的时候，因为天赋不高，为了背会一篇文章，常常要背好多遍。

有一天晚上，曾国藩又在背诵一篇文章。这时候有一个小偷来到他家并潜伏在屋檐下，想等曾国藩背诵完睡后偷点东西。于是就在那儿等，时间已经过了好几个时辰了，都听见鸡叫的声音了，曾国藩还在背诵。小偷实在是不耐烦了，大怒，跳了出来，走到曾国藩面前，气呼呼地说："你笨到这种程度还读什么书呢？"说完，他流利地将这篇文章背诵了一遍，扬长而去。据历史记载，曾国藩家族的天资也都并不出色，曾国藩的父亲曾麟书一生考了17次秀才，一直到43岁，才勉强考过。而曾国藩考秀才则考了9次才考过。

无疑，这个小偷非常聪明，至少要比曾国藩聪明得多，但曾国藩凭着那份锲而不舍的精神，最终成为我国历史上有影响力的大人物，就连毛泽东同志都非常佩服他。而那位小偷，却淹没于历史的长河之中，不为人所知。难怪后来曾国藩曾说："天下古今之庸人，皆以一'惰'字致败。"

在勤奋面前，上天永远是公平的，不论你是什么人，只要你努力，上天都会给你相应的回报。

贝多芬出生在一个贫困的家庭，🔵贝多芬（1770年12月16日—1827年3月26日），出生于德国波恩，维也纳古典乐派代表人物之一。欧洲古典主义时期作曲家，世界音乐史上最伟大的作曲家之一，被后世尊称为"乐圣""交响乐之王"。贝多芬一生创作题材广泛，重要作品包括9部交响曲、1

部歌剧、32首钢琴奏鸣曲、5首钢琴协奏曲、多首管弦乐序曲及小提琴、大提琴奏鸣曲等。父亲是一个经常酗酒的男高音歌手，母亲是个女仆。贝多芬小时候，被父亲整天钉在钢琴前面，幼小的他几乎被繁重的练习压垮。贝多芬也曾一度厌倦了音乐，父亲不得不用暴力来迫使他学习。由于父亲经常酗酒，逐渐丧失了养家糊口的能力，少年时代的贝多芬就担当起了家庭的重担。他加入戏院乐队，领取每月微薄的工资来补贴家庭生活的开支。

童年和少年的贝多芬境遇悲惨，青年的贝多芬更是痛苦万分。25岁以后，贝多芬患上了耳病，感到耳朵日夜作响，他的内心也受到剧烈痛楚的折磨。听觉越来越衰退，最后他的双耳完全失聪。这给贝多芬的生活、爱情及音乐事业带来了毁灭性的打击，可一次又一次的挫败都没能使他屈服，双耳失聪的他，用常人难以想象的勤奋和努力，写出了《英雄交响曲》《命运交响曲》等伟大的音乐作品。

许多影响世界文明进程的名人，他们的成功故事总能给我们后人带来很多的思考和启迪。歌曲之王舒伯特凭借自己的执着和勤奋，成为世界歌曲之王；国画大师齐白石从小刻苦勤奋，对绘画的学习和创作持之以恒，终成一代国画大师；著名数学家华罗庚自幼家贫却勤奋自学，踏上了通往数學大師的道路。

　　这就是勤奋的价值。没有人能只依靠自己的天赋而轻易地取得成功，只有后天的勤奋才能将这天赋转化为真正的天才！爱迪生曾经说过："天才是1%的灵感加上99%的汗水。"爱因斯坦也说过："人的差异在于业余时间。"这是一个很简单的道理，因为每个人每天的学习时间都相差无几，付出与回报也差不多。在这样的情况之下，想要改变自己的人生，就要付出更多的努力才行。当别人利用业余时间休闲娱乐的时候，你就必须利用这些时间来学习充电，不断为自己增加筹码，直到成功的来临。

　　孩子，勤能补拙是良训，一分辛苦一分才。真心愿你能从其中得到启发，并付诸行动，让自己的生命焕发出灿烂的光彩！

拖延症是成功路上的大敌

孩子：

那些成功的人，通常会将时间看成是成功的第一要素，认为世界上最不幸的事情就是失去时间，因此他们做事时立刻行动，绝不拖延。这封信我就和你谈谈拖延症的问题。

清朝的钱鹤滩写了一首《明日歌》："明日复明日，明日何其多！我生待明日，万事成蹉跎。" 🖊钱鹤滩（1461年—1504年），又名钱福，明代状元，字与谦，自号鹤滩。南直隶松江府华亭（今上海松江）人，吴越国太祖武肃王钱镠之后。弘治三年进士第一，官翰林修撰，三年告归。著有《鹤滩集》《明日歌》《蹴鞠》等传世。诗人劝勉人们要珍惜时间，勿虚度年华，莫荒废光阴。因为人的生命只有一次，时间永不回头。世界上的许多东西都能尽力争取和失而复得，但时间却难以挽留。如果我们做每一件事情都要等待明天，那么势必虚度光阴，一切事情就会错过机会。

古今中外那些名人和事业上的成功者，哪一个不是珍惜时间，以强烈的紧迫感进行学习和工作的呢？鲁迅曾说："我是把别人喝咖啡的时间用在工作上的。"狄更斯说："永远不要把你今天可以做的事留到明天做。拖延是偷光阴的贼，抓住他吧！"

日本有个著名的僧人叫亲鸾上人，他九岁时，就立下了出家的决心，他要求禅师为他剃度，禅师就问他说："你还这么小，为什么要出家呢？"亲鸾说："我虽年仅九岁，但是父母早已双亡，我不知道为什么人一定会死亡，为什么我一定会与父母分离？为了弄清楚这个道理，所以我一定要出家。"

禅师非常赞许他的志向，说道："好，我明白了！我愿意收你为徒，不过，今天太晚了，等到明天早上，我再为你剃度吧！"

亲鸾听后，非常不敢苟同地说："师父！虽然你说明天一早为我剃度，但我还年幼无知，不能确定自己出家的决心是否可以持续到明天。而且，师父，你年事已高，你也不能保证是否明早起床时还活着。"

禅师听了这话以后，满心欢喜地说："对！你说的话很有道理。现在我马上就为你剃度吧！"

　　这个小故事告诉我们: 今天的事情就要今天做, 不要拖到明天, 要珍惜当下, 只有当下是我们能掌握的, 明天到底会发生什么, 我们谁也不知道, 谁也无法预测。

　　我国著名数学家华罗庚, 🖐️华罗庚 (1910年11月12日—1985年6月12日), 出生于江苏常州金坛区, 祖籍江苏丹阳。他是数学家、中国科学院院士、美国国家科学院外籍院士、第三世界科学院院士、联邦德国巴伐利亚科学院院士。也是中国解析数论、矩阵几何学、典型群、自守函数论与多元复变函数论等多方面研究的创始人和开拓者, 并被列为芝加哥科学技术博物馆中当今世界88位数学伟人之一。国际上以华氏命名的数学科研成果有"华氏定理""华氏不等式""华—王方法"等。小时候家境贫寒, 初中未毕业便辍学在家, 帮父亲打理小店铺。顾客来了, 他就帮助父亲做生意、打算盘、记账。顾客走了, 他就又埋头看书或演算习题。有时入了迷, 竟然忘记了接待顾客。时间久了, 父亲很生气, 干脆把华罗庚演算的一大堆草稿纸拿起来就撕, 撕完扔到大街上, 有时甚至把他的演算草纸往火炉里扔。每逢遇到这种时候, 华罗庚总是拼命地抱住他视之如命的演算草纸, 不让他的父亲烧掉。为了能抽出时间学习, 他经常早起。隔壁邻居早起磨豆腐的时候, 华罗庚已经点着油灯在看书了。伏天的晚上, 他很少到外面去乘凉, 而是在蚊子嗡嗡叫的小店里学习。严冬, 他常常把砚台放在脚炉上, 一边磨墨一边用毛笔蘸着墨汁做习题。每逢年节, 华罗庚也不去亲戚家里串门,而是埋头在家里读书。

正是这种惜时如金的精神，使华罗庚通往了成为数学大师之路。

孩子，你是否有这样的经历：开学伊始，你下定决心，这学期一定要好好学习，不虚度时光。可是当你坐在教室里翻开书本，准备做作业时，看着书本上密密麻麻的公式和概念，你的眼皮就耷拉了下来，好难懂啊，我还是休息休息，调整调整精神再啃吧。为了让自己打起精神，你闭目养神了一会儿，精神还是不佳。于是你又拿出了一本课外书，想换换脑子再继续学习。但时间却像施了魔法一样，一转眼，身边的同学都收拾书包准备回宿舍了，你才惊觉一个晚上什么都没有做，于是懊恼地对自己说："明天绝对不能再这样了！"但第二天依然如故。就这样一转眼，一学期过去了，期末的成绩可想而知。于是你暗暗发誓："下学期我一定好好学习！"结果新的一学期又重蹈覆辙。

"过一会儿再做吧，不着急。""明天再做吧，我今天有点不舒服。""过段时间再做吧，时间有的是。"这是很多人挂在嘴边的口头禅。他们总是将计划中要做的事情，一再拖延。今天要完成的作业，临睡觉也没有完成，于是告诉自己，明天再写也来得及。可是，明天又有新的作业，于是没有完成的作业越积越多，形成了恶性循环，最终让你对学习失去了兴趣。

拖延症是成功路上的阻碍，那么我们该如何改掉拖延症呢？有一些方法和技巧可供你参考：

一、做一个可行的任务计划表。

喜欢拖延的人，往往没有一个可行的任务计划表。目标任务不要太大，太大难以达到，从而会成为拖延的借口。而小的目标，不仅很容易完成，而且完成后对人的激励也是很大的，能增强人的自信心。

二、学会分解任务。

有些目标，需要长期付出很大的努力才能实现，如果你畏惧困难，最后什么也做不成。面对似乎很难实现的目标，不妨试试分解任务，最好将大任务分解到每一天，做到"今日事今日毕"。每天看似完成一点，但是日积月累，积少成多，就会有很大的收获。

三、营造专注的环境。

勤整理书桌，书桌上尽量不要摆放与学习无关的东西。做作业的时间不刷朋友圈或者看手机。因为在完成既定计划的过程中，任何插进来的事情都会打乱自己的计划。有必要的话，可以专门安排时间单独做这些事情。

四、给每一个目标设置最终期限。

要给任何事情, 哪怕是小事情, 也设定一个完成的期限。如果你在最初就浪费时间, 那么当最终期限来临时, 事情就像拉皮筋一样被拉得很长, 让你很难受。只知道等待明天的人, 永远也无法将今天握在手里, 因为你所等待的明天能够给予你的只有死亡和坟墓。

孩子, 愿你从内心深处让自己变得主动起来, 拒绝拖延, 让"立刻""现在""马上"成为你的座右铭!

每天进步一点点

孩子：

　　读书不仅需要刻苦努力和辛勤付出，还需要坚持，哪怕每天只进步一点点，只要日日坚持，定会积少成多，学有所获。这封信我想专门和你谈谈这个问题。

　　古人说："不积跬步，无以至千里；不积小流，无以成江海。"

　　每天进步一点点，它看似平淡无奇，缺乏雄心和魄力，却具有无穷的威力。人生的成功离不开奋斗，但努力是一个漫长的过程。今天努力，明天不努力，等于没努力；明天努力，后天再努力，才是真努力。目标不是一下子就能达成的，而是从"每天的一点点"的努力开始，由点到面，积少成多，由弱到强，最终才会抵达成功的终点。没有经历"每天努力一点点"的漫长历程，就不会有让人惊羡的辉煌成就。

有这样一个故事：一位著名推销大师准备做一次告别职业生涯的演说。演说当天，会场座无虚席，大幕徐徐拉开，只见演讲台正中央吊着一个巨大的铁球，下面是一个巨大的铁锤。老人在观众热烈的掌声中走了出来。

主持人对观众说："请两位身强力壮的人到台上来。"转眼间，已有两名年轻人跑到台上。老人说："请你们用这个大铁锤去敲铁球，直到把它荡起来。"两个年轻人先后抢起大锤，全力向那个吊着的铁球砸去，累得气喘吁吁，但那吊球却纹丝不动。两个年轻人下去后，老人掏出一个小锤，对着铁球不紧不慢地敲起来。人们奇怪地看着，老人就这样自顾自地敲下去。10分钟过去了，20分钟过去了，会场早已开始骚动，老人却不闻不问，只顾敲着，好像根本没有听见人们在叫喊着什么。有人开始愤然离去，大家是来取推销大师的真经的，谁愿意看一位老人没完没了的敲铁球呢？

大概在老人敲到40分钟的时候，会场响起了一片惊讶的唏嘘声："球动了！"会场霎时鸦雀无声，人们都聚精会神地看着那个铁球。铁球以很小的幅度摆动起来了，老人仍旧一小锤一小锤地敲着，吊球在老人一锤一锤地敲打中越荡越高，它的巨大威力强烈地震撼着在场的每一个人。

　　紧接着场上爆发出一阵阵热烈掌声。最后，这位老人面对留下来的观众，介绍了他一生的成功经验：所谓成功，就是以这种持续的毅力每天进步一点点，当成功来临的时候，你挡也挡不住。

　　虽然老人用小锤每敲击一下大铁球，每次都只能发出一点微弱之力。但是如果你不断地持续敲击，这些微弱之力就会凝聚成千钧之力，形成强大的惯性，使大铁球猛烈晃动。

　　经济学上有一个"蝴蝶效应"：一只南美洲亚马逊河流域热带雨林中的蝴蝶，偶尔扇动几下翅膀，便可以在两周以后引起美国德克萨斯州的一场龙卷风。因为蝴蝶扇动翅膀的运动，会导致其身边的空气系统发生变化，并产生微弱的气流，而这微弱的气流又会引起四周空气产生相应的变化，由此引发一个连锁反应，最终导致一场风暴的发生。

　　孩子，我们不妨来看一看那些伟人们的成就：

　　曹雪芹写《红楼梦》花了10年。

　　司马迁写《史记》花了15年。

　　司马光写《资治通鉴》花了19年。

　　达尔文写《物种起源》花了20年。

　　李时珍写《本草纲目》花了27年。

　　哥白尼写《天体运行论》花了37年。

马克思写《资本论》花了40年。

歌德写《浮士德》花了60年。

......

这一部部皇皇巨著，都是一个字一个字艰辛写成的；这一项项伟大的科学成果，都是一次又一次的艰苦实验得到的。只有不断努力，持之以恒，每天做好点点滴滴的小事，才能聚沙成塔、集腋成裘。

水滴石穿，绳锯木断。每天进步一点点，不是可望不可及，也不是可求不可遇，只要努力，持之以恒，我们每个人都能做到。不需要轰轰烈烈、大张旗鼓，只要每天给自己定一个小目标，雷打不动地把它完成好就够了。

孩子，每一个人都是可造之才，每一个取得成功的人都不是瞬间诞生的。如果你每天都能进步一点点，那么你的今天就与昨天不同。无数个这样的"一点点"累积起来，终将会造就你辉煌的人生！

下回再见吧！

颜之推
《勉学篇》(节录)

导读

　　孩子，《颜氏家训》这本书，我曾经给你推荐过，不过你学业繁忙，不知你读了没有？这本书是中国的家训名篇。颜之推的后代出了很多的优秀人才，比如颜师古、颜真卿。我从这本书中摘录了"勉学篇"的部分内容，想要和你一起学习，希望你能够在学习上着力。

　　古代求学的人是为了充实自己，以弥补自身的不足，现在求学的人是为了取悦他人，向他人炫耀；古代求学的人是为了他人，推行自己的主张以造福社会，现在求学的人是为了自身需要，涵养德性以求做官。学习就像种果树一样，春天可以赏玩它的花朵，秋天可以摘取它的果实。讲论文章，就好比赏玩春花；修身利行，就好比摘取秋果。

人在幼小的时候，精神专注敏锐，长大成人以后，思想容易分散，因此，对孩子要及早教育，不可错失良机。我七岁的时候，背诵《灵光殿赋》，直到今天，隔十年温习一次，还没有遗忘。二十岁以后，所背诵的经书，搁置在那里一个月，便到了荒废的地步。当然。人总有困厄的时候，壮年时失去了求学的机会，更应当在晚年时抓紧时间学习，不可自暴自弃。孔子说："五十岁时学习《易》，就可以不犯大错了。"魏武帝、袁遗，到老时学习更加专心，这些都是从小到老勤学不辍的例子。曾子十七岁时才开始学习，最后名闻天下；荀子五十岁才开始到齐国游学，仍然成为大学者；公孙弘四十多岁才开始读《春秋》，后来终于当了丞相；朱云也是四十岁才开始学《易经》《论语》的，皇甫谧二十岁才开始学习《孝经》《论语》，他们最后都成了大学者。这些都是早年沉迷而晚年醒悟的例子。一般人到成年后还未开始学习，就说太晚了，就这样一天天混下去就好像面壁而立，什么也看不见，也够愚蠢了。从小就学习的人，就好像日出的光芒；到老年才开始学习的人，就好像拿着火把在夜间行走，但总比闭着眼睛什么都看不见的人强。

圣人的书，是用来教育人的，只要能熟读经文，粗通注文之义，使之对自己的言行经常有所帮助，也就足以在世上为人了；何必对"仲尼居"三个字就要写两张纸的疏文来解释呢？你说"居"指闲居之处，他说"居"指讲习之所，现在又有谁能看得见？在这种问题上，争个你输我赢，难道会有什么好处吗？光阴值得珍惜，就像流水般一去不返，我们应当广泛阅读书中那些精要之处，以成就功名事业。如果你们能把博览与专精结合起来，那我就不批评了。（我没有什么可批评的了。）

原文

古之学者为己，以补不足也；今之学者为人，但能说之也。古之学者为人，行道以利世也；今之学者为己，修身以求进也。夫学者犹种树也，春玩其华，秋登其实；讲论文章，春华也，修身利行，秋实也。

人生小幼，精神专利，长成已后，思虑散逸，固须早教，勿失机也。吾七岁时，诵《灵光殿赋》，至于今日，十年一理，犹不遗忘；二十之外，所诵经书，一月废置，便至荒芜矣。

然人有坎壈，失于盛年，犹当晚学，不可自弃。孔子云："五十以学《易》，可以无大过矣。"魏武、袁遗，老而弥笃，此皆少学而至老不倦也。曾子七十乃学，名闻天下；荀卿五十，始来游学，犹为硕儒；公孙弘四十余，方读《春秋》，以此遂登丞相；朱云亦四十，始学《易》《论语》；皇甫谧二十，始受《孝经》《论语》：皆终成大儒，此并早迷而晚寤也。世人婚冠未学，便称迟暮，因循面墙，亦为愚耳。

幼而学者，如日出之光，老而学者，如秉烛夜行，犹贤乎瞑目而无见者也。

学之兴废，随世轻重。汉时贤俊，皆以一经弘圣人之道，上明天时，下该人事，用此致卿相者多矣。末俗已来不复尔，空守章句，但诵师言，施之世务，殆无一可。故士大夫子弟，皆以博涉为贵，不肯专儒。梁朝皇孙以下，总㧑之年，必先入学，观其志尚，出身已后，便从文史，略无卒业者。冠冕为此者，则有何胤、刘瓛、明山宾、周舍、朱异、周弘正、贺琛、贺革、萧子政、刘绲等，兼通文史，不徒讲说也。洛阳亦闻崔浩、张伟、刘芳，邺下又见邢子才：此四儒者，虽好经术，亦以才博擅名。如此诸贤，故为上品，以外率多田野闲人，音辞鄙陋，风操蚩拙，相与专固，无所堪能，问一言辄酬数百，责其指归，或无要会。邺下谚云："博士买驴，书券三纸，未有驴字。"使汝以此为师，令人气塞。孔子曰："学也禄在其中矣。"

今勤无益之事，恐非业也。夫圣人之书，所以设教，但明练经文，粗通注义，常使言行有得，亦足为人；何必"仲尼居"即须两纸疏义，燕寝讲堂，亦复何在？以此得胜，宁有益乎？光阴可惜，譬诸逝水。当博览机要，以济功业；必能兼美，吾无间焉。

第八章
管好你自己
——读书需要高度的自律

能控制好自己情绪的人，比能拿下一座城池的将军更伟大。

——拿破仑

成功的人，往往是最自律的人

孩子：

冬季的早晨，当你的懒惰情绪让你再躺一会儿的时候，你的自律却让你掀开被子，爬出温暖的被窝。在学习上你是一个自律的人吗？这封信我想告诉你：世界上成功的人，往往是那些最自律的人。

陀思妥耶夫斯基说："如若你想征服世界，你就得征服自己。"只有那些不放纵，不颓废，有超强的自制力和掌控力的人，才能征服自己并征服世界。

我们都很清楚，任何一个人，身上都存在着天生的劣根性，如懒惰、拖拉、推脱、寻找借口等等，一个人如果不能克服这些劣根性，那么他一生将一事无成。而克服这些劣根性的唯一办法，就是靠自律。比如，在别人娱乐的时候，你是否会主动去学习? 别人还在温暖的被窝赖床的时候, 你能不能早点起床? 一个不能自律的人, 迟早是要失败的。

学会自律, 善于自控。

十八世纪德国著名的哲学家、天文学家康德, 堪称高度自律的楷模。他生活中的每一项活动, 如起床、喝咖啡、写作、讲学、进餐、散步, 时间几乎从未有过变化, 就像机器那么准确。每天下午3点半, 工作了一天的康德先生便会踱步出门, 开始他那著名的散步, 邻居们纷纷以此来校对时间, 而教堂的钟声也同时响起。唯一的一次例外是, 当他读到法国浪漫主义作家卢梭的名著《爱弥儿》时, ●卢梭(1712年6月28日—1778年7月2日), 法国十八世纪伟大的启蒙思想家、哲学家、教育家、文学家, 18世纪法国大革命的思想先驱, 杰出的民主政论家和浪漫主义文学流派的开创者, 启蒙运动最卓越的代表人物之一。主要著作有《论人类不平等的起源和基础》《社会契约论》《爱弥儿》《忏悔录》《新爱洛漪丝》《植物学通信》等。深为所动, 为了能一口气看完它, 不得不放弃每天例行的散步。这使得他的邻居们竟一时搞不清是否该以教堂的钟声来对自己的表。

康德每天的睡眠时间约为6个半小时, 比我们平常人至少要少睡2个小时, 一年365天乘以2等于730个小时, 也就是说, 康德比我们常人每年要多工作近一个月的时间。因此有人说, 康德就是比寻常人付出百倍汗水练就成的伟人。

学会自律，懂得自制。

法国大作家巴尔扎克一生勤奋写作，🖊巴尔扎克（1799年5月20日—1850年8月18日），法国小说家，被称为"现代法国小说之父"，在法国文学史上有着举足轻重的地位。巴尔扎克打破了小说题材内容和艺术表现力的束缚，把社会的方方面面以及仿佛与文学的诗情画意格格不入的东西都加以描绘。惜时如金，常常一天要写作十几个小时。累了困了，就喝咖啡来提神。

一次，有几个朋友到巴尔扎克的住处，围坐在一起，你一言我一语地闲谈起来。可就在巴尔扎克兴致高涨地谈天说地时，突然停住了说话，紧接着便恶狠狠地咒骂起来："你这个荒唐鬼！你这个二流子！你这个该死的家伙！你竟敢在这儿胡说八道！"

朋友们都莫名其妙：他这是在骂谁啊？为什么要骂人呢？是不是犯了神经病？

就在朋友丈二和尚摸不着头脑的时候，巴尔扎克又说："对不起各位了，我该去抄我的小说了，我早该去抄我的小说了，你们接着聊吧。"说完，巴尔扎克便一头钻进自己的工作室。哦，原来他是在骂自己呢。

巴尔扎克正是用这种高度的自律和惊人的毅力，创作了大量作品，他一生共创作了91部小说，合称《人间喜剧》，被誉为"资本主义社会的百科全书"。

学会自律，勇于自省。

印度有一部非常风靡的电影《摔跤吧爸爸》。珀尕是印度国家摔跤冠军，一个偶然的机会，他发现大女儿吉塔和二女儿巴比塔具有摔跤天赋，于是便培养她们学习摔跤。

姐妹俩在父亲的严格要求下，进行着连男孩子都难以做到的魔鬼训练。每天五点准时起床，开始锻炼，不准吃任何辛辣食物，更不要提那些平常最喜爱吃的零食，甚至还剪掉了她们最喜爱的长发。经过严格训练，姐妹两人从地区冠军，到省级冠军，最后获得了全国冠军。但是就在通往世界冠军的路上，大女儿吉塔差点毁在了不自律中。她觉得只有经过专业训练，才能拿到世界冠军，于是离开父亲的管制，走进了国家体育训练馆。在这里，她忘记了父亲的所有教导：开始吃零食和辛辣食物，涂起了女生最爱的指甲油，留起了长发……就从她放纵的那一刻起，失败也降临到了她的身上。好多次国际比赛，她都败下阵来。

最后，吉塔终于认识到了自己的错误：这一切都是因为自己的不自律。事后，她勇敢地向父亲承认了错误，并重新按照父亲的教导，严格训练，最终站在了世界冠军的领奖台上，为自己和国家赢得了荣誉。

苏格拉底说："控制自己的欲望，认识自己的无知，做自己的主人。"从吉塔放纵的那一刻起,她并不是真正的自由,而是不再是自己的主人。正是她及时认识到了自己的错误,变得自律,才使她最终获得了成功。

只有在对自我的高度自律中,充分利用每一分每一秒的时间,不断增长知识、提高能力,最终才会走向成功。

孩子,千万不要为一时的舒适而放纵自己,虚度时光,为了美好的人生未来,愿你从自律开始!

管理好自己的时间

孩子：

放弃时间的人，时间也会放弃他。这封信我想和你谈谈：要想成为一个自律的人，首先要管理好自己的时间。

我们的先贤，有很多关于珍惜时间的教诲：

孔子说："逝者如斯夫，不舍昼夜。"

文嘉《今日诗》中说："今日复今日，今日何其少！今日又不为，此事何时了！人生百年几今日，今日不为真可惜！若言姑待明朝至，明朝又有明朝事。为君聊赋今日诗，努力请从今日始。"

颜真卿的《劝学诗》说："三更灯火五更鸡，正是男儿读书时；黑发不知勤学早，白发方悔读书迟。" 🖊 颜真卿（709年—784年8月23日），字清臣，小名美门子，别号应方，京兆万年（今陕西西安）人，祖籍琅玡临沂（今山东临沂）。唐代名臣、书法家。颜真卿书法精湛，擅长行、楷。其正楷稳健华丽，行书气势强劲有力，创"颜体"楷书，对后世影响甚大。与赵孟頫、柳公权、欧阳询并称为"楷书四大家"；又与柳公权并称"颜柳"，被称为"颜筋柳骨"。又善诗文，有《韵海镜源》《礼乐集》《吴兴集》《庐陵集》《临川集》，均失散。宋人编辑有《颜鲁公集》。

现代著名作家朱自清在散文《匆匆》中说："洗手的时候，日子从水盆里过去；吃饭的时候，日子从饭碗里过去；默默时，便从凝然的双眼前过去。我觉察他去的匆匆了，伸出手遮挽时，他又从遮挽着的手边过去……"🖐朱自清（1898年11月22日—1948年8月12日），原名自华，号秋实，后改名自清，字佩弦。中国近代散文家、诗人、学者、民主战士。1916年中学毕业并考入北京大学预科；1919年开始发表诗歌；1928年出版第一本散文集《背影》；1934年出版《欧游杂记》《伦敦杂记》；1935年出版散文集《你我》。时间是构成一个人生命的材料，属于一个人的时间是有限的，时间长了腿在跑，每一分、每一秒都在悄无声息地溜走，走在青草上，飞在空气中……时间一旦过去，就再也回不来了。

一个人珍惜时间，就是珍惜自己的生命。自古以来，大凡取得成就的人，没有一位是不珍惜时间的。

我国著名画家齐白石，无论是画虾、蟹、小鸡、牡丹、菊花、牵牛花，还是画大白菜，无不形神兼备，充韵生动，奥秘晚穷。据说他在八十五岁那年的一天上午，写了四幅条幅，并在上面题诗："昨日大风，心绪不安，不曾作画，今朝特此补充之，不教一日闲过也。"

数学家陈景润，夜以继日地潜心研究数学难题——哥德巴赫猜想，光是演算的草稿就有几麻袋，最后终于证明了这道难题，摘下了数学皇冠上的明珠。

有人问过达尔文："你一生怎么能做那么多的事呢?"他回答说："我从来不认为半小时是微不足道的一小段时间。"

这些名人们的事例生动说明：我们要想让自己的生命过得有意义，就必须对时间进行管理，以提高时间的利用率。

孩子，在这里我想告诉你几个管理时间的方法，希望对你有所帮助：

第一，建立时间统计册。

前苏联昆虫学家柳比歇夫一生成就赫赫，硕果累累，他发表了70多部学术著作，写了12500张打字稿的论文专著，内容涉及遗传学、科学史、昆虫学、植物保护、哲学等广泛的领域。他的成就归功于他那枯燥乏味的日记本——"时间统计册"。他每天的各项活动，包括休息、读报、写信、看戏、散步等等，支出了多少时间，全部历历在案。连子女找他问话，他解释问题，也都记上花了多少时间。每写一篇文章、看一本书、写一封信，不管干什么，每道工序的时间都算得清清楚楚,内容之细令人惊讶。老天很公平,给每人每天都只有24小时。但是,同是24小时,不同的人会有不同的效率。而柳比歇夫的做法非常值得我们借鉴。

第二,养成勤于记录时间消耗的习惯。

我们在做完一件事之后,记录下所耗费的时间,每天一小结,连续记一周、两周或一个月,然后进行一次总体分析,看看自己的时间究竟用到了什么地方,从中找出浪费时间的原因,这将对我们提高时间的利用率大有裨益。

第三,养成专注的习惯,绝不拖延时间。

专注是提高时间利用率的秘诀之一。在做一件事情前,一定要先规定好时间,然后在规定的时间内,坚持一鼓作气,尽量不停顿、不中断,直到全部完成。学习过程中要全神贯注,避免分心,排除各种使你分心的因素。要从养成"今日事,今日毕"的习惯开始,各门功课要按时完成,绝不拖延时间,一旦拖延,将带来无限制的恶性循环。

第四,充分利用零碎时间。

只要我们善于利用,生活中的零碎时间其实还是挺多的。例如,刚放学时,同学们急着回家,走廊里人很多,走得又慢,不如利用5分钟时间读一篇外语短文,日积月累,将大大提高你的外语阅读能力;再如上学、放学路上或者排队等公交车时，我们可以记两三个单词，这样长期坚持，将大大提高你的外语词汇量；另外，要养成随身带书的习惯，特别是出远门时，如果遇到塞车等情况时就可以开始学习了；同时，在锻炼时，我们可以听听英语新闻广播，不仅锻炼了身体，而且练习了英语听力。

莎士比亚有句名言："时间会冲破青年人的华丽精致，它会把平行线刻上美人的额角；它会吃掉稀世之珍，天生丽质，什么都逃不过它横扫的镰刀。"

那些优秀的人，其秘诀在于利用好每一分钟。而那些平庸的人，其根源却在于虚度了每一分钟。利用琐碎时间的方法很多，关键在于要树立珍惜时间的意识。

孩子，你一定要珍惜读书时光，切莫把宝贵光阴虚掷，免得等到年龄大时，才明白"白了少年头，空悲切"！

管理好自己的情绪

孩子:

　　生活中,我们常常会遇到不顺心的事,影响我们的心情,影响学习和生活。这封信我想和你谈谈:要想成为一个自律的人,还要管理好自己的情绪。

　　《周易》里说:"君子以惩忿窒欲。"就是说,做一个有德行的君子,要很好地控制自己的情绪,减少自己的欲望。

　　有研究者曾对美国伊利诺伊州某中学的100位高材生进行调查,这些人的智商可以说是全校之冠,他们上大学后成绩也不错。但是到30岁时,只有1/4的人在本行业中达到同龄人的最高层,很多人的表现甚至远不如一般的学生,其很大原因就在于任性、易怒、情绪不稳定。

　　研究者指出:情绪影响智力水平的发挥,学生在焦虑、愤怒、沮丧的情况下，根本无法学习。事实上，任何人在这种情况下都难以有效地从事正常工作和学习。

学会控制自己的情绪，在生活中有时也是一件生死攸关的大事。

在美国加州有一个小女孩，她的父亲买了一辆大卡车。她父亲非常喜欢那台卡车，总是为那台车做精心的保养，以保持卡车的美观。

一天，小女孩因为好奇，拿着硬物在卡车上划了起来，留下的道道划痕自然是擦不掉的。她父亲在盛怒之下用铁丝把小女孩的手绑起来，然后吊着小女孩的手，让她在车库前罚站。四个小时后，当父亲平静下来回到车库时，他看到女儿的手已经被铁丝绑得血液不通了！父亲把她送到急诊室时，手已经坏死，医生说不截去手的话是非常危险的，甚至可能会威胁到小女孩的生命。就这样，小女孩失去了她的双手！一场悲剧的发生，只是因为父亲没能控制住自己的情绪。

学会控制自己的情绪，就能够将地狱变为天堂。

日本有一则古老的传说，一个好斗的武士向一个老禅师询问天堂与地狱的区别，老禅师轻蔑地说："你不过是个粗鄙的人，我没有时间跟你这种人论道。"武士恼羞成怒，拔剑大吼："老头无礼，看我一剑杀死你。"禅师缓缓说道："这就是地狱。"武士恍然大悟,心平气和地纳剑入鞘,鞠躬感谢禅师的指点。禅师道:"这就是天堂。"

一个人在愤怒的时候非常容易冲动,情绪不能自控,有时会做出一些失去理智的事,所以在情绪激动的时候要学会控制内心的火山。

学会管理自己的情绪,就能够控制自己的命运。

德国数学家高斯一生硕果累累,其中一个重要原因,就是他非常注意调控情绪。在事业发展的顶峰时期,恰逢妻子病危,他抑制悲痛,以加倍的努力工作来驱散情绪上的阴影。与妻子生死告别时,他告诉妻子他又攻克了一个难关。

那些成功的人,也往往是能够控制自己情绪的人。有些人在面对情绪时,完全被情绪所控制,任由情绪牵制他们的思想、感受和行为。影响小一点的话,会使自己的心情糟糕,做事情不专心;但是影响大的话,可能会因一时冲动,造成无法挽回的严重后果,让人后悔莫及。

孩子,既然情绪管理对于一个人来说如此重要,那么如何改变和控制自己的情绪呢?研究者为我们开出了药方:

一、分享快乐和忧伤。把高兴的事和别人讲,让朋友也为自己高兴,把伤心的事同别人讲,让朋友为自己分担。不要闷在心里,不管有没有用,都把它说出来。

二、学会哭。哭本不是什么丢人的事,哭可以宣泄心中的不快,让情绪得到很好地平复。

三、学会运动。通过运动,参加一项体育活动,或一个人去跑步,身体累了,情绪就可以很好地得到控制。

四、善待别人和自己。多想想别人好的一面,以善意的眼光去看待周围所发生的事,能很好地控制自己不好的情绪。

五、学会放松。找本书看看,或到郊外去走一走,将烦恼的事暂时丢在一边,很多事情会随着时间的推移慢慢消褪。

六、学会独处。独处是一个人安静享受生活,让心灵沉静的有效方式。一个人好好地想一些事,或静静地待着,什么都不想,也容易让情绪得到调整。

孩子,从现在开始,希望你能学会控制自己的情绪,做自己行动的主人,只有这样,你才能够保证正常的学习,从而一步步走向成功!如果你有什么难过的事情,我希望你也能够及时和我沟通,我们一起努力,从不良的情绪中走出来。

管理好自己的行为

孩子：

　　相对于时间管理和情绪管理来说，行为管理对于一个人的成功更加重要，因为我们所做的一切事情，付出的一切努力，最终都要落实到行动上来，这封信我就专门和你谈谈这个问题。

　　在中国的经典《周易》中说："言行，君子之枢机；枢机之发，荣辱之主也。"这一段话的意思是说，言行是君子立身的关键，它就像门的转轴、弓的弩牙一样，一旦话说出口，行为构成事实，是荣是辱就全由它们决定了。因此，我希望你能够谨慎你自己的行为，这对你的一生都是非常重要的。

　　那么，我们如何才能有效地控制自己的行为，让我们的人生能够远离悔恨并有所成就呢？

一、想方设法激励和警示自己。

《资治通鉴》是司马光留给后世的中国第一部编年体通史巨著。据说他为了争取写作时间，让人锯了一根圆木给自己当枕头。睡觉时稍微一翻身，圆木就会滚动，让自己惊醒，然后爬起来开始写作。人们将之称为"警枕"。

鲁迅少年时在江南水师学堂读书，每当晚上寒风习习，夜读难耐时，他便取一颗辣椒放在嘴里嚼，辣得自己额头直冒汗。他用这种办法驱寒读书，后来成为我国著名的文学家。

二、制定具体、明确的任务目标。

美国普罗斯教授曾经研究过一组打算改变自己行为的实验，结果发现最成功的往往是那些目标具体、明确的人。最后教授得出结论：不要说"我要努力学习""我打算多进行一些体育锻炼""我计划多读一点书"等空洞的话，而应该制定具体、明确的目标，如"我每天晚上睡觉前背10个单词""我打算每天早晨跑步30分钟""我计划在本周内读完《基督山伯爵》"……目标越具体，越容易实施。

三、提前行动，充分准备。

联想集团的创始人柳传志以守时在业界享有盛名。在20多年无数次的大小会议中，他从没有迟到过。

有一次他到中国人民大学去演讲，为了不迟到，他特意早到半个小时，在会场外坐在车里等，开会前10分钟从车里出来，到会场时一分不差。还有一次，温州商界邀请他前往交流。当时，暴雨侵袭温州，他搭乘的飞机迫降在上海，工作人员建议第二天早晨再乘机飞往温州，他不同意，担心第二天飞机延误无法准时参会，便连夜赶路，终于在第二天早六点左右赶到了温州。当他红着眼睛出现在会场时，温州的企业家激动得热泪盈眶。

四、检点自己的言行得失。

明代大学士徐溥，在书桌上放了两个瓶子，分别贮藏黑豆和黄豆。每当他心中产生一个善念，或是说出一句善言、做了一件善事，便往瓶子中投一粒黄豆。相反，若是言行有什么过失，便投一粒黑豆。开始时，黑豆多，黄豆少，他就不断反省并激励自己。久而久之，瓶中黄豆越积越多，黑豆越来越少。他凭着这种持久的约束和激励，不断地修炼自我，完善自己的品德，后来成为了一代德高望重的名臣。

五、分解目标，降低行动的难度，从小事做起。

为了实现远大的理想，你需要的不是坚强的意志，而是实事求是，从小事做起。如果规定自己在3个月内减掉25公斤，或者一天必须从事3小时体育锻炼，对于这种无法实现的目标，再坚强的意志也无济于事，而且会让自己变得更加灰心。

在许多情况下，将单一的大目标分解为许多小目标不失为一种好办法。比如小芳英语成绩不理想，主要原因是词汇量太少，她打算这学期背诵500个单词。500个单词，显然不是一个小数目。如果将任务分解，一学期150天，每天背4个单词，任务量并不算大，就很容易完成了。

六、转移注意力和目标任务，改变自己的不良行为。

当我们长期困扰于一个不良行为无法自拔时，转移注意力和目标任务，是一种有效途径。

有一位同学喜欢网游，每天把大量时间泡在游戏中，不仅严重影响了学习成绩，而且身体状况也越来越差。他的父母非常担心，他自己也意识到这样做不对，想改变却又力不从心。放学回家后还是忍不住打开电脑，一发不可收拾。后来在老师的帮助下，他参加了学校的音乐社团，每天放学后都要去社团排练节目。在学校排练完节目后，常常还有大量任务需要在家里做，于是他回家后不再玩游戏了，而是完成学校要排练的节目。半学期下来，他终于戒掉了网游，生活学习变得有规律了，加上在社团交到了很多朋友，人也变得自信阳光了。

七、磨练意志。

良好的行为需要坚定的意志力来约束，而意志力是可以训练的。

早在1915年，心理学家博伊德·巴雷特曾经提出一套锻炼意志的方法：如从椅子上起身和坐下30次，把一盒火柴全部倒出来，然后一根一根地装回盒子里。他认为，这些练习可以增强意志力，以便日后面对更大的挑战。巴雷特的具体建议似乎有些过时，但他的思路却给人以启发。例如，你可以事先安排星期天上午要干的事情，并下定决心完不成就不吃午饭。这样坚持一段时间，意志力必定会大大增强。

孩子，以上这几个方法对你来说一定不难吧？愿你能够战胜自己的不良情绪，控制自己的不良行为，使自己不断走向强大，创造属于自己的成功和辉煌！下回再见吧！

名人
家训

范仲淹
《告诸子及弟侄》

导读

　　孩子，我最近在读清代的《课子随笔》一书，其中有一段范仲淹的家训，让我深受感动。范仲淹的故事，我多次和你分享过，不知你是否读过《古文观止》？里面收录了两篇范仲淹的文章，你可要多留心。一篇是《岳阳楼记》，是范仲淹本人写的，千古名句"先天下之忧而忧，后天下之乐而乐"就出自这篇文章。另一篇《义田记》由钱公辅记载了范仲淹购置义田救济家族的经过，赞扬了范仲淹乐善好施的精神，我希望你能够体会其中的境界。我们每个人都有自己的家人、家族，我希望你也能够心存家族的观念，常怀一颗感恩的心。

　　范文正公（范仲淹，北宋名臣，官至宰相）做参知政事的时候，告诉他的孩子们说："我贫穷的时候，和你们的母亲供养双亲，你母亲亲自做饭，（因为家中贫穷）而我的父母很少能吃到美味。现在我做了官，得到了丰厚的俸禄，想要以此奉养双亲，可惜父母已经不在了。你母亲也早已经去世了。我所最遗憾的，就是忍心让你们享受富贵快乐啊。我吴中家族很多，在我看来当然有亲疏关系。然而从我的祖宗角度来看，则同样都是子孙，固然是没有亲疏关系的。如果祖宗的眼里没有亲疏的区别，那么饥寒的族人，我怎么能不体恤呢？自祖宗以来，积德一百多年，到我这一代才发达，让我做了大官。如果一个人享受富贵而不抚恤宗族，将来怎么有脸面见祖宗于地下呢？现在又有什么脸面进入家庙呢？于是范仲淹就把自己的俸禄赏赐经常平均分配给族人，并设置了救济族人的义田和房屋。"

原文

　　范文正公为参知政事时，告诸子曰："吾贫时，与汝母养吾亲，汝母躬执爨而吾亲甘旨，未尝充也。今而得厚禄，欲以养亲，亲不在矣。汝母亦已早世。吾所最恨者。忍令若曹享富贵之乐也。吾吴中宗族甚众。于吾固有亲疏。然吾祖宗视之，则均是子孙，固无亲疏也。苟祖宗之意无亲疏，则饥寒者吾安得不恤也。自祖宗来积德百余年，而始发于吾，得至大官。若独享富贵而不恤宗族，异日何以见祖宗于地下。今何颜入家庙乎。于是恩例俸赐常均于族人，并置义田宅云。"

孩子，
我为什么要让你
努力读书

II

景仲生
×
著

团结出版社
UNITY PRESS

/目 录/

第九章 事半功倍

　　——读书需要高效的方法

方法比努力更重要　　　　　　　　　　　　215

好的方法都是自己实践出来的　　　　　　　220

每超越一次错误，就是取得一次进步　　　　224

课内打基础，课外分高下　　　　　　　　　230

名人家训：司马光《训俭示康》　　　　　　235

第十章 持之以恒

　　——读书需要良好的习惯

习惯的力量不可小觑　　　　　　　　　　　245

养成专心学习的习惯　　　　　　　　　　　250

养成及时复习的习惯　　　　　　　　　　　255

养成勤于思考的习惯　　　　　　　　　　　260

名人家训：顾宪成《示淳儿帖》　　　　　　266

第十一章 正确看待这个世界

    ——读书能让你明辨世间的曲直和是非

观念正确,人生就成功了一半   273

坚持自我,不要盲从   278

走出思想牢笼,打破思维枷锁   284

改变自己,就能改变命运   290

名人家训:陶渊明《与子俨等疏》   295

第十二章 做个温暖世界的人

    ——读书能让你的心灵温暖和敞亮

嫉妒别人,不如提升自己   301

心中有阳光,世界就是光明和温暖的   307

用宽容化解生活中的矛盾   312

用自信书写人生的精彩   317

名人家训:郑玄《戒子益恩书》   322

第十三章 读书能培养良好的品格

    ——让你的人生更璀璨

孝敬父母,尊敬师长   329

懂得感恩,回馈社会   334

做一个有责任心的人   339

做一个诚实的人   343

名人家训:左宗棠《致孝威、孝宽》   348

第十四章 尊严源于自身的强大

　　—— 读书能增强你的综合实力

　　走出平庸,在平凡中蜕变　　　　　　　　　359

　　要想赢得别人的尊重,就得先让自己强大起来　364

　　摒弃虚荣心,克服玻璃心　　　　　　　　　369

　　战胜挫折,走向成功　　　　　　　　　　　375

　　名人家训:王昶《诫子书》　　　　　　　　381

第十五章 做自己的雕塑师

　　——读书能让你成就最好的自己

　　在实践中学习,在实践中成长　　　　　　　391

　　人皆我师,不耻下问　　　　　　　　　　　396

　　相信自己,永不言弃　　　　　　　　　　　401

　　学习是一辈子的事情　　　　　　　　　　　407

　　名人家训:陆陇其《示子弟帖》　　　　　　412

　　附录　　古圣先贤论读书　　　　　　　　　419

第九章
事半功倍
——读书需要高效的方法

良好的方法能使我们更好地发挥天赋的才
能，而拙劣的方法则可能阻碍才能的发挥。

——贝尔纳

方法比努力更重要

孩子：

这一封信我想和你谈谈学习方法的重要性。学习，虽然需要不断地努力，但是讲究方法也是很重要的。

不知道你有没有发现，在我们周围常常可以看到这样的现象：有的同学学习非常勤奋，除了白天上课学习外，晚上还要熬到深夜，甚至把课间休息的时间也用来学习，但却成绩平平；同时，你还会发现，另外一些同学学习很轻松，除了上课和自习课学习外，课余时间还经常参加各种课外活动，在学习上比"一天到晚用功学习"的勤奋生投入的时间少，但却成绩斐然。勤奋对于成功固然重要，但相对于无效率的勤奋来说，方法更加重要。

一个好的方法，往往能提高学习效率。

18世纪，天文学家在火星与木星之间找到了一颗小行星。为了搞清它究竟是行星还是彗星，便请数学家们来计算它的运行轨道。"数学泰斗"欧拉计算了三天三夜，⚫欧拉（1707年4月15日—1783年9月18日），瑞士数学家、自然科学家，18世纪数学界最杰出的人物之一。他不仅为数学界做出贡献，更把整个数学推至物理的领域。代表作《无穷小分析引论》《微分学原理》《积分学原理》。主要成就：创立函数的符号；创立分析力学；解决了柯尼斯堡七桥问题；给出各种欧拉公式等。当数据出现时，他的右眼因劳累过度而失明了。与欧拉同时接受计算任务的数学家高斯，⚫高斯（1777年4月30日—1855年2月23日），德国著名数学家、物理学家、天文学家、大地测量学家，近代数学奠基者之一。在数学界有着举足轻重的地位，享有"数学王子"之称。高斯、阿基米德、牛顿并列为世界三大数学家。主要成就：证明代数基本定理；高斯求和公式；二次互反律；素数定理；算术-几何平均数等。代表作品《高等大地测量学理论（上、下）》《天体运动论》《正十七边形尺规作图之理论与方法》等。首先革新了欧拉行星运行轨道的计算方法，引入了一个八次方程，仅花1个小时的时间就得出了更加精确的结果。1901年1月1日，人们循着高斯计算的运行轨道，终于找到了这颗小行星——谷神星。高斯深有感触地说："若是我不变换计算方法，我的眼睛也会瞎的。"

一个好的方法，往往能够解决看似无法解决的难题。

"曹冲称象"在中国是妇孺皆知的故事。⚫曹冲（196年—208年5月），字仓舒，东汉末年人物，豫州刺史部谯（今亳州）人。《三国志》对其评价：“少聪察岐嶷，生五六岁，智意所及，有若成人之智。”年仅六岁的曹冲，利用漂浮在水面上的物体的重力等于水对物体的浮力这一物理原理，称出了大象的重量，这不能不说是一个奇迹。

有一次，爱迪生把一只电灯泡的玻璃壳交给他的助手，要他计算一下灯泡的容积。助手看着梨形的灯泡壳思索了好久，画出了灯泡壳的剖视图、立体图，测量了一个个数据，列出了一道道算式。经过几个小时的紧张计算，最后还是没有得出结果。爱迪生很不满意，只见他往灯泡壳里装满水，再把水倒进量杯，不到一分钟，就把灯泡的容积算出来了。

一个好的方法，往往能使人在山穷水尽的时候，又见柳暗花明。

世界巨富、美国船王丹尼尔·洛维格，年轻时因为穷困，向银行贷款总是遭到拒绝。后来他把自己的一条老油轮重新修理改装，并以低价包租给一家石油公司。然后，他带着租约合同去找纽约大通银行的经理，说他有一艘被石油公司包租的油轮，每月可收到固定的租金，如果银行肯贷款给他，他可以让石油公司把每月的租金直接转给银行，来分期抵付银行贷款的本金和利息。银行经理斟酌了一番，答应了洛维格的要求。几年之后，洛维格的贷款全部还清，并成了这条船的主人。但他仍不满足,于是又想出了更加绝妙的借贷方式。他设计了一艘油轮,也可以当其它用途的船,在还处于图纸阶段时,就找好一位主顾,与其签约,答应完工后把船租给他。然后他又拿着船租契约,去银行贷款造船。贷款成功后,他又先后租借别人的码头和船坞,继而又贷款造船,最后成立了属于自己的造船公司。

我们不难发现,成功的人往往是那些主动寻找方法并积极解决问题的人。方法是解决问题的金钥匙,是成功的通行证。找不对方法,再怎么努力也是徒劳的。如金庸笔下的桃花岛,即使不分昼夜地奔跑,如果找不到出岛的方法,仍然走不出一片片桃林。

孩子,我们不妨看看世界上的伟人对于"方法"是怎么说的:

英国生物学家达尔文说:"最有价值的知识是关于方法的知识。"

阿基米德说:"给我一个支点,再给我一根足够长的杠杆,我可以把地球撬起来!"

法国的物理学家朗之万在总结读书的经验与教训时深有体会地说:"方法的得当与否往往主宰整个读书过程,它能将你拖到成功的彼岸,也能将你拉入失败的深谷。"

英国著名的美学家博克说："有了正确的方法，你就能在茫茫的书海中采撷到斑斓多姿的贝壳。否则，就会像盲人一样，在黑暗中摸索一番之后仍然空手而回。"

爱因斯坦曾经提出过一个公式：W=X+Y+Z。W代表成功；X代表勤奋；Z代表不浪费时间、少说废话；Y代表方法。从这个公式我们可以看出，正确的方法是成功的三要素之一。如果只有刻苦努力的精神和脚踏实地的作风，没有正确的方法，是不能取得成功的。

我们每天都会面临许多问题，这时就需要我们运用各种方法，不断解决这些问题。我们运用的方法不同，最后的结果也不同。只有正确的方法才能提高解决问题的效率，才能取得成功。

孩子，在学习上不仅要勤奋刻苦，更要注意学习方法。好的学习方法是学习成绩提升的有力保证，也是成才的捷径。只有爱学习又会学习的人，才能充分发挥积极性、主动性，才能一路披荆斩棘、乘风破浪，夺取胜利的制高点！

就在此祝你，在学习中不断摸索学习的方法，不仅要做一个爱学习的人，还要做一个会学习的人。

好的方法都是自己实践出来的

孩子：

上一封信我们已经谈过学习方法的重要性了，这一封信我想和你谈谈适合自己的学习方法，才是最好的方法。尤其想和你谈谈，如何才能拥有好的方法。

其实，这个世界从来就不缺方法，得到成功的方法并不是一件难事，而让自己成功才是真正的难事。因为别人的方法，并不一定适合自己。只有亲自去实践，才能获得真正闪光的方法。

实践出真知，好的方法都是从实践中得来的。

我国古代有一个纸上谈兵的故事。战国末期，赵国有两位名将，一位叫廉颇，⊜廉颇，生卒年不详，嬴姓，廉氏，名颇，赵国苦陉（今保定定州市邢邑）人，战国末期赵国名将。与白起、王翦、李牧并称

为"战国四大名将"。一位叫赵奢，❂赵奢，生卒年不详，嬴姓，赵氏，
名奢，号马服君，赵国邯郸人（今河北邯郸），战国时代东方六国八名将之
一，汉族"马"姓起源。曹操对其评价："赵奢、窦婴之为将也，受赐千金，
一朝散之，故能济成大功，永世流声，吾读其文，未尝不慕其为人也。"他俩
屡立战功，为赵国做出了卓越贡献。赵奢的儿子赵括从小就
喜欢研读兵书，谈起排兵布阵头头是道。但是赵奢却很为儿
子担心，因为他知道赵括只有空洞的战术理论，毫无作战经
验，如果将来带兵上战场一定要打败仗。

　　赵奢死后不久，秦国任命白起为大将，率领一百万秦军
攻打赵国。赵王命廉颇统领四十万赵军在长平关（今山西省
境内）阻击秦军。长平关地势险要，易守难攻。廉颇很有经
验，他知道秦军人马众多，但是远征作战，粮草肯定支撑不了
多久，只要赵军守关不出，用不了多久秦军就会不战而退。

　　秦、赵两国在长平关对峙了很久，白起无计可施，眼看
粮草一天天耗尽，他急得团团转。后来，白起派奸细到赵国
散布谣言，说秦军除了赵括之外谁也不怕。赵王不知道是计
谋，立即任命赵括为大将，替换了廉颇。

　　赵括一到前线就指挥赵军与秦军展开正面交锋，结果
中了白起的埋伏，四十万赵军全部被俘，赵括也中箭身亡。

　　赵括出生在名将世家，从小读了不少兵书，也掌握了大

量兵法，但是因为他没有亲自上过战场，不知道瞬息万变的战争形势，只是将书上学来的兵法生搬硬套到战场上，所以他失败了。不仅断送了自己和四十万赵军的性命，也断送了赵国的前途。长平之战后，赵国元气大伤，不久就被秦国所灭。

具体问题具体分析，好的方法都是从实际出发的。

清朝末年，由于清政府腐败无能，帝国主义列强对中国进行肆意侵略和瓜分。很多仁人志士，走上了救国救民的道路。孙中山领导的资产阶级革命，🖐孙中山（1866年11月12日—1925年3月12日），名文，字载之，号日新，又号逸仙，幼名帝象，化名中山樵。中国近代民族主义革命的开拓者、中国民主革命伟大先行者、中华民国和中国国民党的缔造者、三民主义的倡导者，被尊称为"国父"。创立《五权宪法》。著有《建国方略》《建国大纲》《三民主义》等。企图效仿西方先进的社会制度，虽然推翻了清王朝的专制统治，但是仍然没能改变中国的命运。中国共产党初期，吸取俄国十月革命的经验，采取城市工人武装暴动的方式，虽然革命轰轰烈烈，但是迎来的却是一次又一次的失败。后来在毛泽东同志的领导下，经过认真的调查研究，从中国的实际国情出发，采取了农村包围城市的策略，使中国革命一步一步走向成功，最后推翻了"三座大山"在中国的统治，建立了新中国。

敢想敢做，好的方法都是一步一步摸索出来的。

我国在实行改革开放的历程中，也是从实践中摸索总结出适合国情的改革方法的。改革开放，没有可以借鉴的理论、模式和方法，是中国人民面临的一项前所未有的变革。面对这种情况，改革开放的总设计师邓小平同志说了一句著名的话："摸着石头过河。"所谓"摸着石头过河"，就是我们先大胆地去做，然后在做的过程中，寻找方法，总结经验。也正是在"摸着石头过河"的改革实践中，中国发生了翻天覆地的变化：中国从经济崩溃的边缘，发展成今天的世界第二大经济体，形成了世界瞩目的"中国模式"，形成了"新时代中国特色社会主义理论"。

好方法都是从实践中得来的，学习别人成功的方法能给我们带来启示、提供参考，但切忌生搬硬套。

孩子，适合自己的方法，才是最好的方法。不要完全效仿别人的成功经验，别人的方法再好，也不一定适合自己。在借鉴别人经验的同时，更要靠自己的努力，不要害怕失败，在失败中认真总结学习模式和方法。只要找到适合自己的方法，学习就会变得不再枯燥，你也会越来越有自信，你的世界也会更加丰富多彩，前途一片光辉灿烂！

同时，我也很想听听你有什么好的学习方法。

每超越一次错误，就是取得一次进步

孩子：

　　这一封信我想和你谈谈错误与成功的关系，错误是从哪里来的？怎样超越错误？有没有一种行之有效的适用于每一个人的方法呢？

　　莎士比亚说："最好的好人，都是犯过错误的过来人；一个人往往因为有一点小小的缺点，更显出他的可爱。"在人生奋斗的征途中，每个人都难免在做事的思想、方法和行动上犯错误。一个人若想要有所成就，就不应当畏惧犯错。一个人犯错并不可怕，如果能认识到自己的错误并加以改正，就能不断走向成熟和进步。每超越一次错误，就是取得一次进步。

　　虚心接受批评指正，减少犯错误的概率。

唐太宗是我国历史上一个善于纳谏和改正错误的皇帝。🖊唐太宗（598年1月28日，一说599年1月23日—649年7月10日），即李世民。生于武功之别馆（今陕西武功）。杰出的政治家、战略家、军事家、诗人，被尊称为"天可汗"。唐朝第二位皇帝，开创了中国历史上著名的贞观之治。他认为兼听则明，偏听则暗。不管什么人，也不管提意见的态度如何，只要提的意见是正确的，他都能虚心接受。有一次，唐太宗下令，要把洛阳破败了的乾元殿修饰一番，作为他到外地巡视时的行宫。对于皇帝来说，想要修葺一下小小的行宫，本来是小事一桩。可是，有一名小官张玄素，🖊张玄素（？—664年），蒲州虞乡（今山西永济）人，唐太宗时著名谏臣。早在隋末，就以清廉著称。唐太宗闻其清名，特召见垂询政事。他建议唐太宗吸取历史成败经验，受到太宗的重用。上了一道奏折，痛陈此举不妥，说修了阿房宫，秦朝倒了；修了章华台，楚国散了；修了乾元殿，隋朝垮了；现在唐朝百废待兴，陛下却要大兴土木，这个过失远远超过了隋炀帝。奏折递上后，满朝文武都替张玄素捏了一把汗。但是唐太宗却听取了张玄素的谏言，下令停止重修乾元殿，还表彰了他直言进谏的行为，并赏给他500匹绢。正是因为唐太宗知错必改，所以成为一代圣明君主，开创了"贞观之治"的盛世。

若不让错误产生，便不会有真理降临。

奠定电磁学实验基础的法拉第，🖊法拉第（1791年9月22

日—1867年8月25日），英国物理学家、化学家，自学成才的科学家，被称为"电学之父""交流电之父"。他发现的电磁感应现象奠定了电磁学的基础。主要成就：提出电磁感应学说；发现电场与磁场的联系；发明圆盘发电机；提出磁场力线的假说；发现了电解定律，推广专业用语；发现苯等物质等。正是由于天不怕地不怕，屡败屡战，愈挫愈奋，经过近十年的艰苦努力，终于使磁铁产生了电流，开拓了电磁学的新领域。欧立希也是以惊人的毅力，🔑欧立希（1854年3月14日—1915年8月20日），德国医学家、细菌学家、免疫学家，近代化学疗法的奠基人之一。他的"关于集体组织对染色物质感受性"的论著，为日后研究机体细胞与组织的鉴别染色法打下了基础。主要成就：发明洒尔佛散（606）；创立"侧链学说"等。在失败数百次之后，才成功研制出高效杀虫药剂——砷凡纳明，对农业生产的发展做出了巨大贡献。

　　举世闻名的美国管理大师彼得·德鲁克认为：无论是谁，做什么工作，都是在错误中成长的，纠正的错误越多，越有机会进步，因为他能从中学到许多经验。他还认为，没有犯过错的人，绝对不能被升为主管。因为没有犯过错的人，容易倾向得过且过的敷衍办事态度，更糟的是，他并不知道怎么在早期发现错误，并及时地纠正做事方法。

　　在错误中超越自己，实现人生价值。

　　富兰克林是美国著名的政治家、科学家和发明家。他领导过美国独立战争，参加起草了《独立宣言》，发明了取暖炉、避雷针、玻璃琴、双聚焦眼镜、电轮等。据说他年轻的时候，每天晚上都要把一天的言语行为重新回想一遍。他发现自己有13个很严重的坏习惯和错误，其中最严重的三项分别是：浪费时间、为小事烦恼、和别人争论冲突。他知道，这些错误将会对他的人生产生重大阻碍。

于是，他下定决心改掉这些坏习惯。他采取各个击破的办法，先挑选其中一项错误，每天觉察和修正它，然后把当天的输赢记录下来。待一个坏习惯被完全克服改正后，他又挑出下一个坏习惯，开始另一场"战斗"。为克服和改正那13个坏习惯和错误，他整整用了两年多时间。后来他成为美国乃至世界历史上深受敬爱，也最具影响力的伟大人物之一。

孩子，我们不妨来借鉴一下富兰克林对待错误的方法。他在学习中，采取对出现的错误进行不断修正的方法，直至全部领会。他每读完一本书，放置几天后，再试着不看原书，用记忆将书中的要点写出来，然后和原书对照，发现错漏立即更正。他这种方法看似繁琐笨拙，但是对原书内容的记忆却非常牢固，理解也极其深刻。

据调查显示，那些考进北大清华的天之骄子们，几乎人手一本"错题本"。错题本的实质就是将我们学习过程中所犯的错误，记录整理出来。那些没有错的内容，都是我们已经掌握了的，可以不用再重复学习，而错了的则是我们没有掌握的内容，要进一步加强学习和记忆。记录"错题本"可以大幅缩小学习范围，减轻学习量，提高学习效率。

有一个高考状元说："我有一个错题本把高中3年的错误都记录下来了，每半个学期整理一遍，然后把已经改正过来的错误删除，接着再增加新的错题。我很喜欢这种方法，高考前的最后一个月，我的复习基本上是翻看这里面的旧账。"还有一个高考状元说："错题本就是把你做过的题中那些错的和不会做的题收集起来，以后有针对性地翻看。如果一个人能把以前的错误都记住，以后决不再犯，那么他就是圣人；如果绝大部分错误都能够改正并且不再犯，那么他就是伟人；如果绝大部分错误都能铭记，那么他就是高人。我们应该争取做这三类人，如果能做到，那么你就能在中考、高考中获胜。"

世界上没有不犯错的人，而正是错误，让我们对"正确"产生更深刻的理解。有句格言这么说："犯前人没犯过的错误，是一种创新；犯前人犯过的错误，是一种体验。没有对错误的体验，就不知道正确为什么正确。"

孩子，面对错误正确的态度是与之进行坚持不懈的搏斗，直至胜利为止。不管是在学习还是生活中，我们每超越一次错误, 就是取得了一次进步。我们超越的错误越多, 离自己的梦想也就越近!

让我们一起努力吧!

课内打基础，课外分高下

孩子：

这一封信我想和你谈谈知识面宽广的重要性。课内学习固然重要，但是课外学习更重要。

不知道你有没有发现，随着科学技术的飞速发展，科学文化知识的分类越来越细、内涵越来越丰富，我们不可能将那些浩如烟海的知识全部掌握。学校所开设的各门课程，是人类知识海洋中最基本的内容，是同学们今后做人、立业以及进一步学习的基础，是打开社会之门、获取人生成功的一个阶梯。所以，学校的课内学习是一切学习的基础。

而课外学习能进一步拓宽学生的视野，能有效地将课内所学的知识与社会实践、生活实践密切地联系起来，帮助同学们加深对课内所学知识的理解，激发求知欲望和学习兴趣，培养自学能力与习惯。要想成为有卓越成就的人，知识面涉猎必须要广博。

积累课外学习量促成质的飞跃。

鲁迅先生一贯主张："大可以看看本分以外的书，即课外的书。不要只将课内的书抱住。即使和本业毫不相干的，也要泛览。" 法鲁迅（1881年9月25日—1936年10月19日），原名周樟寿，后改名周树人，字豫山，后改豫才，浙江绍兴人。著名文学家、思想家，五四新文化运动的重要参与者，中国现代文学的奠基人，被誉为"二十世纪东亚文化地图上占最大领土的作家"。代表作品《呐喊》《彷徨》《朝花夕拾》《野草》《华盖集》《中国小说史略》等。事实上，童年时代的鲁迅就是这样做的，他常常背着私塾先生，偷偷地读《西游记》《水浒传》之类的"闲书"。正是这些有趣的"闲书"把鲁迅带入到一个崭新的精神世界，使他增长了许多文学知识，懂得了不少做人的道理。他成名以后，还常常提起童年时偷读"闲书"对他的影响。如果没有那些所谓的"闲书"，鲁迅可能就不会变得如此博学，思想也不会那么深刻。

中国航天之父、导弹之父钱学森，法钱学森（1911年12月11日—2009年10月31日），生于上海，祖籍浙江省杭州市临安。世界著名科学家、空气动力学家、中国载人航天奠基人、中国科学院及中国工程院院士、中国两弹一星功勋奖章获得者，被誉为"中国航天之父""中国导弹之父""中国自动化控制之父"和"火箭之王"。在晚年时回忆说："我父亲钱均夫很懂得现代教育，他一方面让我学理工，走技术强国之路；另一方面又送我去上音乐、绘画等艺术课和文学课。我从小不仅对科学感兴趣，对文学艺术也感兴趣，读过许多文艺理论方面的书。这些修养不仅加深了我对艺术作品中那些诗情画意和人生哲理的深刻理解，也让我学会了文学上、艺术上大跨度的宏观形象思维。我认为这些东西对启迪一个人在科学上的创新也是很重要的。科学上的创新光靠严密的逻辑思维不行，创新的思想往往开始于形象思维，从大跨度的联想中得到启迪，然后再用严密的逻辑加以验证。"

拓宽课外学习面，全方位吸收知识营养。

华罗庚教授少年在家乡金坛读初中时，●华罗庚（1910年11月12日—1985年6月12日），生于江苏常州金坛区，祖籍江苏丹阳。他是数学家、中国科学院院士、美国国家科学院外籍院士、第三世界科学院院士、联邦德国巴伐利亚科学院院士。他是中国解析数论、矩阵几何学、典型群、自守函数论与多元复变函数论等多方面研究的创始人和开拓者，被列为芝加哥科学技术博物馆中当今世界88位数学伟人之一。国际上以华氏命名的数学科研成果有"华氏定理""华氏不等式""华—王方法"等。课外得到恩师王维克很多指导。他经常从王老师家里借一些数学书阅读，从中受到了很多启发和教益。有一次，他从一本数学杂志上看到一篇文章，说的是五次方程的代数解法，经过钻研，他发现这篇文章有错误，于是写了一篇文章指出错误。这篇文章后来被当时清华大学数学教授熊庆来发现，在熊教授的推荐下，华罗庚得以到清华大学工作，从而正式走上了数学研究的道路。

据陈景润自己介绍，陈景润（1933年5月22日—1996年3月19日），生于福建福州，当代数学家、中科院物理学数学部委员。主要成就："1+2"是哥德巴赫猜想研究的丰碑；研究哥德巴赫猜想等成果遥遥领先等。著有《表达偶数为一个素数及一个不超过两个素数的乘积之和》等。他走上数论科研的道路和他小时候在课外活动中听数学老师讲的一次关于哥德巴赫问题的讲座分不开。当时老师介绍了哥德巴赫问题，说数学是科学的皇后，而数论则是皇后所戴的皇冠，哥德巴赫问题则是这顶皇冠上的一颗明珠。老师鼓励学生们说："哥德巴赫问题还没有解决，摘取这颗光彩夺目的宝珠要靠在座的同学今后的努力。"老师的一席话，激发了少年陈景润攀登数论高峰的决心，陈景润最终把哥德巴赫问题推向最后的一步。

由此可见，"课内打基础，课外分高下"是有一定道理的，各个领域成为顶级大师的人亦是如此。

但是在应试教育的压力下，有不少家长只关心孩子的课内成绩，将目光仅仅聚焦在孩子的分数上。而对于孩子的课外阅读，却采取禁锢主义的态度，认为读"闲书"会耽误

234

孩子的正常学习。有不少老师, 不提倡学生读课外读物, 把学生的大量时间用来搞题海战术。在这样的环境下, 许多学生也认为, 现在最重要的是把课内知识学好, 将来考个好大学。因此把所有时间都用在死记硬背知识点和大量刷题上。只重视课内学习而忽略课外阅读, 这对青少年的成长极为不利。从长远来看, 这样的学生不仅视野没有得到开阔、思维能力没有得到培养, 即使考上好大学也会变得对学习失去兴趣和动力, 不求进取, 生活上混日子, 功课上混及格, 只求拿到毕业证就行了。庸庸碌碌的混日子, 对我们的美好青春将是一种多么大的浪费, 少年已是老人心, 未来的前途便可想而知!

　　孩子, 应该正确处理课内学习和课外阅读的关系, 以学习课内知识为主, 在学好课内知识的基础上, 尽可能有选择地进行课外阅读。读一些优秀书籍, 在人生的道路上积极进取、勇于探索。

　　孩子, 我感谢你抽出宝贵的时光读我的这四封信, 如果你没有厌倦, 下回我还会和你再通信交谈, 现在让我们暂时告别吧!

司马光

《训俭示康》

导读

　　孩子，我常常要求你生活要懂得节俭，这是我们祖祖辈辈的优良传统。这次给你寄来《训俭示康》一文，这篇文章是司马光写给儿子司马康的训诫。司马光以他深邃的政治眼光，敏锐地洞察到了"成由俭，败由奢"这个古训，又结合自己的生活经历和切身体验，旁征博引许多典型事例，对儿子进行了耐心细致、深入浅出的教诲，劝导儿子要务行节俭，力戒奢侈。一个人对待物质生活的态度，直接关系到他事业的成功与失败，我希望能够对你有所启发。

我本来出身于贫寒家庭，世代传承清白的家风。生性不喜欢豪华奢侈，从做婴儿时，长辈给我装饰着金银的华美衣服，我总是羞愧地放下不穿。二十岁时有幸得中进士功名，在闻喜宴上只有我不戴花，一同考中的人说："君主赐的花不可以不戴。"我才插上了一枝花。我平素穿衣只为御寒，吃饭只求饱肚，也不敢故意穿肮脏破烂的衣服，表示与众不同来求取人们的赞扬，只是顺着我的本性行事罢了。很多人以奢侈浪费为荣，我却把节俭朴素当作美德。别人都嘲笑我固执不大方，我不觉得这是缺点，回答他们说："孔子讲：'与其骄纵不逊，宁可节俭寒酸。'孔子又说：'因为节俭而犯过失的人很少。'孔子还说过：'有志于圣贤之道的读书人，却以吃穿不如人为耻辱，这种人不值得和他论道。'古人把节俭当作美德，现在人却因人节俭而嘲讽他。哎，真奇怪呀！"

近年社会风气更加奢侈浪费，当差的穿着士人的衣服，农夫穿丝织的鞋子。我记得天圣年间，家父做群牧判官时，有客人来都会摆设酒席，有时斟三次酒，有时五次，最多不过斟七次。酒是从市场上买的，水果限于梨、栗子、枣和柿子之类，菜限于干肉、肉酱、菜汤，餐具用瓷器或漆器。当时的士大夫家都是这样，互相没有非议。当时聚会次数多而且礼数殷勤，招待的食物少却情谊深厚。现在的士大夫家，酒要按宫廷御酿的配方，水果菜肴必须是远方的奇珍异果，食物如果准备得不够多，食具不能摆满桌子，都不敢请宾客来。常常要准备一个月左右，才敢发邀请。如果不这样做，人们都会争相非议，认为他舍不得花钱。因此不跟风随俗的人就非常少了。哎，风气败坏到这个地步，身居官位的人即使不能禁止，难道忍心助长这样的风气嘛！

听说以前李文靖公（李沆）任宰相时，在封丘门内修建住宅，厅堂前面只够让一匹马转身的地方，有人说太狭窄了。李公笑着说："住宅是要传给子孙的，这里作为宰相的厅堂确实小了，作为太祝、奉礼这样官职的厅堂已经算宽敞了。"参政鲁公担任谏官时，宋真宗派人紧急召见他，在酒馆找到他。鲁公入宫后，真宗问他从哪里来，他以实相告。真宗说："你身为有清白名望的官员，怎么能在酒馆里喝酒呢？"鲁公回答说："臣家里清贫，客人来了餐具、菜肴和水果都不够，所以就请客人到酒馆。"皇上因为他不隐瞒实情而更加器重他。张文节（张知白）当宰相时，自己的生活享受和在河阳当节度判官时一样，身边有人劝他说："您现在领取的俸禄不少，日常生活却如此节俭。您虽然确实清廉节约，但外人却会讥讽您故示俭朴、沽名钓誉。您应该稍稍随俗从众。"张公叹息说："我今天的收入即使全家锦衣玉食，还怕不够吗？但人之常情是从节俭到奢侈容易，从奢侈到节俭困难。我今天的高俸禄哪能长期享有呢？我难道还能长生不死吗？一旦没有了现在的高收入，家人却长期习惯奢侈享受，不能立刻过节俭生活，一定会挥霍一空而无处容身。哪里像我现在这样无论做不做官，活着还是过世，都过一样的日子好呢？"哎！有大德行的人这样深谋远虑，哪里是普通人能比得上的啊！

御孙说："节俭是共有的德行，奢侈是最大的罪恶。"（《左传·庄公二十四年》）共是共同的意思，讲的是有德行的人都是过节俭生活。节俭就少贪欲，有地位的人贪欲少，就不被外物牵制，可以走正直的道路。百姓贪欲少，就能谨慎修身、节省用度，避免犯罪、丰裕家庭。所以说："节俭是共有的德行。"奢侈就会多贪欲。有地位的人多贪欲就会贪图富贵，违背正道、招致灾祸。百姓多贪欲就会贪多浪费，以致家道破落、丧失性命。因此做官如果奢侈一定贪赃受贿，百姓如果奢侈必然偷盗。所以说："奢侈是最大的罪恶。"

古时正考父喝粥维持生活，孟僖子推测他的后代一定有显达之人。季文子辅佐三位国君，妾室不穿丝绸，马不喂小米，君子都认为他是忠于国君的。管仲用雕花的餐具、红色的帽带、刻成山形的斗拱、画有藻文的梁柱，孔子鄙视他不成大器。公叔文子宴请卫灵公时，史鰌推测他快要大祸临头，到他儿子公孙戍时，果然因为富有招罪，出逃它国。何曾每天吃饭花掉一万钱，到孙子辈时因为骄慢奢侈而家产荡尽。石崇因为奢侈夸耀，最终被斩于市。近年的寇莱公（寇准）豪华奢靡堪称第一，因为他的功劳大，没有人批评他。但子孙传承奢靡家风，现在多数穷困。其他因为节俭留下好名声，因为奢侈招来衰败的事例很多，不能一一列举，姑且讲这几个人来教导你。你不但自己要厉行节俭，还应当教育子孙，让他们知道先辈传下的家风。

原文

吾本寒家，世以清白相承。吾性不喜华靡，自为乳儿，长者加以金银华美之服，辄羞赧弃去之。二十忝科名，闻喜宴独不戴花。同年曰："君赐不可违也。"乃簪一花。平生衣取蔽寒，食取充腹；亦不敢服垢弊以矫俗干名，但顺吾性而已。众人皆以奢靡为荣，吾心独以俭素为美。人皆嗤吾固陋，吾不以为病。应之曰："孔子称：'与其不逊也宁固。'又曰'以约失之者鲜矣。'又曰'士志于道，而耻恶衣恶食者，未足与议也。'古人以俭为美德，今人乃以俭相诟病。嘻，异哉！"

近岁风俗尤为侈靡，走卒类士服，农夫蹑丝履。吾记天圣中，先公为群牧判官，客至未尝不置酒，或三行、五行，多不过七行。酒酤于市，果止于梨、栗、枣、柿之类；肴止于脯、醢、菜羹，器用瓷、漆。当时士大夫家皆然，人不相非也。会数而礼勤，物薄而情厚。近日士大夫家，酒非内法，果、肴非远方珍异，食非多品，器皿非满案，不敢会宾友，常量月营聚，然后敢发书。苟或不然，人争非之，以为鄙吝。故不随俗靡者，盖鲜矣。嗟乎！风俗颓弊如是，居位者虽不能禁，忍助之乎！

又闻昔李文靖公为相，治居第于封丘门内，厅事前仅容旋马，或言其太隘。公笑曰："居第当传子孙，此为宰相厅事诚隘，为太祝奉礼厅事已宽矣。"参政鲁公为谏官，真宗遣使急召之，得于酒家，既入，问其所来，以实对。上曰："卿为清望官，奈何饮于酒肆？"对曰："臣家贫，客至无器皿、肴、果，故就酒家觞之。"上以无隐，益重之。张文节为相，自奉养如为河阳掌书记时，所亲或规之曰："公今受俸不少，而自奉若此。公虽自信清约，外人颇有公孙布被之讥。公宜少从众。"公叹曰："吾今日之俸，虽举家锦衣玉食，何患不能？顾人之常情，由俭入奢易，由奢入俭难。吾今日之俸岂能常有？身岂能常存？一旦异于今日，家人习奢已久，不能顿俭，必致失所。岂若吾居位、去位、身存、身亡，常如一日乎？"呜呼！大贤之深谋远虑，岂庸人所及哉！

御孙曰："俭，德之共也；侈，恶之大也。"共，同也；言有德者皆由俭来也。夫俭则寡欲，君子寡欲，则不役于物，可以直道而行；小人寡欲，则能谨身节用，远罪丰家。故曰："俭，德之共也。"侈则多欲。君子多欲则贪慕富贵，枉道速祸；小人多欲则多求妄用，败家丧身；是以居官必贿，居乡必盗。故曰："侈，恶之大也。"

昔正考父饘粥以糊口，孟僖子知其后必有达人。季文子相三君，妾不衣帛，马不食粟，君子以为忠。管仲镂簋朱纮，山节藻棁，孔子鄙其小器。公叔文子享卫灵公，史鰌知其及祸；及戍，果以富得罪出亡。何曾日食万钱，至孙以骄溢倾家。石崇以奢靡夸人，卒以此死东市。近世寇莱公豪侈冠一时，然以功业大，人莫之非，子孙习其家风，今多穷困。其余以俭立名，以侈自败者多矣，不可遍数，聊举数人以训汝。汝非徒身当服行，当以训汝子孙，使知前辈之风俗云。

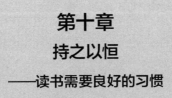

第十章
持之以恒
——读书需要良好的习惯

起初是我们造成习惯，后来是习惯造就我们。

——王尔德

习惯的力量不可小觑

孩子：

这一封信我想和你谈谈习惯，研究学问最重要的是要养成良好的习惯。

培根曾经说过："习惯是人生的主宰，人们应该努力地追求好习惯。"习惯的力量是巨大的，它往往在不知不觉中控制一个人的意识和行为。不论是好的习惯还是坏的习惯，一旦养成，我们的学习和生活，就会被习惯控制、推动。由此可见，习惯的力量不可小觑。

习惯支配行为。

有一次，美国富豪盖蒂度假经过法国，在旅馆过夜。凌晨两点，他醒来了，习惯性地想抽一支烟，却发现桌上的烟盒是空的，其它的行李里也一无所获。此时，外面下着大雨，旅馆的酒吧和餐厅早就关门了。他唯一的办法就是穿上衣服，冒着大雨到街上寻找一家晚间营业的百货商场。

因为夜深了，又下着大雨，街上的计程车也少得可怜，而他的车又停在了离旅馆较远的车库里，但是他想抽烟的愿望强烈地驱使着他，于是他穿上了衣服。正当他伸手去拿雨衣的时候，他突然停下来，觉得自己的行为是多么的荒谬。他想：我作为一个所谓的知识分子，一个所谓的商人，一个自认为有足够理智对别人下命令的人，却要在三更半夜离开舒适的旅馆，冒着大雨走过几条街，只是为了得到一包烟！

此时盖蒂意识到，对于香烟的依赖，他已到了不可自拔的程度。当一个人被一种坏习惯控制时，就会变得不可救药，并成为它的俘虏，关键时候可能会误了大事。于是他把那个空烟盒搓成一团，扔进了废纸篓里。而后，他关掉灯，闭上眼，强制自己进入了梦乡。从那以后，他戒掉了吸烟的坏习惯。

常常做一件事情，就会形成一种习惯。

我们再看一件足以令你吃惊的事情。1981年3月30日，入住白宫不久的美国前总统里根刚刚参加完一个建筑工会组织的活动，⊕里根（1911年2月6日—2004年6月5日），生于美国伊利诺伊州坦皮科城。美国杰出的右翼政治家、第33任加利福尼亚州州长、第40任美国总统，历任总统中唯一一位演员出身的总统。2005年美国在线举办的票选活动

《最伟大的美国人》中，里根名列榜首。准备起身离开华盛顿的希尔顿饭店。他在蒂姆·麦卡锡等4名密勤局保镖的簇拥下，走到停在饭店门口的防弹林肯轿车旁，向慕名而来的群众挥手致意，并不时对记者们的提问做出回答。但就在此时，有刺客突然冲出人群向总统开枪射击。

当时除了里根的贴身护卫外，在场的所有警察和军方人员都吓坏了，他们四处躲避子弹。但是林肯的保镖麦卡锡不顾一切挺身挡在总统前面，结果被击中胸部倒地。里根总统也因此逃过劫难，捡回了一条性命。

这起总统刺杀案震惊了世界，而舍身忘死为总统挡子弹的麦卡锡也顿时成为美国人心目中的英雄。一般人通常听到枪声的本能反应是躲避，但麦卡锡却冲到了总统的面前，这无疑需要惊人的勇气和胆量。但在事后接受采访时，麦卡锡却说，那只是他受训后的"本能反应"，当时他脑海中只有一个念头，就是用身体去挡子弹。人们听了他的话，又惊讶又敬佩。他又解释说："如果你重新观看当时的画面，就会发现很多人，包括军警在内，大家都俯身找掩护，那是因为他们平时就是这么训练的，遇到紧急情况时首先要保护自己。而我们平时的训练，则是掩护和疏散总统。为了保护总统，你必须尽量增大自己的身体面积挡在总统前面，而不是蹲下。因

248

此坦白地说，我当时的举动跟勇敢无关，而是长期训练的结果，让我形成了在危急时刻不是保护自己，而是挺身为总统挡子弹的本能和习惯。"

习惯决定命运，等习惯真正养成，变成人的本能后，其力量便大得惊人，会在关键时刻自动控制人的行为。刘备曾告诫他的儿子刘禅说："勿以善小而不为，勿以恶小而为之。" 🈷刘禅（207年—271年），又称后主，字公嗣，小名阿斗。三国时期蜀汉第二位皇帝，在位四十一年。蜀汉灭亡后，刘禅及一些蜀汉大臣被迫迁往洛阳，受封为安乐公。死后，谥号"思公"。西晋末年，刘渊起事后，追谥刘禅为孝怀皇帝。哪怕是很小的善事，只要经常做，也会形成一个良好的习惯；哪怕是很小的恶事，只要经常做，也会形成一种恶习。

拥有越多好习惯的人，成功的可能性就越大。

在一家知名汽车公司的招聘会上，门外等候着很多面试者。主考官面试了一个又一个意气风发的应聘者，却始终没有对他们当中任何一个感到满意。就在这时，一位面带微笑而又谦逊的年轻人进来了，主考官按部就班地询问了他的年龄、学历、经验，他如实回答，主考官显然对这个年轻人也并不在意。

正当年轻人怀着失望的心情准备离开时，他看到地上有一张废纸，就习惯性地捡起来放进垃圾桶里。这时，主考官面带着微笑对这个年轻人说："恭喜你，你被录用了。"面对众人的不解，主考官说："汽车的设计和制造是一个极其精密的工作，任何一个瑕疵都可能是一个不安全的因素，而这个年轻人具有发现并消除瑕疵的好习惯。"

这个年轻人名叫亨利·福特，🌐 亨利·福特（1863年7月30日—1947年4月8日），美国汽车工程师与企业家，福特汽车公司的创办者，也是世界上第一位使用流水线大批量生产汽车的人。他的生产方式使汽车成为一种大众产品，他不但革新了工业生产方式，而且对现代社会和文化产生了巨大影响。若干年后，他创办了福特汽车公司，让汽车走进了千家万户。

好的习惯会在下意识和不知不觉中帮助我们开启成功之门。我们每个人都渴望拥有五彩斑斓的人生，渴望命运可以创造出奇迹，每一个良好的习惯，都可能帮助我们实现梦想。成功并不是偶然的，细节往往决定成败，而好的习惯就是你把握细节的关键。

孩子，你平时一定要严格要求自己，形成良好的习惯。让我们从现在做起，从每件小事做起，养成好习惯，改掉坏习惯！让好习惯成为我们走向成功的助推器，成为我们人生展翅高飞的双翼！

所以特别写信告诫，请务必想一想我说的话！

养成专心学习的习惯

孩子：

上一封信我说了那么多，你的习惯养成了吗？这一封信我想和你谈谈身为青少年的你应该具备哪些习惯。

现实当中有许多同学都存在着注意力不集中的问题，他们没有取得优异的成绩，大多是由于注意力不集中、学习不专心导致的。他们或坐在书桌旁发呆，捧着书本心系别处，或望着窗外想入非非。这样的状态怎么能够全身心投入到学习中，取得优异的成绩呢？

那些学习成绩突出的佼佼者，正是那些能做到注意力集中、全身心投入到学习中的同学。他们完成作业的速度不仅快，而且质量高。事实证明，注意力集中可以调动整个大脑的神经系统协调一致解决问题，可以高效地完成任务；而注意力分散只会徒耗时光,学习效率低下,甚至使原本简单的问题复杂化。我们要想提高学习成绩,就必须养成专心学习的习惯。

能够专注地做一件事,是所有成功者必备的优秀品质。

牛顿的天赋并没有明显的过人之处,但在学习和研究上他非常勤奋好学,简直到了入迷的地步。他常常一连几个星期都在实验室里做实验,直到得出实验结果才出来。有一次,他做实验时着了迷,竟把手表当作鸡蛋放到锅里煮。还有一次,牛顿的朋友来拜访他,牛顿把饭菜摆到桌上后,又一头钻进了实验室。他的朋友等得不耐烦了,就先吃了起来,吃过饭后来不及告辞就走了。牛顿做完实验出来后,看到桌上的盘碟,自言自语地笑着说:"我还以为没吃饭呢,原来已经吃过了!"说着又走进了实验室。

法国昆虫学家法布尔为了了解蚂蚁的生活习惯, 🌑法布尔(1823年—1915年),法国著名昆虫学家、文学家。被世人称为"昆虫界的荷马",昆虫界的"维吉尔"。著有《昆虫记》《自然科学编年史》等。曾连续几个小时趴在潮湿、肮脏的泥地上,用放大镜观察蚂蚁搬死苍蝇。当时周围有许多人围观议论,他毫不理会。

法国著名雕塑家罗丹有一次邀请大文学家斯蒂芬·茨威格去参观他的工作室, 🌑罗丹(1840年11月12日—1917年11月17

日），法国雕塑艺术家，被认为是19世纪和20世纪初最伟大的现实主义雕塑艺术家。罗丹、马约尔、布德尔被誉为欧洲雕刻"三大支柱"。罗丹在欧洲雕塑史上的地位，正如诗人但丁在欧洲文学史上的地位。代表作品《思想者》《加莱义民》《青铜时代》《手》《雨果》《吻》《巴尔扎克》等。欣赏他刚完成的作品。来到塑像前，罗丹发现还有几处地方不满意，于是拿起凿子修改了起来，完全没有理会茨威格。两个小时后修改完毕，罗丹满意地瞧了一会儿自己的作品，然后大摇大摆地离去，差点儿把茨威格锁在屋里。

　　我国伟大的地质学家李四光也曾有过类似的笑话。●李四光（1889年10月26日—1971年4月29日），字仲拱，原名李仲揆，湖北黄冈人。地质学家、教育家、音乐家、社会活动家，中国地质力学的创立者、中国现代地球科学和地质工作的主要领导人和奠基人之一。他创立了地质力学，为中国石油工业的发展做出了重要贡献。有一天，时间已经很晚了，李四光还没有回家。女儿来叫他回家吃饭，谁知他却一边专心工作，一边亲切地说："小姑娘，这么晚了还不回家，你妈妈不着急吗？"等到女儿再次喊"爸爸，妈妈让你回家吃晚饭了"时，他抬起头，不由得笑了，小姑娘不是别人，正是他的宝贝女儿。

　　我国大数学家陈景润，常常一边走路，一边思考他的数学问题。有一次，他不知不觉中和什么东西撞上了，连声说对不起，由于没听到对方回应，便抬头看，原来是一棵大树。

　　为什么这些大科学家会闹出这样的笑话呢? 原因很简单, 因为他们一心只想着自己热爱的科学问题, 对于这些问题以外的事情根本没有放在心上。

　　专注的习惯可以通过训练形成。其实我们每个人的头脑中都有专注的能力, 因为兴趣爱好的不同, 所以专注的对象便有所差异。比如: 一部精彩绝伦的电影, 我们都能够专注地看完; 一个好玩的网络游戏, 让很多人深陷其中, 不能自拔。如果我们能够通过后天的训练, 将我们的专注力用于学习、工作等有益的事情上, 我们一样能够取得成功。

　　这里介绍几种培养专注习惯的好方法, 供大家参考:

　　一、保持充沛的精力。充沛的精力是专注学习的保障, 同学们要劳逸结合, 晚上保证充足的睡眠, 以保持精力充沛、注意力集中。有的同学喜欢打疲劳战, 以为花的时间越多, 下的功夫越大, 学习成绩就会越好。其实人的精力是有限的, 在学习一定时间后, 就会产生疲劳, 学习效率会大大降低。这时就必须通过休息来调节以恢复体力, 然后重新投入到学习中。

　　二、创造一个安静、整洁的环境。书桌要整洁, 除了文具和书籍外, 不应摆放与学习无关的物品, 以免分散注意力。文具盒里要尽量保持简洁、有条理, 坏了的文具要及时清理。当我们需要某件学习物品时立刻就能找到，不会因为缺少某件文具而中断学习，心生烦躁。另外，书桌前除了张贴与学习有关的物品，如地图、公式、计划表外，不要张贴其他分散注意力的东西。女同学的书桌上不要摆设镜子，这会使自己时不时地"臭美一下"或"顾影自怜"。

三、在规定的时间内完成一项作业。如果作业较多，可以分段完成。在完成一项作业前，按作业量规定好时间，然后在规定的时间内完成。在这段时间里，坚决不要做与此项作业无关的事情。如果没有完成，就找出原因：是时间规划得不合理？还是中途自己分心了？或是被其他事情打断了？针对找出的问题，在下一次的安排中尽量改进。这样长期坚持下来，专心学习的习惯就能够逐渐养成。

四、专注就是力量。缺乏专注精神的人，即使立下凌云壮志，也不会有大的收获。专注几分钟可以背会几个很重要的英语单词，专注一小时可以学会一个小节的内容，专注一天就能扫除许多学习的障碍，专注一个月就能使落后的学科追赶上来，轻松攻克难解的习题……

孩子，只要养成了专心学习的习惯，就一定能够学好各门学科，为一生高效专注地做事打下坚实的基础。

愿你坚持这个习惯，时刻提醒自己，那么我也可以放心了！

养成及时复习的习惯

孩子:

学习还顺利吗? 这一封信我想和你谈谈复习的重要性。复习是对学过的知识进行巩固记忆的基本途径, 对学过的知识及时复习, 可以强化记忆, 加深理解, 最终全面领会和掌握知识点。这对你来说一定不难吧?

孔子说:"学而时习之, 不亦说乎? "通常来说, 每一个知识点的学习都要经过一个反复记忆的过程, 复习不仅仅是对所学知识的进一步加深与巩固, 也是对知识的一次梳理、总结和升华。即我们平常所说的"温故而知新", 这个"新"指的是知识达到了融会贯通的新水平, 以及一个更高的境界。

复习的好处, 首先在于可以加深和巩固对学习内容的理解，防止初学后的快速遗忘。心理学家艾宾浩斯研究发现，刚学的知识在1小时后就会遗忘40%，一天后则遗忘60%。因此，老师刚刚讲过的内容记忆最深刻，最好在24小时之内复习强化。如果拖的时间过长，就会事倍功半了。因此对刚学过的知识，应该"趁热打铁"，及时复习。随着记忆巩固程度的提高，复习次数可以逐渐减少，间隔的时间可以逐渐加长。切忌在学习很久后才去复习，等到所学知识遗忘殆尽时，就等于重新学习。因此复习对于一个人来说，是一件十分重要的事情。

复习过去的知识能让我们获得新的收获。

孔子学琴的故事，也许更能说明这个道理。一次，孔子向师襄子学弹琴。**注** 师襄子，春秋时鲁国的乐官。擅长击磬，也称击磬襄。也有一说是卫国乐官。孔子的老师之一。师襄子教了一首乐曲，孔子便认真练习。十天过去，师襄子说："你学得差不多了，另学一曲吧！"孔子说："我只学会了乐曲，但弹奏的技巧还没有掌握。"过了一段时间，师襄子说："你已经掌握弹奏技巧了，可以另学乐曲了。"孔子却说："这首乐曲所表现的思想感情我还没有体会出来！"又过了些时候，师襄子说："这首乐曲所表现的思想感情你已经弹奏出来了，该学新的乐曲了。"孔子又说："我还没有弄清这首乐曲的创作者是怎样一个人呢？"师襄子在孔子旁边坐下，仔细地听了一会儿高兴地说："我从你弹奏的琴声中，仿佛看见一个人严肃地思考，他胸怀宽大，安然地遥望着北方。"孔子兴奋地说："我想除了文王，别无他人。"师襄子惊喜道："我的老师讲过，这首乐曲叫做《文王操》，正是周文王创作的。"

孔子学琴，对一首曲子一遍又一遍反复地弹奏，不仅对弹奏技巧和曲调达到了熟能生巧的掌握，更在反复弹奏的过程中促使自己对曲子有了更加深入的思考，最终领会到了曲子的主题、气韵、意境，以及创作者的精神风貌。

复习过去的知识能让我们不断反思、提升自己。

我们不妨看看那些伟大的人物，他们都有着及时复习的良好习惯。毛泽东同志博览群书，他读书时非常认真，对那些重要的内容，常常用笔勾画、圈点，有时还在页码的空白处进行批注。对于那些重要的书，他每隔一段时间还要拿起来重读，翻看自己所做的批注。

达·芬奇十四岁那年，到佛罗伦萨拜著名艺术家韦罗基奥为师。韦罗基奥是位十分严格的老师，他给达·芬奇上的第一堂课就是画鸡蛋。一开始达·芬奇画得很有兴致，可是接下来的课程老师还是让他画鸡蛋，这使达·芬奇想不通了，小小的鸡蛋有什么好画的？有一次，达·芬奇问老师："为什么老是让我画鸡蛋？"老师告诉他："鸡蛋虽然普通，但天下没有绝对一样的，即使是同一个鸡蛋，角度不同，投来的光线不同，画出来也不一样，因此，画鸡蛋是基本功。基本功要练到画笔能圆熟地听从大脑的指挥，得心应手，才算功夫到家。"达·芬奇听了老师的话，很受启发。他每天拿着鸡蛋，一丝不苟地照着画，常常回看之前画的鸡蛋，找出不足并加以改正。一年、二年、三年……达·芬奇画鸡蛋用的草纸已经堆得很高了，他的艺术水平很快超过了老师，终于成为伟大的艺术家。

一位教育家说得好："应该去巩固知识，而不是去修补已经瓦解了的东西。"就是说：要趁热打铁，及时复习，不论出现什么情况都不受干扰。俗话说："拳不离手，曲不离口。"善于复习的同学常常事半功倍，得心应手。复习是掌握知识、提高水平不可缺少的环节。课后及时复习，不仅可以有效地提高学习效率，而且能够融会贯通，加深对知识的理解和掌握。

但是很多同学并不重视复习的重要性。现实中常常有这样的情况，当你问一个同学课后应当干些什么的时候，他会惊奇地看着你，回答说："做作业呀！"如果你提醒他课后应抓紧时间复习，他会理直气壮地回答："我的作业做完了！"这种学生把做作业看成是课后唯一的学习任务，显然是错误的。有的同学放学回家后，先写一会儿作业，饭后再上一会儿网，剩下的功课就想留到明天再复习了。其实，这样也是会影响记忆效果的。如果你当天晚上在遗忘少量知识点的情况下复习，则会很容易完全记住；如果等到第二天晚上再复习就会遗忘大部分知识，难度自然增加。打个简单的比喻：你第一天晚上用30分钟复习可能会完全记得住，如果放到第二天晚上再复习，你可能就要用60分钟才能记住。

但是复习并不是简单机械的重复，否则会使复习变得枯燥、单调无味，影响记忆的效果。应当对复习内容做到理解，力求通过听、说、读、写等多种途径来提高复习效率。把记住的东西运用到实践中去，进一步加深印象、加强记忆。有些同学背英语单词简单重复、效果不明显，如果把英文翻译成中文，再把中文翻译成英文，通过中译英、英译中的练习，会有利于单词记忆的巩固。

孩子，要强化自己复习功课的意识，养成及时复习的良好习惯。要力争做到今日事今日毕，学会同遗忘做斗争，掌握提高记忆效率的方法。安排今天复习的课程尽量不要放到明天再去完成，自律是一种习惯，拖延也是。

这是我的经验之谈，孩子们可以试着体验一番，祝进步！

养成勤于思考的习惯

孩子：

　　读完前几封信想必你已经开始养成好习惯了吧？这一封信我想和你谈谈勤于思考的习惯，不管做什么事情，都不要盲目去做，而要多问几个"为什么"，等我们将"为什么"的答案找到之后，也就完成了探索真理的过程。你今天向老师问"为什么"了吗？

　　大文学家巴尔扎克曾说过："打开一切科学的钥匙，都毫无疑义的是问号。" 🔺巴尔扎克（1799年5月20日—1850年8月18日），生于法国中部图尔城一个中产者家庭。法国批判现实主义巨匠，奠基欧洲批判现实主义文学，被称为"现代法国小说之父"。代表作《人间喜剧》《朱安党人》《驴皮记》等。我国著名教育家陶行知也曾说："发明千千万万，起点是一问。" 🔺陶行知（1891年10月18日—1946年7月25日），安徽省歙县人。中国人民教育家、思想家、伟大的民主主义战士、爱国者、中国人民救国会和中国民主同盟的主要领导人之一，开创了中国近代教育典范。著有《中国教育改造》《古庙敲钟录》《斋夫自由谈》等。

任何一项成果的创造，都是从酝酿新方法、提出新课题开始的。

纵观世界上那些成就卓越的伟人，他们无不具有勤于思考的习惯。他们往往在独特的思考中，得到了解决问题的灵丹妙药。善于思考是成功者必备的"武器"，是失败者不能成功的原因。

一个善于思考的人，能够从日常的平凡琐事中发现世界的奥秘。

就拿苹果成熟落地来说吧，这是最稀松平常的现象，但是牛顿却想到一个问题：苹果成熟脱离树枝后，为什么不是向天空上升，而是向地面下落呢？这是不是有一种看不见的力量在起作用，把苹果拉向地面了呢？于是他加以研究，最终发现了著名的"万有引力定律"。

爱因斯坦曾说："时间与空间，别人以为早就弄清楚了的问题，我却认为一直没有弄清楚，因此我比别人钻得深些。"　❶爱因斯坦（1879年3月14日—1955年4月18日），生于德国符腾堡王国乌尔姆市。犹太裔物理学家，被美国《时代周刊》评选为"世纪伟人"。爱因斯坦为核能开发奠定了理论基础，开创了现代科学技术新纪元，被公认为是继伽利略、牛顿以来最伟大的物理学家。主要成就：发表"量子论"，提出光量子假说，解决了光电效应问题；创立了狭义相对论、广义相对论等。爱因斯坦发现相对论，也是源于对现实中司空见惯现象的联想和思考。爱因斯坦小时候学习成绩不好，但是他非常善于动脑筋，经常会想到一些别人不容易想到的东西。15岁时，他向同学们提出了一个问题："如果人类用同光线一样的速度，同光一起跑，眼睛会看见什么呢？"同学们回答不上来，还说他专提怪问题。其实这个问题的提出，就是相对论的萌芽。经过不断地研究和探索，他终于发现了相对论，成为一代科学巨人。

爱因斯坦成名后，有许多好奇的美国人，向他提出了许多问题：

你可记得声音的速度是多少？

你如何才能记下这么多东西？

你把所有的东西都记在笔记本上，并且把它随身携带吗？

……

爱因斯坦回答说："我从来不带笔记本，我常常使自己的头脑轻松，把全部精力集中到我所要研究的问题上。至于你们问我，声音的速度是多少，现在我很难确切地回答你们，必须查一下辞典才能回答。因为我从来不记在辞典上已经印有的东西，我的记忆力是用来记忆书本上还没有的东西。"

爱因斯坦的回答，使人们感到很惊讶。可见，爱因斯坦将思考看得多么重要！他曾说："学会独立思考和独立判断比获得知识更重要。不能下决心养成思考习惯的人，便失去了生活的最大乐趣。"

一个善于思考的人，能够简化问题，找到成功的捷径。

大数学家高斯10岁时，有一次他的数学老师要全班同学解答一道习题：立即计算出1+2+3+4……+100的结果是多少？大家都在草稿纸上立刻计算起来。但是小高斯没有立即动手，而是陷入了深深地思考。正当大家还在草稿纸上密密麻麻卖力计算的时候，他举起了手，说出了答案5050。老师十分诧异，问他是否曾做过这道题。他告诉老师，他经过思考，发现这一组数字中1加100等于101、2加99等于101……这样的等式一共有50个，因此这道题可以化简为$101 \times 50 = 5050$。

小高斯找到解题的捷径，并不是他的智商高于其他同学，而是当其他同学一拿到题目便急着计算时，他却积极主动地思考更简便的方法。

一个善于独立思考的人，能品尝到成功的琼浆玉液，享受到思考带来的丰收与喜悦。

有一天，哲学家罗素问哲学家穆尔："您的学生中谁最优秀？"

穆尔说是维特根斯坦。

"为什么是他呢？我听说他是一个调皮捣蛋的家伙。"

"因为在我的所有学生中，他是最喜欢思考的人，而且老有一大堆问题。"

不久，维特根斯坦的名气超过了罗素。

于是有人问维特根斯坦："为什么罗素落伍了？"

维特根斯坦说："因为他已经没有问题了。"

一个不再思考的人，一个不能再提出新问题的人，他学习知识的大门就关闭了。

学习有两种类型，一种是不经过思考的学习，一种是经过深思熟虑的学习。没经过思考消化的知识，即使学完了，也会很快忘得一干二净；经过应用、理解了的东西记得最牢，往往会一生受用无穷。一个人如果只是一味地吸收知识，而不加以思考，所学的就是死知识。孔子说的"学而不思则罔，思而不学则殆"，就是这个道理。

孩子，勤于思考不仅能够大大地提高学习效率，而且能让我们将所学的知识与现实相结合，融会贯通，更加知行合一。从现在开始，我们一定要养成勤于思考的习惯。勤于思考不仅可以防止我们"死读书",提高个人的全方位能力,还可以帮助我们不断解开疑团、激发灵感,有所发现、发明、创造。拥抱智慧,你就能拥抱幸福的人生。

所以你要把专心学习、及时复习、勤于思考三个习惯时刻牢记在心,相信你会做得很好!信写得不详细,其余容下回再写。

名人家训

顾宪成

《示淳儿帖》

导读

　　孩子，这次给你寄来顾宪成的《示淳儿帖》。顾宪成因创办东林书院而被人尊称为"东林先生"，是明代思想家，东林党领袖。这篇文章是他写给儿子的，从中可以看到一个父亲的良苦用心。天下的父母，心思都是一样的。将来你也会为人父母，希望你能够多多体察其中的良苦用心啊!

　　做父兄的，没有人不爱惜他的子弟;凡是爱惜子弟的，没有不希望他们读书进取的。

　　现在府县举办童生试，你的弟弟正好生了病，估计还不能去，而且他年龄还小，为什么要着急呢？你已经长大了，过去又曾经参加过考试，这次再参加考试，怎么能不以得失为念呢？

然而我始终不想让你的姓名为主考官所知道，实在不是为父对你漠不关心，以你的资质，是完全有望更进一步的，我也并非是要弃你于不屑。我自然有我的说法。怎么说呢？从义理上来说，堂堂七尺男儿，顶天立地，怎么好意思开口求人呢？《孟子·齐人》一章讲的就是这个道理。现在读来都让人感到汗颜，不能够对这一点等闲视之啊。

从命上看，人生的困厄与显达、顺利与困难，在出生那一刻就已经定下，如何能够增加或减少一丁点呢？眼前这些参加童生考试的哪个不想要做秀才，参加秀才考试的哪个不想要做举人，参加举人考试的哪个不想要做进士？但是，能够考中的人，到底有个数在。如果富贵之人可以仗势求，有钱的人可以用利求，那不会求的就没有份了，那么天地的造化也就反复无常了。

就我分上看，我本来是一个薄劣之人，没有什么长处，依靠上天的保佑，祖父的庇护，幸而考中了进士，几次进仕又几次被削职，有丘山般的罪过，然而还能够吃饱穿暖安享太平（实在是有幸了）。从前的大圣大贤，像我这样的，往往在穷困中老去，严重的还被囚禁或者被迫逃命，颠沛流离到不能自保的地步。我是什么人啊，这已经是很过分了！假如更为你去求取功名，实在是不知满足啊。

就你分上看，就看你自己的志向怎么样，如果肯刻苦读书，读到功夫透彻，考中举人、进士自然也不是什么难事，又何况一个秀才？如果你更肯向上进取，做一个真正的大丈夫，即便举人、进士这些功名，对你来说也没有什么用处，又何况区区一个秀才？你不妨试着好好地想一下，我这难道是在忽视对你的培养吗？还是用德行来爱护你呢？我是对你不屑一顾吗？还是爱惜你、帮助你树立更加高远的人生志向呢？

我的用意本来想等你自己觉悟，只恐怕你究竟不能明白，产生误解、怀疑进而沮丧，不能不在此点明，如果你能明白其中的道理，那该省下多少闲心肠，省下多少闲力气，省下多少闲悲喜；这便能让你真正受用一生啊！

望你牢记！望你牢记！

原文

凡为父兄的，莫不爱其子弟；凡爱子弟的，莫不愿其读书进取。

目今府县考童生，汝弟方病疡，度未能赴，且所尚幼，何须著急？汝则长矣，往年又曾经考过来，而今岂能不重以得失为念。

然吾始终不欲以汝姓名一闻于主者，非趑然于汝也，汝质尽可望进一步，吾又非弃汝而不屑也，吾自有说耳。何以言之？就义理上看，男儿七尺之躯，顶天立地，何如开口向人道个求字？孟夫子《齐人》一章便是这个字的行状，至今读之尚为汗颜，不可作等闲认也。

就命上看，人生穷通利钝，即堕地一刻都已定下，如何增损得些子？眼前熙熙攘攘赴童生试的哪个不要做秀才，赴秀才试的哪个不要做举人，赴举人试的哪个不要做进士？到底有个数在。若是贵的可以势求，富的可以力求，那不会求的便没有份，造化亦炎凉也。

就我分上看，我本薄劣无尺寸之长，赖天之佑，祖父之庇，幸博一等，再仕再不效，有丘山之罪，然犹饱食暖衣安享太平，在昔大圣大贤往往穷厄以老，甚而有囚有窜，流离颠沛不能自存者。我何人，斯不啻过分矣！更为汝十进耶，是无厌也。

就汝分上看，但在汝自家志向何如，若肯刻苦读书，到得功夫透彻，连举人进士也自不难，何有于一秀才？若又肯寻向上支要做个人，连举人进士也无用处，何有于一秀才？汝试于此绎而思之，余其忽然于汝也耶？抑爱汝以德也耶？余其汝而不屑也耶？抑玉汝而进汝以远且大也耶？

此意本欲待汝自悟，恐汝究竟不察，谬生疑沮，不得不分明道破，汝若能识得，省却了多少闲心肠，省却了多少闲气力，省却了多少闲悲喜；便是一生真受用也。

记之，记之！

第十一章
正确看待这个世界
——读书能让你明辨世间的曲直和是非

不去读书就没有真正的教养，同时也不可能有什么鉴别力。

——赫尔岑

观念正确，人生就成功了一半

孩子：

多日未通信，别来无恙？这一封信我想和你谈谈正确观念的重要性，读书能使我们明白事理，提高对大是大非的判断力，从而形成正确的人生观念。

有句话是这么说的："行为从观念来，观念从学习来。"有什么样的观念，就会有什么样的行为，有什么样的行为，就会带来什么样的人生结果。所以，要树立正确的是非观，才能获得生活中更美好的东西。

一个人的观念决定一个人的命运。

有这样一个故事。两个乡下人，外出打工。一个去上海，一个去北京。可是在候车厅等车时，都改变了主意，因为邻座的人议论说：上海人精明，外地人问路都收费；北京人质朴，见吃不上饭的人，不仅给馒头，还送旧衣服。

于是，去上海的人想，还是北京好，挣不到钱也不至于饿死。去北京的人想，还是上海好，给人带路都能挣钱，还有什么不能挣钱呢？于是他们在退票处相遇了，去北京的人得到了上海的票，去上海的人得到了北京的票。

去北京的人发现，北京果然好。他初到北京的第一个月，什么都没干，竟然没有饿着。银行大厅里的太空水可以白喝，大商场里欢迎品尝的点心可以白吃。

去上海的人发现，上海干什么都可以赚钱：带路可以赚钱，看厕所可以赚钱，弄盆凉水让人洗脸也可以赚钱。只要想点办法、花点力气，都可以赚钱。凭借上海城市里的人对泥土的感情，他在郊区装了十包含有沙子和树叶的土，以"花盆土"的名义，向见不到泥土而又爱养花的上海人兜售，当天他就赚了五十元钱。一年后，凭"花盆土"的生意，他在上海拥有了一间小小的门面。

在长期的走街串巷中，他又发现：一些商店楼面亮丽而招牌较黑，一打听才知原来清洗公司只负责清洗楼面，不负责清洗招牌。他立即抓住这一商机，办起一个小型清洗公司，专门负责擦洗招牌。由于生意红火，业务也由上海发展到全国其他城市。

后来，他坐火车去北京考察清洗市场。在北京火车站，一个捡破烂的人把头伸进软卧车厢，向他要一个啤酒瓶。就在递瓶时，两人都愣住了。五年前，他们曾换过一次车票。

由于观念的不同，造成两人命运的天壤之别。

一个国家的观念决定一个国家的命运。

1937年7月7日，那是一个令所有中国人屈辱和难忘的日子。日本帝国主义发动卢沟桥事变，开始全面侵华。日本侵略者疯狂叫嚣，要让中国在三个月内灭亡。一时间，"亡国论"和"速胜论"两种论调甚嚣尘上。前者认为当时中国贫穷、落后、赢弱，根本不可能打败强大的日军；而后者认为，中国人有着崇高的民族气节，只要团结起来，万众一心，就能迅速战胜日本帝国主义。"亡国"还是"速胜"，中国到底将走向何方？

面对国人的迷茫和忧虑，毛泽东发表了著名的《论持久战》。❸《论持久战》是毛泽东于1938年5月26日至6月3日，在延安抗日战争研究会上的演讲稿，是关于中国抗日战争方针的军事政治著作。毛泽东在总结抗日战争初期经验的基础上，针对中国国民党内部分人的"中国必亡论"和"中国速胜论"，以及中国共产党内部分人轻视游击战的倾向，系统地阐述了中国实行持久战以获得对日胜利的战略。文章开篇以"中国必亡论"和"中国速胜论"做引子，然后针对这两种错误观点作者进行了一一驳斥，最后提出中心论点：抗日战争是持久战，中国必将取得这场战争的最后胜利。他认为：日本虽然是一个强大的帝国主义国家,但它的侵略战争是退步的、野蛮的;中国的国力虽然比较弱,但它的反侵略战争是进步的、正义的。日本的力量虽强,但它是一个小国,军力、财力都匮乏,经不起长期的战争;而中国是一个大国,地广人多,能够支撑长期的战争。同时,日本的侵略行为损害并威胁其他国家的利益,因此得不到国际的同情与援助;而中国的反侵略战争能获得世界上广泛的支持与同情。这些特点决定了这场战争将是一场持久战,最后的胜利一定属于中国。

《论持久战》有理有据,逻辑严密,为中国人民的抗日战争指明了正确的道路,成为抗日战争的指导思想。在这种思想的指导下,中国人民经过八年抗战,终于打败了日本帝国主义。

在我们的生活中,常常会面临很多选择:是努力读书还是及时行乐?是奢侈享乐还是勤俭节约?是和积极进取的人交朋友还是和愤世嫉俗的朋友相处……不同的思想观念,会让我们做出不同选择,最终导致不同的人生结果。正确的人生观念不仅可以改变我们的生活,还可以服务他人,造福社会。反之,消极庸俗的人生观念,则会使我们的人生走向消沉与平庸,甚至走向自暴自弃的深渊。

孩子,你一定要树立正确的、积极向上的人生观念,从

　　而引领你走上正确的人生道路；一定要多结交正能量的朋友，看到生命的美好与珍贵，给世界亲吻与拥抱。而读书正是一个人汲取精神营养，形成正确的人生观念，塑造精神人格的重要途径。

　　你所看过的书，给你启发最大的是哪一本？你结交的朋友，对你影响最大的又是谁？望安好！

坚持自我，不要盲从

孩子：

奔腾的小溪汇入大海是勇往直前还是屈服于大海的力量呢？这一封信我想和你谈谈坚持自我，盲从之错，就在于盲。

"走自己的路，让别人去说吧。"这是著名诗人但丁广为流传的一句名言，曾激励无数有理想、有追求的有志之士，坚持真理，努力奋斗，在事业上做出了卓越的成就。

但是在我们周围，很多人都具有从众心理，哪怕是自己内心真正热爱的，他们也不敢相信自己、坚持自己。别人做什么，他们就跟着做什么，把自己从本来可以通往成功的林间小路，拉向通往平庸拥挤不堪的道路。坚持自我，是成功者们走向卓越的一个重要因素。

坚持自我，往往能收获意想不到的惊喜。

日本的小泽征尔是世界上著名的音乐指挥家之一。一次，他去欧洲参加指挥家大赛。在决赛时，评委会交给他一张乐谱，小泽征尔全神贯注地舞动着指挥棒。在演奏中，他突然听到乐曲某处出现了一个不和谐的地方。他以为是乐队演奏错了，就指挥乐队停下来重奏一次。但是，他仍觉得不自然。在场的作曲家和评委都郑重声明乐谱没有问题。面对几百名国际音乐大师，小泽征尔经过再三考虑，他坚信自己的判断是正确的。

"不！一定是乐谱错了！"他说。

他的喊声刚落，评判台上的评委们立即站起来报以热烈的掌声，祝贺他大赛夺魁。

原来，这是评委们精心设计的圈套，小泽征尔不迷信权威，相信自己，果敢地做出正确的判断，因而获得了这次大赛的桂冠。

阿伦尼乌斯是瑞典杰出的物理化学家、电离理论的创立者。注 阿伦尼乌斯（1859年2月19日—1927年10月2日），生于瑞典乌普萨拉附近的维克城堡。瑞典物理化学家，电离理论的创立者，获得1903年诺贝尔化学奖。主要成就：创立电离理论；创立阿伦尼乌斯公式；提出等氢离子现象理论、分子活化理论和盐的水解理论等。他出生于瑞典乌普萨拉一个大学教师家庭，6岁就能进行复杂的计算，少年时期显示出数、理、化方面的特长，成绩一直名列前茅。他在上大学期间，通过对化学与物理的研究敏锐地感到，在化学与物理学的邻界点上，必定会产生一门新的学科来，这门科学将会以它明亮的光辉照彻大自然的奥秘——物理化学的研究时代即将来临。

阿伦尼乌斯把自己想要献身物理化学学科的发展愿望告诉了他的老师，但遭到了老师们的反对和劝阻，甚至斥之狂妄。

阿伦尼乌斯坚定地相信，自己的方向是正确的，于是他不顾老师们的反对，为了寻找一个有利的研究环境，毅然决然离开了他所在的乌普萨拉这所古老的大学，奔赴瑞典的斯德哥尔摩。在那里，他得到了瑞典科学院物理研究所领导人埃德隆教授的欢迎和指导，开始了自己的研究。经过几年的努力，他将自己的研究结果写成《电解质的导电性研究》作为自己的博士论文，交给瑞典科学院。但是出乎意料的是，却得到了科学院教授们的一致反对。但阿伦尼乌斯对自己的论文充满自信，他辩驳说："不久的将来，至多在10年后，我的研究会作为不辩自明的观点写进基础化学教程。"他的这句话，使教授们更加怒不可遏。

阿伦尼乌斯并没有气馁，也没有轻易放弃，他把论文分别寄给欧洲几位最有权威的科学家，请他们评价与鉴定。当时莱比锡大学物理教授奥斯特瓦尔德，在研究了阿伦尼乌斯的论文后，感到眼前一亮，激动地说："这是天才的发现啊！"随后，阿伦尼乌斯的论文又相继得到欧洲三位著名科学家的肯定。在他们的指导下，他继续丰富自己的电离理论，开创了物理化学这门科学的先河。1903年，阿伦尼乌斯获得了诺贝尔化学奖。

爱因斯坦的"相对论"创立之初，并没有得到人们的认可和接受。还曾遭到那些专家、教授、名流的群起攻击，甚至有人曾炮制了一本《百人驳相对论》，网罗了一批所谓的名流对爱因斯坦进行声势浩大的反驳。爱因斯坦自信自己的理论必然是正确的，对反驳不屑一顾，他说："如果我的理论是错的，一个反驳就够了，一百个零加起来还是零。"

坚持不了自我，往往使自己跌入失败的深渊。

有这样一个故事。一位石油大亨死后到天堂去参加会议，一进会议室，他发现已经座无虚席，没有地方落座。于是他灵机一动，大喊一声："地狱里发现石油了！"这一喊不要紧，天堂里的石油大亨们纷纷向地狱跑去，很快天堂里就只剩下那位大亨了。

这时，大亨心想，大家都跑了过去，莫非地狱里真的发现了石油？于是，他也急匆匆地向地狱跑去。等他到地狱时，发现没有一滴石油，地狱里到处都是受苦受难的人。但是他已经进了地狱的门，再也没有办法出来了。

这位大亨其实知道地狱里没有石油，大家之所以纷纷跑向地狱，乃是他抛出的谎言。但讽刺的是，当所有人都跑向地狱后，他竟然连自己都不相信了。他之所以不相信自己，是因为他对欲望的贪爱和执着，对环境、对事物丧失了正确的认识和判断。

那些取得杰出成就的人之所以坚信自己必胜，是因为他们有强大的底气。这种底气从何而来呢？答案是读书和成长！如果一个人在博学的基础上，能够坚持自我，拥有自信，那么就会拥有对事物全盘把握的能力。如果一个人腹中空空，那么他不是成为"墙头草"，就是一意孤行，刚愎自用，其结果不是平庸，就是失败。坚持自我，不是固步自封，不是自以为是，不是拒绝学习和提高，而是认清自己的价值，发挥自己的优点和特长，不盲目效仿、追随他人。

孩子，你应该努力读书，加强学习，坚持自我。读书不仅能让人变得博学，而且能让人形成对事物、对时势准确的判断力，从而创造属于自己的辉煌人生！

　　我每次写信都在督促你好好读书，恐怕写多了会引起你的反感，所以就先写到这里吧。

走出思想牢笼，打破思维枷锁

孩子：

你是否曾经困在思想牢笼里走不出来？这一封信我想和你谈谈打破思维定势，愿你不被思想束缚，在广阔浩瀚的思维空间里自由创造。

在现实生活中，我们每个人都会被惯性思维所束缚，从而做事情时循规蹈矩，固步自封。如果走不出思想的牢笼，我们便会徘徊在苦恼之中，找不到解决问题的办法，使简单的问题陷入僵局。

创新的本质是"创"，是充分发挥主观能动性，在创造中迸发出灵感的火花，而不是坐享其成。而创新的根基是"智"，即创新必须要有一定的知识，知识是点燃创新的火种。所以，我们要走出思想牢笼，打破思维枷锁。

　　打破思维定势，需要换个角度思考问题。

　　有这样一个故事：

　　有一位老太太，含辛茹苦把两个儿子抚养大。两个儿子成家立业后，一个儿子卖伞，一个儿子卖盐。自从两个儿子做上各自的买卖后，老太太没有一天开心过，天晴的时候她担心卖伞的儿子卖不出去伞，下雨的时候担心卖盐的儿子晒不干盐，她成天愁眉苦脸。

　　一天，一位智者路过老太太的门前，看见她闷闷不乐就问她何故，老太太如实告知。

　　智者笑了，说："我给你开个方子，保管你天天都高兴。"

　　老太太忧愁地说："我都想了好多办法了，都没有用。"

　　智者说："你何不反过来想一想，天晴的时候，卖盐的儿子一定会晒干很多盐；下雨的时候，卖伞的儿子一定会卖很多伞，这样一想，岂不是天天都是高兴的事吗？"

　　从此以后，老太太每天都笑逐颜开。

　　老太太之前之所以整天忧愁，是因为陷入了一种关注坏消息的思维定势。而智者的指点，让她走出了之前的思维定势，更换了思考问题的角度。

　　不光一般人，就是那些伟大的人物，有时也会陷入思维定势,使自己走入死胡同。

拿破仑在滑铁卢战役失败之后, 注拿破仑(1769年8月15日—1821年5月5日),生于科西嘉岛。十九世纪法国伟大的军事家、政治家,法兰西第一帝国的缔造者。历任法兰西第一共和国第一执政,法兰西第一帝国皇帝,在位期间被称为"法国人的皇帝",也是历史上自查理三世后第二位享有此名号的法国皇帝。主要成就:建立法兰西第一帝国;颁布《拿破仑法典》;建立庞大的拿破仑帝国体系;保护法国大革命的成果;五破欧洲反法同盟等。被终身流放到圣赫勒拿岛。他在岛上过着十分孤独和寂寞的生活。后来,他的一位好友,秘密赠给他一副象棋。他对那副精制而珍贵的象棋爱不释手,常常一个人默默地下棋,打发时光,直至慢慢地死去。

拿破仑死后,那副象棋被多次高价转手拍卖。

有一天,象棋的持有者忽然发现,其中一个棋子的底部可以打开。当他打开后,发现一个惊天的秘密:里面竟藏着一份让拿破仑如何从荒岛逃生的详细方案。可遗憾的是,拿破仑并没有发现这个秘密,不仅辜负了朋友的良苦用心,也使自己终老孤岛。

拿破仑大概做梦也不会想到,因为陷入惯性思维的陷阱,泯灭了自己的一线生机。

打破思维定势,需要智慧。

从前,两个非常杰出的木匠,技艺难分高下,国王突发奇想，要他们三天内雕刻出一只老鼠，谁的更逼真就重奖谁，并宣布他是技术最好的木匠。

三天后，两个木匠都交活儿了，国王请大臣们帮忙一起评判。

第一位木匠刻的老鼠栩栩如生，连胡须都会动，第二位木匠刻的老鼠只有老鼠的神态，粗糙得很。大家一致认为第一位木匠的作品获胜。

但第二位木匠却说："猫对老鼠最有感觉，要决定我们雕刻的是否像老鼠，应该由猫来决定。"

国王想想也有道理，就叫人带几只猫上来。令人出乎意料的是，几只猫都不约而同地向那只并不活灵活现的老鼠扑过去，又是啃，又是咬，却对旁边那只栩栩如生的老鼠视而不见。

国王只好宣布第二位木匠获胜。但国王很纳闷，就问第二位木匠："你是如何让猫以为你刻的是真老鼠的呢？"

"其实很简单，我只不过是用混有鱼骨头的材料雕刻老鼠罢了，猫在乎的不是像与不像老鼠，而是有没有腥味。"

可见，掌握的知识越多，就越容易产生新的联想、新的碰撞、新的见解、新的创造。

打破思维定势，需要创新。

数年前，有一个患有色盲症的女孩儿过十字路口总是分不清红绿灯。她平时过马路，看到别人通过就跟着过去。但是有一次，她在一个十字路口等了好久，都没有人经过，于是她着急了，因为她和男朋友有约会，眼看就要迟到了。她没有办法，只好自己单独试着过。不巧的是，她过的时候正是红灯，被迎面而来的一辆车撞倒在地。还没来得及把她送往医院，她就停止了呼吸。一个正值花季的生命，就这样戛然而止。

一个中学生看到这个报道后，深有感触，便打破常规，发明了一种新颖的红绿灯——绿灯亮时，显示的是一个绿色的人在往前疾走；而红灯亮时，则是一个红色的人在原地站立等待。有了这样的红绿灯，患有色盲症的人就再也不用担心过马路的问题了。不管他看到的是什么颜色的灯，只要看到灯上的人在往前走，他就可以过马路了。这位中学生的这项发明，因新颖和充满人性化的创意，获得了全国中学生科技创新大赛一等奖。

创新是人类文明发展的动力和源泉。其实创新并不神秘，创新就在我们身边，只要我们多留意身边的事，多动脑筋，打破常规思维，我们也能够有所发明、创造。在信息化时代，新技术革命风起云涌，现代教育把培养学生的创新精神和创造能力放到了极其重要的地位。

孩子, 不要拘泥于按部就班的学习, 要有一定的灵活性。除了多做习题, 巩固、掌握基础知识外, 更应该拓宽自己的思路。因此, 我们应当多读书, 保持头脑灵活, 打破常规思考问题, 让创新意识融入到我们的血液中。每当面对困难和问题无法解决时, 我们应该想一想, 是否陷入了惯性思维的窠臼。

只要积极主动开动脑筋, 突破常规, 长期坚持下去, 或许有一天你也能够取得非凡的成就。

改变自己，就能改变命运

孩子：

欣闻你近日读书颇多，不知学业长进了没有？这一封信我想和你谈谈自我提升，走向全新的自己，蜕变后的你更优秀。

在我们周围，总有那么一些人，整天牢骚满腹，自怨自艾，抱怨时运不济，感叹自己命运不好。在相同的境遇下，不同的人确实会有不同的境遇。但是决定一个人命运的不是上天，而是自己。一个人若想改变自己的命运，最重要的是要改变自己，这样命运也会随之改变。

改变自己，适应环境。

陶渊明饱读诗词，熟稔书经，为的是榜上有名，光宗耀祖，达官显贵。但当他发现他的傲骨不能为五斗米折腰时，他毅然决然地挂印辞官,归隐田园,与菊为邻。虽然仕途不复,但他高洁的志向却被历史所赏识,为后人所铭记。当御用文人李白呼唤自己放养于青崖间的白鹿,骑访名山时,他改变了自己。他无法一展鸿鹄之志,只得改变自己的志向,寄情于山水间,纵览名山大川。李白虽然未能圆经天纬地之梦,但却造就了半个诗歌的盛唐,为后人所传颂。他们改变自己,不经意间也改变了时代,虽不被当时之人钦慕,却被后人所铭记,在历史的苍穹中闪闪发光。

改变自己,以积极的心态面对一切。

我国明代著名思想家袁了凡, ❀袁黄（1533年—1606年）,初名表,后改名黄,字庆远,又字坤仪、仪甫,初号学海,后改了凡,后人常以其号了凡称之。明朝著名思想家。他的《了凡四训》融会儒释道理学,通过立命之学、改过之法、积善之方、谦德之效分四个部分来劝人积善改过,强调从治心入手的自我修养,提倡记功过格。他早期的经历与算命先生给他算的命基本吻合,如某年会考上秀才,某年会考上进士,某年会做什么官等。于是他非常相信命由天定的思想。后来有一次,算命先生又给他算命,算出他五十三岁时会寿终,并且一生没有儿子。从此,他就将一切都看得很淡,什么也不去追求了。

后来袁了凡碰到了一位高僧云谷禅师。这位禅师知道了他的事情后,对他说:"一个人命运的定数也许存在,但是常做好事，远离恶念，就能够改变命运。一个常做好事的人，会将苦变成乐，而一个常做恶事的人则会将福变成祸。所以一个人的命运不完全由天注定，更要靠自己的努力去改变。这样本来短命的可以长寿，没有后代的也可以有后代。这就是古圣先贤讲的'境由心转，命由己造'的道理。"

禅师的话，使袁了凡豁然开朗，从此他开始忏悔自己。禅师给了他一个功过格本，让他每天记录自己做过的事情。从那天起，他每天都提醒自己要注意修行，要做善事，不要放任自己。他计划做三千件善事，以改变自己命运的定数。

到了53岁那年，他不仅身体安好，还被朝廷派往宝坻当知县。他在那里任职四年，革除弊政，减轻赋役，疏浚河道，筑堤开渠，植树垦荒，兴修海防，治理盐碱地等，为百姓办了不少善事，被誉为宝坻自建县800多年来最受人称道的好县令。后来倭寇进犯朝鲜，他升任兵部职方司主事，被派往朝鲜，指挥平壤大捷，给倭寇以沉重打击。

1609年，袁了凡去世，享年74岁。自从他接受云谷禅师的教化，接受"命由己造"的思想后，用实际行动改变自己，不仅儿孙满堂，人生幸福，而且功名满满，著述甚丰。据不完全统计，他的著作有22部，198卷，其中最著名的是《皇都水利》《宝坻政书》《了凡四训》等，为后世留下了巨大的精神财富。

袁了凡的经历说明，人的命运是可以改变的。一个人要想改变命运，最重要的是改变自己的心念和言行。只要我们愿意去改变，付诸行动，哪怕是上天早已注定了的命运，也一定能够改变。

改变自己，从自身上找原因。

我们再来看一个故事。从前有一位国王，统治着一个富足的国家。有一天，他徒步来到一个偏远的地方走访民情，这是他第一次步行出远门，所行之路崎岖不平，砂石遍布，返回王宫的时候，他的脚疼痛万分，被咯得红肿不堪，于是国王下令将全国的道路统统铺上皮革。但是这需要成千上万张牛皮，即使把全国的牛都杀了也不够铺全国的路啊。

国王身边的一位大臣向国王建议道："英明无比的国王陛下，您没有必要花那么多无谓的冤枉钱啊，您只需割下一小块牛皮，包着您尊贵的龙足，就可以达到同样的效果。"

国王恍然大悟，高兴地采纳了大臣的建议，为自己制作了一双"牛皮鞋"。从此国王出行，再也不用担心被砂石咯脚了。

国王将普通的鞋子变成了牛皮鞋，便到处都是坦途了。国王的故事告诉我们，人生的道路虽然处处坎坷不平，但只要我们在改变自身上想办法、下功夫，也一定能够达到目的。

孩子，改变命运最好的途径，就是发奋读书，丰富自己的知识，掌握处事的智慧。读书就是我们武装人生脚步的牛皮鞋，穿上知识这双牛皮鞋，我们就能够走过坎坷，到达无限风光的巅峰。

最后，我要嘱咐的是两条：一是打破思维定势，树立正确的观念；二是改变自己，不要盲从。心里常常存着"反求诸己"的念头，一切从自己身上找原因和解决办法，想必没有什么事做不到吧？下回再见吧！

陶渊明

《与子俨等疏》

导读

　　孩子，这次给你附上陶渊明的《与子俨等疏》，陶渊明一生固守寒庐，寄情田园，超凡脱俗的人生哲学，冲淡渺远，恬静自然，无与伦比。他还有很多广为流传的诗文，《桃花源记》想必你应该在课堂上学过吧？这一封信是他写给几个儿子的家信，他用浅近明了的语言总结了自己五十多年来的生活、思想及人生态度，谆谆告诫儿子们要互相友爱，期望孩子们也能按照他的理想和做人的准则生活下去，可以说充满了深深的舔犊之情。我读这些文字，总是很受感动，也许是年岁大了，情之所至吧！你读了会有何感受呢？我期待着和你交流。

告诫俨、俟、份、佚、佟：

天地给人以生命，有生就一定有死，自古以来，即使是圣贤的人，谁又能够独自逃脱死亡呢？子夏曾有过"死生有天命，富贵天注定"的议论。像颜回、子贡、子张、子路这样亲自接受孔夫子教诲的人也都发出这种议论，难道不是因为命运的好坏不可妄求，寿命的长短永远无法在分外求到的缘故吗？

我年龄已过五十，年少时穷苦，每次因为家里困乏，四处奔走。本性刚直，才学拙劣，同当时社会的风气常常发生矛盾。自己为自己考虑，终不免招致世俗的祸患，勉力弃官隐居，使你们年幼就受饥寒。我曾经感叹东汉王霸的贤妻的话：既然立志隐居躬耕，为何要为儿子蓬发疏齿感到惭愧呢？这是一样的事情。虽然遗憾没有像汉朝时求仲、羊仲那样的邻居，家里没有像老莱子那样的妻子，拥有这样苦闷的内心，自己心里很惭愧。

年少时学习弹琴读书，我喜欢悠闲清净，读书有了收获，就高兴得忘了吃饭。看见树木交错，郁郁葱葱，听到不同季节不同的鸟鸣声，就十分高兴，经常说：旧历五六月时，在北窗下睡着，遇到凉风刚吹来，自己认为是上古时代的人。然而年轻时意念浅薄，以为这样的生活可以保持下去。随着时间的迁移，机缘巧遇也很容易地就过去了。而今再远远地回顾以往，一切是多么渺茫啊！

自从患病以来，我逐渐趋向衰弱，尽管亲人故交不抛弃我，每次用药物救我，自己也担心寿命有限了。你们这辈从小家境贫寒，每次被迫从事砍柴挑水的劳动，什么时候可以免除呢？挂念在心里，我的愧疚不安不能用语言表达出来！虽然你们不是同一个母亲所生的，但应当想到四海之内都是兄弟的情义。鲍叔、管仲共同做买卖，分钱的时候管仲总要多占一点，但是鲍叔不觉得他贪财，因为鲍叔知道他家里穷。归生、伍举都是春秋时楚国人，二人交情很好，后来伍举因罪逃到了晋国做官。归生与他相遇，二人铺荆而坐，共叙旧情。就是因为在鲍叔的帮助下，管仲变失败为成功；在归生的帮助下，伍举在因罪出逃后回国立了功。其他人尚且如此，何况你们这些同一个父亲的人呢！颍川的韩元长，是汉朝末年的名士，身份是卿佐，八十岁死了。兄弟一起居住，直到终生。济北的氾稚春，是西晋时有操行的人，七世用共同的财产，家人没有怨怒的脸色。《诗经》说："对于古人的崇高道德充满敬仰，对于他们的高尚行为遵行、学习。"即使不能做到前人那样，也要诚心诚意地崇尚他们。你们可要慎重啊！我没什么再说的了。

原文

告俨、俟、份、佚、佟：

天地赋命，生必有死；自古贤圣，谁独能免？子夏有言曰："死生有命，富贵在天。"四友之人，亲受音旨，发斯谈者，将非穷达不可妄求，寿夭永无外请故耶？

吾年过五十，少而穷苦，每以家弊，东西游走。性刚才拙，与物多忤。自量为己，必贻俗患，僶俛辞世，使汝等幼而饥寒。余尝感孺仲贤妻之言，败絮自拥，何惭儿子？此既一事矣。但恨邻靡二仲，室无莱妇，抱兹苦心，良独内愧。

少学琴书，偶爱闲静，开卷有得，便欣然忘食。见树木交荫，时鸟变声，亦复欢然有喜。常言：五六月中，北窗下卧，遇凉风暂至，自谓是羲皇上人。意浅识罕，谓斯言可保。日月遂往，机巧好疏，缅求在昔，眇然如何！

疾患以来，渐就衰损，亲旧不遗，每以药石见救，自恐大分将有限也。汝辈稚小家贫，每役柴水之劳，何时可免？念之在心，若何可言！然汝等虽不同生，当思四海皆兄弟之义。鲍叔、管仲，分财无猜；归生、伍举，班荆道旧。遂能以败为成，因丧立功。他人尚尔，况同父之人哉！颍川韩元长，汉末名士，身处卿佐，八十而终。兄弟同居，至于没齿。济北氾稚春，晋时操行人也，七世同财，家人无怨色。

《诗》曰："高山仰止，景行行止。"虽不能尔，至心尚之。汝其慎哉！吾复何言！

第十二章
做个温暖世界的人
——读书能让你的心灵温暖和敞亮

做人就像蜡烛一样，有一分热，发一分光，

给人以光明，给人以温暖。

——萧楚女

嫉妒别人，不如提升自己

孩子：

这一封信我想和你谈谈嫉妒的危害，嫉妒是致命的毒药。与其嫉妒别人，不如提升自己。

罗曼·罗兰说："人世间许多苦恼并不一定是来自辛劳，而常来自闲散；并不一定是来自失败，而常是来自自私和嫉妒。"

嫉妒对于一个人的成长危害十分巨大，我们要想成功，就必须消除嫉妒之心。当我们看到别人比自己优秀心里不是滋味时，这是一种正常情绪。如果将这种情绪放大，就会变成嫉妒、怨恨，迫使自己去做一些伤人害己的行为。而如果将这种情绪化为动力，则会激发我们的进取心，从而提升、超越自己，让自己变得更加优秀。所以，嫉妒别人不如提升自己。

心存嫉妒的人不可能取得成功。

《三国演义》中的周瑜，**注**周瑜（175年—210年），字公瑾，庐江舒县（今安徽省合肥市舒县）人。东汉末年名将，都官至太尉。孙权称赞其有"王佐之资"，范成大誉其为"世间豪杰英雄士，江左风流美丈夫"。宋徽宗时，追尊其为平虏伯，位列唐武庙六十四将、宋武庙七十二将之一。就是一个嫉妒心很强的人。由于诸葛亮运筹帷幄、善于计谋，**注**诸葛亮（181年—234年10月8日），字孔明，号卧龙（也作伏龙），徐州琅琊阳都（今山东临沂市沂南县）人。三国时期蜀汉丞相，杰出的政治家、军事家、外交家、文学家、书法家、发明家。刘禅追谥其为"忠武侯"，后世尊称其为"武侯""诸葛武侯"。有《出师表》《诫子书》等传世。诸葛亮一生"鞠躬尽瘁，死而后已"，集智慧与忠贞于一身。处处都胜过他，他便愤愤不平，心生歹念，欲除之而后快。一次，在孙、刘联合共同抗曹的过程中，周瑜以军中缺箭为由，令诸葛亮三天之内造好十万支箭。谁知诸葛亮竟满口答应，并立下了军令状。周瑜暗自高兴，满以为这下可以除掉诸葛亮了。而诸葛亮却利用自己渊博的知识，夜观星象，预计第三日晚上要起大雾，于是他利用大雾天气，向曹操"借"了十万多支箭回来复命，使周瑜的阴谋未能得逞。

在《三国演义》中，周瑜曾多次刁难诸葛亮，可每次诸葛亮都能出奇制胜，反败了周瑜。最后周瑜竟在"既生瑜，何生亮"的哀叹中，活活气死！

这就是嫉妒者的悲惨结局。他们总是千方百计打击比自己强的人，最后不仅没有拉低别人，反而使自己"赔了夫人又折兵"。当一个怀有嫉妒心理的人采取一些恶劣的行为攻击别人时，自以为可以侥幸取胜，其实除了让自己变得更加恶毒、拙劣之外，其他什么也没有改变。

克服嫉妒心理，让世界充满阳光。

1858年6月的一天，达尔文收到朋友华莱士的一封信和一篇论文。🐾华莱士（1823年1月8日—1913年11月7日），英国博物学家、探险家、地理学家、人类学家与生物学家。华莱士因独自创立"自然选择"理论而著名，促使达尔文出版自己的进化论理论。华莱士是一个年轻的生物地理学家，当时正在马来群岛考察。论文表述了他对生物进化的想法，请达尔文翻阅，如果觉得有价值的话，就请达尔文转交给当时英国著名的地质学家赖尔，寻求发表。

读完论文，达尔文震惊了，这篇论文与自己正在研究的进化论不谋而合。达尔文从1836年环球归来后，就潜心研究进化论，迄今已20个年头了，而华莱士的研究则是近几年的事，却抢先把论文写出来了。达尔文想：一旦华莱士的论文发表，进化论的"头功"就属于华莱士了。

达尔文心里很不是滋味，但最后他还是选择将论文转交给赖尔，并决定把自己的研究结果提供给华莱士，以丰富华莱士的论文。但赖尔早就知道达尔文在研究进化论，并看过他写的《物种起源》的手稿，远比华莱士的论文深入得多，同时植物学家虎克也知道达尔文的研究，他们都不同意先发表华莱士的论文。

可达尔文还是要求先发表华莱士的论文，后来经过赖尔和胡克的极力劝说，达尔文才勉强同意将自己《物种起源》的手稿和华莱士的论文一同发表。但出乎意料的是，两篇论文都没有引起任何反响。直到后来《物种起源》正式出版，才掀起了轩然大波。

为什么两人最初发表的研究都没有引起任何反响呢？因为当时的论文都没有足够的论据支撑，在那个上帝造人深入人心的时代，仅靠浅显的手稿和片面的论文所表达出的观点，不仅不足以令人信服，更会让那些高高在上的权贵们认为，那是根本不值得去理睬的疯话。而后来正式出版的《物种起源》，其系统、科学、详实的论据，令相信科学的人信服，令虔诚的基督教徒们恐慌，从而引发了一场科学与反科学的大论战。

达尔文的《物种起源》曾数易其稿，1842年他写了一篇35页的初稿；1844年又把那篇初稿重新修改，写成230页的二稿；1854年9月开始写作第三稿，即使看到华莱士的论文后，他仍在潜心研究，丰富资料。到正式出版时，他的手稿已达上千页之多了。达尔文不断提升、完善和超越自我，最终成为"进化论之父"。

面对华莱士先于自己拿出进化论论文，尽管达尔文心里五味杂陈，但他不但没有嫉妒，反而以开阔的胸襟，让专家们优先发表华莱士的论文。也正是因为这样的胸襟，让他能够静下心来继续专注地研究进化论，使自己的进化论体系更加科学、系统、完备，论据更加充分，并最终战胜了神学。如果当初达尔文抱着嫉妒心理，做出一些不理性的行为，最后他能否戴上进化论的桂冠，就成了一个未知数。

嫉妒心理扭曲了我们的心灵，牵制了我们前进的动力；而提升、完善自己，则让我们斗志昂扬、信心百倍，成为更加优秀的自己，最终走向成功的彼岸。面对学习、生活中出现的各种嫉妒心理，我们一定要学会控制自己的不良情绪，化嫉妒为动力：

长相不如别人的，我们可以优化性格，或提高自己的文化水平来弥补不足；

得不到父母疼爱的，可以更早地成熟懂事，学会关爱自己，自强自立，让自己更有出息；

学习成绩不如别人的，可以通过努力学习提高成绩。或发挥自己其它方面的优势，让特长更长，让自己的人生绽放

异彩;

得不到老师喜爱的，可以学会在不被认可中成长，自己鼓励欣赏自己，最终成为一个自我驱动的人……

孩子，消除嫉妒心理，超越自我，才是最明智的选择！只有心胸开阔，才能为将来走上社会，取得事业的成功打下坚实的基础！

希望你找到自己的长处，扬长避短，度过不遗憾的青春。祝好！

心中有阳光，世界就是光明和温暖的

孩子：

在一个阳光明媚的正午，我登山远眺，顿时觉得心旷神怡。所以这一封信我想和你谈谈人生处处有阳光。

阳光是世界上最美好的东西，它照亮阴暗，驱除寒冷，播洒着快乐与博爱的光芒；它和煦温暖，沐浴万物，让世界充满向上生长的力量。

心理学家曾做过这样一个实验：他把实验者分成若干组，每两个人一组，让其中一个人向另一个人打招呼。如果你以微笑的方式打招呼，得到的往往也是对方的微笑。如果你以冷漠或不屑的方式打招呼，得到的往往也是对方的冷漠或不屑。其实生活也是这样，如果你给别人以阳光，那么别人也会以光明和温暖来回应你。心中有阳光，世界就是光明和温暖的。

心中有阳光的人，可以驱散黑暗，照亮他人，温暖自己。

春秋时期孔子的弟子闵子骞， 🈷️闵子骞（公元前536年—公元前487年），名闵损，字子骞，尊称闵子，世以字行。鲁国青州宿国（今安徽省宿州市埇桥区曹村镇闵祠村）人（一说出生于春秋末期鲁国曲阜）。孔子高徒。在孔门中德行与颜回并称，为七十二贤之一。孔子称赞说："孝哉，闵子骞！人不间于其父母昆弟之言。"元朝编撰的《二十四孝图》中，闵子骞排名第三。很小的时候生母就去世了，父亲另娶妻，又生了两个儿子。继母经常虐待他，每到冬天两个弟弟穿着用棉花做的冬衣，而他却穿着用芦花做的"棉衣"。一天，他和父亲外出拉运东西，父亲在后边赶着车，他在前边牵着车。在刺骨的寒风中，他打着寒颤，于是绳子没有拿牢掉在了地上，马儿跑偏了方向。父亲非常生气，以为他偷懒不用心牵车，便大声斥责他，还扬起鞭子打他。皮鞭落在他幼小的身躯上，他的"棉衣"裂开一道口子，芦花从破衣中飞了出来。这时，父亲才知道儿子受到了虐待。

父亲非常生气，回家后要休妻。但是闵子骞却跪求父亲，希望父亲饶恕继母，他说："留下母亲只是我一个人受寒，休了母亲我的两个弟弟也要挨冻了。"父亲十分感动，打消了休妻的念头。而继母也悔恨交加，深深地认识到了自己的错误，从此对待闵子骞就像自己的亲生儿子一样。

还有个故事：在一个漆黑的夜晚，没有月亮，也没有星星，一个盲人一手提着灯笼，一手拿着拐杖小心翼翼地前行着。有人忍不住问他："您自己看不见，为什么还要提个灯笼走路呢？"

盲人缓缓地答道："我提灯笼并不是为自己照路，而是让别人容易看到我，不会误撞到我，这样既给别人照亮了路，也可以保障自己的安全。而且由于我的灯笼给别人带来了光亮，人们也常常热情地搀扶我，带我走过一个又一个沟坎，使我免遭许多危险。"

是啊，心中有阳光的人，能够勇于进取和承担责任，既照亮了他人，也方便了自己，整个世界对他来说也是光明和温暖的。

心中没有阳光的人，感受到的只有寒冷和黑暗。

有这样两个人：一个是卖馒头的，一个是卖被子的。一个寒冷的夜晚，他们同时到一座破庙里躲避风雪。卖馒头的人很冷，卖被子的人很饿，但是他们谁也舍不得将自己的馒头或被子给对方。最后，卖馒头的人冻死了，卖被子的人饿死了。多么可惜啊，如果能给彼此一点儿关爱，抱团的人可以共度难关。

只要能调整自己的心境，心中同样能充满阳光。

有一个家庭不幸的孩子，他的父亲因犯罪被关进了监狱，母亲接受不了这个现实改嫁了，留下他和年迈的奶奶相依为命。因为父亲的污点，人们都对他指指点点。在村子里，没有人愿意和他们一家交往；在学校里，没有人愿意和他一起玩，甚至没有人愿意和他做同桌。他糟糕的心情可想而知，他将自己深深地封闭了起来。

有一天，老师将一把钥匙交到他手里，对他说："从今天开始，由你来掌管教室的钥匙。"对于老师的信任，他非常感激。从此以后，他每天都早早来到学校，打开教室的每一扇窗户，让新鲜的空气进来；又默默地把每个同学的桌椅擦干净；放学后他又最后一个离开，关好窗户，锁好门。

一段时间后，同学们对他的态度发生了转变，同学们开始接纳他，愿意和他一起玩，他也开始和大家融为一体，学习成绩也有了明显的进步。学期末，全班全票通过评选他为"阳光少年"，当他站在领奖台上的时候，笑得那么灿烂。

在日常的学习和生活中，我们难免会遇到困难、挫折和打击，也会遇到家人、老师和同学的误解，如果我们以狭隘、偏颇甚至阴暗的心态来看待这些问题，我们的世界就会一片昏暗。如果我们以宽容、积极、阳光的心态来看待这些问题，我们就会赢得别人的理解、支持和帮助。当你心中有阳光时，你就会发现清风在为你唱歌，小草在为你起舞；当你心中充满阴暗时，你就会发现开放的玫瑰在留泪，奔腾的小溪在哭泣。

孩子，心中一定要充满阳光，这样学习才会动力十足，未来才会充满希望。任凭经历再多的风浪、再多的坎坷，我们依然能够乐观进取，克服苦难，渡过难关，到达成功的彼岸！

愿阳光永远围绕着你！

用宽容化解生活中的矛盾

孩子：

这一封信我想和你谈谈宽容，宽容是化解矛盾的金钥匙，是消除摩擦和冲突的润滑剂。

法国著名文学家雨果曾说过："世界上最宽阔的东西是海洋，比海洋更宽阔的是天空，比天空更宽阔的是人的胸怀。"在我们的人际交往中，常常会出现一些难以解决的矛盾和问题。比如和同学之间因为一些小摩擦、小误会闹得不愉快；老师批评学生的方式不恰当，造成师生之间的关系紧张；父母和孩子之间有代沟，对生活、学习的意见常常相左；出行的过程中，也往往会因一点儿小事和陌生人产生纠纷……面对生活中出现的这些矛盾和问题，如果双方都能够相互谅解、彼此宽容，那么就会大事化小，小事化了；如果双方互不相让，则会造成矛盾升级，发生争执甚至大打出手，导致严重后果。

如果说，矛盾和冲突是一场大风暴，那么宽容则是接受暴雨的天空。我们在面对这些矛盾的时候，应该以宽容之心化解这座坚硬的冰川。

宽容是大度、高尚情操的表现。

司马迁的《史记·廉颇蔺相如列传》中记载，战国时赵国舍人蔺相如奉命出使秦国，⚫蔺相如，生卒不详，今保定市曲阳县相如村人。战国时赵国上卿，赵国著名的政治家、外交家。生平最重要的事迹有完璧归赵、渑池之会、负荆请罪。不辱使命，完璧归赵，所以被封为上大夫。不久他又陪同赵王赴秦王设下的渑池会，使赵王免受秦王的侮辱，赵王为了表彰蔺相如的功劳，封蔺相如为上卿。老将廉颇认为自己攻无不克、战无不胜，而蔺相如只不过是一介书生，徒有口舌之功，然而官职却比自己大。于是他心中很不服气，屡次对人说："今后只要我看到他，必定会羞辱他。"蔺相如知道此事后，便请病假不上朝，尽量不与廉颇相见。后来廉颇得知蔺相如以国家大事为重不与自己计较，感到非常羞愧，便亲自向蔺相如负荆请罪。此后两人和好如初，齐心协力辅佐赵王治理国家。

由于蔺相如的宽容，使原本存在隔阂的将相走向珠联璧合，其他国家再也不敢随便欺负赵国了。如果当时将相不和，相互怄气内斗，不仅伤了彼此的和气，赵国的命运也可想而知。

宽容要以退为进、积极地防御。

清朝康熙年间，发生过一个著名的"六尺巷"的故事。官居文华殿大学士兼礼部尚书的张英遇到了这样一件事：

⊙注张英（1637年—1708年），字敦复，又字梦敦，号乐圃，又号倦圃翁，安徽省桐城人，先祖世居江西。清朝大臣。先后充任总裁官，负责纂修《国史》《一统志》《渊鉴类函》《政治典训》《平定朔漠方略》等。著有《笃素堂诗集》。生活在桐城老家的家人要整修府第，但因宅基地地界不清，与邻居吴家发生争执。双方互不相让，最后闹到官府。家里人写信将此事告诉张英，希望张英利用在朝廷的官威和权势，对地方官员施加影响，帮家人打赢官司。

张英弄明事情的原委后，并没有帮助家人打通关节，而是赋诗一首，以诗代信，让人送回家中，诗云：

千里修书只为墙，让他三尺又何妨。

万里长城今犹在，不见当年秦始皇。

张英的家人见书后，非常惭愧，便主动在争执线上退让了三尺，垒建院墙。而邻居吴氏也对张家此举深受感动，也退地三尺，建宅置院。于是两家的院墙之间便有了一条宽六尺的巷子。这条巷子一直流传至今，被人们称为"仁义巷"。

张英在面对三尺土地的得失时，用宽容之心，化解了两家土地纷争的矛盾，赢得了邻家的尊敬，营造了和睦友善的邻里关系。

宽容他人，就是不计前嫌。

被尊称为"南非国父"的曼德拉，🔲曼德拉（1918年7月18日—2013年12月5日），生于南非特兰斯凯，曾任非洲国民大会青年联盟全国书记、主席。1994年至1999年任南非总统，是南非历史上第一位黑人总统，被尊称为"南非国父"。为了推翻南非白人种族主义统治，他积极投身到反种族隔离运动中。主要著作《走向自由之路不会平坦》《斗争就是生活》《争取世界自由宣言》等。因为反对白人种族隔离的政策，被判入狱二十七年，受尽白人统治者残酷的虐待。1991年他出狱后，当选总统。在就职典礼上，他请来曾经看守他并且常常虐待他的三名狱警参加典礼。

曼德拉的举动感动了整个世界，他说："牢狱生活使我学会了控制情绪，牢狱岁月给了我耐心和激励，使我学会了如何处理自己遭受的痛苦。"曼德拉宽容的心态，令曾经虐待他的白人狱警汗颜，也让所有在场的来宾肃然起敬。

回想过去受到的痛苦和折磨，曼德拉也许有过挣扎，有过矛盾，但他依然选择了用宽容的心态面对生活，从而给心灵以慰藉，给生活以希望。

生活本来就不是一湖平静的水，产生矛盾并不可怕，重要的是要用宽容的心态来化解生活中的矛盾。当我们与同学、老师、家长等发生矛盾和冲突时，一定要控制住自己的情绪，不要针锋相对，挖苦、揭对方的短处，以免使问题复杂化、扩大化、严重化。遇到冲突，首先冷静下来，进行反思，看自己有没有什么不妥之处。如果是自己不对，要向对方诚恳道歉、认错，争取对方的谅解。如果是对方不对，要温和地向对方指出，同时选择在合适的场合（最好单独找对方谈），推心置腹地把自己的看法说出来，不歪曲事实、不推脱责任、不巧言令色，和对方交谈时不要用指责或批评的口气。懂得宽容的人，才能够让自己释怀，让对方在冰冷中感受到温情。如果我们能用宽容的心态对待他人，生活中的矛盾和冲突就一定能够得到妥当地解决。

孩子，学会宽容，就会善于发现事物的美好，感受到生活的精彩。就让我们以坦荡的心境、开阔的胸怀来面对学习和生活，让原本平淡的世界散发出迷人的光彩！

就在此祝你：大大咧咧，欢欢笑笑，开开心心。

用自信书写人生的精彩

孩子：

这一封信我想和你谈谈自信的重要性，自信是点燃人生奋斗的圣火，只要我们拥有了自信，就可以生出无比巨大的力量和勇气，创造超越自我的奇迹！

一位哲人说："要么你去驾驭生命，要么是生命驾驭你。你的心态决定谁是坐骑，谁是骑师。"那么什么样的心态才能决定你是骑师呢？答案是：自信！

人们常常把自信比作"发挥主观能动性的闸门，启动聪明才智的马达"，自信对一个人无论智力上、体力上或是处世能力上的发展都有着基础性的支撑作用。很多人没有成功，不是因为自身实力不够，也不是因为没有机会，而是因为他根本不相信自己会成功。人无信不立，无信则无志，无志则一事无成。

自信是命运的主宰。

海伦·凯勒原本是一个聪明可爱的婴孩，注海伦·凯勒
（1880年6月27日—1968年6月1日），美国著名的女作家、教育家、慈善家、
社会活动家。代表作有《假如给我三天光明》《我的人生故事》《石墙故事》
等。她一生致力于为残疾人造福，建立了许多慈善机构，荣获"总统自由勋
章"，并入选美国《时代周刊》评选的"二十世纪美国十大偶像"之一。但
就在她一岁半时，突然患了急性脑充血，连日的高烧使她昏
迷不醒。当她苏醒过来时，眼睛烧瞎了，耳朵也烧聋了。原本
五彩缤纷的世界，在小海伦面前一下子变得黑暗和寂静。但
是她没有向命运屈服，开始了极度艰难却又无比辉煌的人生
之旅。

小海伦六岁的时候，父母为她请来了一位家庭教师——
安妮·莎莉文小姐。在莎莉文老师的帮助下，小海伦学会了认
字，懂得了一些字的意思，更重要的是懂得了人生的意义。她
开始从人生的黑暗中走出来，对未来的人生充满了乐观和自
信。

小海伦虽然学会了认字，但是由于听不见别人说话的
声音，也看不见别人说话的口型，所以依然没办法说话。为
了克服这个困难，莎莉文老师替小海伦找到了萨勒老师（郝
博士）。郝博士教小海伦用双手去感受别人说话时口型的变

化，尽管非常艰难，最后她还是做到了。当她能够清晰地与人交流的时候，她由衷地高兴。她自信地说："有朝一日，我一定会去哈佛大学读书！"

为了实现自己的梦想，她把自己的学习分成四个步骤：每天用三个小时自学；用两个小时默记所学的知识；再用一个小时的时间将所学的知识默写下来；剩下的时间运用学过的知识练习写作。

她每天坚持学习10个小时以上。在学习与记忆的过程中，她只有一个信念：一定要把自己所学习的知识记下来，使自己成为一个有用的人。经过长时间的刻苦学习，她掌握了大量的知识，能熟练地背诵大量的诗歌和名著中的精彩片段。

她20岁的时候，报考了哈佛大学。哈佛大学拉德克利夫女子学院，以特殊方式安排她入学考试。她用手在凸起的盲文上熟练地摸来摸去，然后用打字机回答问题。前后9个小时，各科全部通过，其中英文和德文取得优异成绩。4年后，她手捧羊皮纸证书，以优异的成绩从拉德克利夫学院毕业。

海伦热爱生活，一生致力于盲聋人的福利事业和教育事业。她先后完成了《假如给我三天光明》《我生活的故事》等14部著作。她以坚强、自信和乐观的崇高品格和不屈不挠的奋斗精神，获得"总统自由勋章"，并被美国《时代周刊》评为"二十世纪美国十大英雄偶像"。

纵观海伦·凯勒的一生，若没有强烈的与命运挑战的勇气和自信，她不可能成为受世人赞誉的英雄。

"这个世界上，没有人能够令你倒下，如果你自己的信念还站立的话。"这是黑人领袖马丁·路德·金的一句很激励人心的话。自信的人永远都不会被社会击败，除非最后自己精疲力竭，自暴自弃。

自信是成功的垫脚石。

美国前总统罗斯福，⚫罗斯福（1882年1月30日—1945年4月12日），史称"小罗斯福"。主要成就：推行新政克服经济大萧条；战胜美国国内孤立主义；成功向法西斯宣战；带领美国赢得二战胜利等。被美国的权威期刊《大西洋月刊》评为影响美国的100位人物第4名。当他还是参议员时，潇洒英俊，才华横溢，深受人们爱戴。可是有一天，他正在加勒比海度假游泳时，突然感到腿部麻痹，动弹不得，幸亏身边的人及时发现和挽救，才避免了一场悲剧的发生。经过医生的诊断，罗斯福患上了"腿部麻痹症"。

医生对他说："你可能会丧失行走的能力。"

罗斯福并没有被医生的话吓倒，反而笑呵呵地对医生说："我还要走路，而且我还要走进白宫。"

第一次竞选总统时，罗斯福对助选员说："你们布置一个大讲台，我要让所有的选民看到我这个患麻痹症的人，可以'走到前面'演讲，不需要任何拐杖。"

当天，他穿着笔挺的西装，脸上充满自信，从后台走上演讲台，他每走一步都让台下的选民深深感受到他十足的信心。后来，罗斯福成为美国政治史上唯一一个连任超过两届的伟大总统。

很多人成绩不好，并不是因为他们的智商比别人低，而是缺乏自信，根本不相信自己能够读好书，能够取得好成绩。其实，每个人的智力都相差不远，真正的差别在于是否有自信心。

孩子，自信而不自负，生活就会充满机遇和精彩。自信是把梦想之树深深扎进心灵土地的根，有了根，树才能花繁叶茂；自信是远航的船帆，有了帆，船才可以到达成功的彼岸。

我对你寄予厚望。下回再见吧！

郑玄
《戒子益恩书》

导读

孩子，这次我给你寄来郑玄的《戒子益恩书》。郑玄是东汉著名的经学家，注解了很多经典。这封信是他写给独子郑益恩的诫子书信。信里追述了他本人追求学业的经历，并传授给儿子为人处世所应具备的美德。郑玄一生坚定地追求学业，朝廷让他去做官，他也推脱不去做。他身陷囹圄十四载，但追求学业的志向毫不动摇，为了追求学问，他到处求学、博览群书，值得后世的每个人学习。希望你我都能以此共勉。

我家过去很贫穷，但父母兄弟对我很宽容，同意我辞去官府小吏差事,去周、秦的故都西安、咸阳一带去游学,行走在幽、并、兖、豫等地,希望能拜学识渊博通达、不在朝廷做官的大儒为师。得到对方的允准后,我很恭敬地从这些通人大儒那里获得教益。于是我广泛地了解了儒家的"六艺",大略阅读了儒家经书的注释。时时还能看到一些秘藏典籍和探索纬书中的奥秘。四十岁以后,为了供养父母,回到家乡种田维持生计,整天过得很快活。

后又遇到宦官专权,发布"党锢"之令,牵连到我,被禁锢十四年才被赦免。被推举"贤良方正有道"科,大将军何进征辟我入朝为官,三司府曾先后两次征辟我,第二年,又以公车再征入朝为博士。(如果我愿意)我的名字列在朝廷名牒上,位置早同宰相差不多。那些大将军、三司这类公卿,富有美德,学识渊博,胜任作为皇上大臣,因而适合依次处此高位。我反思自己,我是不适合担任这类高官的。我的志向在于祖述周公、孔子这些古代圣贤的本意,整理比较诸子百家学术思想不一致之处,为此竭尽我的全部才智,所以听到任命我为大司农的朝命,我并没有服从。但是,黄巾军作乱祸害,我只好到处躲避,又回到故土。到今年已经七十岁了。

过去从事的儒学今已衰落,我仍感到过去的注疏中仍有失误之处。我打算根据典籍做一些订正,将来传给你。现在我想告诉你：我年纪大了，家事要靠你掌管。我将安静度日，不受打扰，在深思熟虑中完成我的学术事业。只要不是国君征召，前去探望安慰亲属忧伤，或上坟祭祀，或者考察风土人情，你见过我柱着拐杖出过门吗？家务事无论大小，你都要一人承担。

可叹你独自一人，无兄弟互相依靠。你应努力寻求立身行事君子之道，钻研学问，不要间断。对那些起居动作皆有威德、有仪则之人，要恭敬谨慎；要接近那些道德高尚的人。因为声誉靠同事、朋友宣扬，而德行却要靠自己立志树立。如果能得到别人的称赞，这一生也就感到荣幸了。你能不深思吗？你能不深思吗？

我虽然没有身为高官留下的政绩，却有不愿为官、辞掉爵位的高尚风格。自己很满意学术上的成就，大概不会给后人带来羞耻。最后让我牵肠挂肚的，就是去世了的父母的墓地尚未修好。我所喜爱的书籍，大部分都破烂了，不能在太学中定稿，传给应传的人。我已经年老，像快下山的太阳，还有时间补救吗？

现在我们家的家境与过去相比，要好一些，你只要勤劳，不误农时，就不会为饥寒担忧。你要是能够节衣缩食，做到这两点，就能让我减少忧虑。假如你不听我这番话，那我也就没有别的办法了。

原文

　　吾家旧贫，为父母昆弟所容，去厮役之吏，游学周秦之都，往来幽、并、兖、豫之域，获觐乎在位通人，处逸大儒，得意者咸从捧手，有所授焉。遂博稽六艺，粗览传记，时睹秘书纬术之奥。年过四十，乃归供养，假田播殖，以娱朝夕。

　　遇阉尹擅执，坐党禁锢，十有四年而蒙赦令；举贤良方正有道，辟大将军、三司府，公车再召。比牒并名，早为宰相。惟彼数公，懿德大雅，克堪王臣，故宜式序。吾自忖度，无任于此。但念述先圣之元意，思整百家之不齐，亦庶几以竭吾才，故闻命罔从。而黄巾为害，萍浮南北，复归邦乡。入此岁来，已七十矣。

　　宿素衰落，仍有失误；案之礼典，便合传家。今我告尔以老，归尔以事；将闲居以养性，覃思以终业。自非拜国君之命，问族亲之忧，展敬坟墓，观省野物。故尝扶杖出门乎？家事大小，汝一承之。

　　咨尔茕茕一夫，曾无同生相依，其勖求君子之道，研钻勿替，敬慎威仪，以近有德，显誉成于僚友，德行立于己志。若致声称，亦有荣于所生，可不深念邪！可不深念邪？

　　吾虽无绂冕之绪，颇有让爵之高；自乐以论赞之功，庶不遗后人之羞。末所愤愤者，徒以亡亲坟垄未成，所好群书，率皆腐敝，不得于礼堂写定，传与其人。日西方暮，其可图乎！

家今差多于昔，勤力务时，无恤饥寒。菲饮食，薄衣服，节夫二者，尚令吾寡恨；若忽亡不识，亦已焉哉！

第十三章
读书能培养良好的品格
——让你的人生更璀璨

人不光是靠他生来就拥有一切，而是靠他从学习中所得到的一切来造就自己。

——歌德

孝敬父母，尊敬师长

孩子：

久未闻消息，唯愿一切顺利。这一封信我想和你谈谈孝敬和尊敬，在这个世界上我们最该孝敬的是谁？最该尊敬的又是谁呢？

孝敬父母、尊敬师长是中华民族的传统美德。我们从呱呱落地开始，父母就无微不至含辛茹苦地养育我们；我们一跨进学校大门，老师们就无处不在兢兢业业地教育我们。在我们的成长历程中，他们是我们人生中最重要的人。

我们努力读书，不仅要增长知识和才干，而且也要在读书的过程中培养良好的品格。尊敬老师和孝敬父母，都是我们做人的根本！

那些名垂千古的伟人，他们的卓著功勋，与听从父母善言、尊敬奉养父母、不忘父母养育之恩是分不开的。

子路是春秋末期鲁国人，🔖仲由（前542年—前480年），字子路，又字季路，鲁国卞人（山东省泗水县泉林镇卞桥人）。"孔门十哲"之一，受儒教祭祀。以政事见称，为人刚直不阿，喜欢勇武斗武，跟随孔子周游列国，是孔门七十二贤之一。是孔子弟子中成就很高的弟子之一，擅于处理政事，尤以勇敢闻名。但子路小时候家里很穷，长年靠吃粗粮和野菜过日子。有一次，年老的父母想吃米饭，可是家里一点儿米也没有。怎么办？子路想，翻过几座山到亲戚家借点米来，不就可以让父母吃到米了吗？于是，他翻山越岭走了十几里路，从亲戚家背回了一小袋米。看到父母吃上了香喷喷的米饭，他心里非常欣慰。

为了使自己能够安心读书，子路总是将父母的生活安顿妥当后才离开家。后来，子路做了大官，但是他的父母却双双过世。这时，他没有因为过上富足的生活而高兴，反而时常感叹：要是父母还健在，能够享受这一切该多好啊！

中国历史上著名的判官包青天，不仅是一个清正廉洁、不徇私情的人，而且也是一个大孝子。年少时的他便以孝敬父母远近闻名，在刻苦读书的间隙，他常常帮父母做一些力所能及的家务。每次吃饭，他总是等父母拿起筷子后才开始吃。后来他中了进士，做了官，父母的年纪大了，行动不便，为了能够照料父母，他不愿去外地做官，便辞官在家照顾父母。几年后父母辞世，他才重新踏上仕途。

现代著名文学家鲁迅从小到大都拥有一颗孝心。少年时，鲁迅的祖父因一场科考案牵连入狱，父亲又突然得了一场大病，本来富裕的家庭一下子变得困顿起来。作为长子的鲁迅，为了减轻母亲的压力，主动承担起典当旧物和为父亲看病买药的责任。有好几年，鲁迅几乎每天都要往返于当铺和药店之间。母亲六十大寿时，鲁迅特意从北京赶回绍兴为母亲祝寿。后来，鲁迅在北京西城八道湾购置了一套住房，购房当年，鲁迅就亲自返回绍兴，把母亲和全部家属接到了北京。

在我们成长的路途中，每一步都饱含着父母的辛劳。寒冷时，父母给我们温暖；困难时，父母给我们支撑；生病时，父母给我们照顾……我们每个人都应该孝敬自己的父母。

我们孝敬父母的同时，还应该尊敬我们的老师。父母孕育了我们的生命，而老师传授给了我们知识，开启了我们的智慧。古人说的"一日为师，终身为父"，就是这个道理。

那些成就卓越的伟大人物，也都非常尊敬自己的老师。

鲁迅对自己的启蒙老师寿镜吾一直很尊敬。 🖋寿怀鉴（1849年—1930年），字镜吾，晚号菊叟，绍兴城内都昌坊人，鲁迅的老师。

清同治八年（1869年）中秀才。为启发学生思路，提高文学修养，选授课文注重文采，因其异于传统，被人讥为"离经叛道"。18岁时他到南京读书，每当放假回绍兴时，总要抽空去看望寿先生。在他东渡日本留学期间，经常写信向寿老师汇报自己在异国的学习情况。一次，他奉母命从日本回绍兴办婚事，仅在家中停留了四天，但仍抽时间专程探望年逾花甲的寿先生。

1903年，居里夫人发现了一种新的物质——镭。居里夫人（1867年11月7日—1934年7月4日），出生于华沙。法国著名波兰裔科学家、物理学家、化学家。主要成就：开创了放射性理论；发明分离放射性同位素技术；发现钋和镭等。在她的指导下，人们第一次将放射性同位素用于治疗癌症。这一发现，震惊了全世界。居里夫人成为世界上第一个获得诺贝尔奖的女科学家。

居里夫人对自己的老师十分尊敬，她的法语老师最大的愿望是重游自己的出生地——法国北部的第厄普。由于她的老师付不起由波兰到法国昂贵的旅费，所以回乡的希望总是那么渺茫。居里夫人当时正好住在法国，她非常理解老师的心情，不但代付了全部旅费，还邀请老师到家里做客，她的热情接待使老师感到像回到了自己家一样。

1932年5月，华沙镭研究所建成，居里夫人回到祖国参加落成典礼，许多著名人物都簇拥在她的周围。典礼将要开始的时候，居里夫人忽然从主席台上跑下来，穿过捧着鲜花的人群，来到一位坐在轮椅上的老年妇女面前，深情地亲吻了她的双颊，亲自推着她走上主席台。这位老年妇女就是居里夫人小时候的老师。在场的人都被这动人的情景所感动，热情地鼓掌，老人也流下了眼泪。

一个人无论地位多高、成就多大，都不应该忘记父母和老师在自己成长道路上所花费的心血。孝敬父母、尊敬师长是做人的基本素质，是关心他人、热爱社会、报效国家等美好品德形成的基础。

孩子，人世间最难报答的就是父母恩、老师恩，愿我们以反哺之心孝敬父母，以感恩之心回报老师。父母和老师对我们最大的期望，就是希望我们努力读书，长大成才，做一个对社会有用的人。所以对他们最好的报答，就是听从他们的教诲，努力读书，不断进步。回家后帮父母做一些力所能及的事情，如扫地、洗碗、洗衣服等，减轻父母的家务负担；在学校，专心听讲，认真完成学习任务，让老师尽量少为我们操心等等。

父母在人生尚有来处；父母去人生只剩归途。愿你常环绕在父母膝下，静心陪伴。

懂得感恩，回馈社会

孩子：

感恩是中华民族的传统美德，这一封信我想和你谈谈感恩，我希望你能够时刻保有一颗感恩之心。

一个懂得感恩的人，不仅能够体会别人的辛劳，而且能够宽容他人的不周，对环境少一分抱怨，与人相处更为融洽，学习和生活更加和谐。

古语说："滴水之恩，涌泉相报。"我希望在读书的日子里，你懂得感恩老师传授你知识，感恩同学陪伴你成长。走出家庭和校园后，一切与我们有关的人，我们都要以感恩之心去对待。

当出门不认识路时，我们要感恩陌生人为我们指路；当去商店买东西时，我们要感恩店员为我们服务；当我们生病时，要感恩为我们诊断治疗的医生；将来我们工作了，要感恩老板为我们提供施展才能和赚取收入的工作平台……任何一个人都不可能孤立地生存在这个世界，正是有了那么多人为我们提供帮助，我们才能够健康地成长、幸福地生活。我们每一个人都应该持感恩之心来面对生活中的一切苦难和幸福。

学会感恩，也就学会了为人处世的道理。

有这样一个故事：一名成绩优秀的青年去应聘一个大公司的经理。他通过了前面几轮面试，董事长进行最后的面试。

董事长问："你上学的学费是你父亲为你支付的吗？"

青年回答："我父亲在我一岁时就去世了，是母亲供我上学的。"

董事长问："那你母亲在哪家公司高就？"

青年回答："我的母亲是给人洗衣服的。"

董事长说："请把你的手给我看看。"

青年把自己白嫩的手伸给董事长看。

董事长看了看，问："你帮你母亲洗过衣服吗？"

青年回答："没有，母亲总是要我努力读书，从不让我帮她做任何事情。"

董事长说:"你今天回家,给你母亲洗一次手,明天上午你再来见我。"

青年回家后,要给母亲洗手,母亲受宠若惊,说什么也不让。青年说这是董事长的要求,如果帮她洗了手,可能就会被录用。母亲便把手伸给了儿子。

青年给母亲洗手时,洗着洗着,眼泪就掉了下来。他第一次发现,母亲的双手满是老茧,有个伤口在碰到水时还痛得发抖,原来母亲就是每天用这双有伤口的手洗衣服,为他挣学费,供他上学。

他给母亲洗完手后,默默地把母亲剩下要洗的衣服也洗了。

第二天,青年去见董事长。董事长望着他红肿的眼睛,什么也没有问,直接说:"你被录取了!"

青年再也控制不住自己的感情,声泪俱下,说:"感谢董事长昨天让我为母亲洗手,让我体会到了母亲供我上学的艰辛,也让我懂得了感恩……"

董事长说:"我们要录取的不仅仅是一个成绩优秀的人,更是一个懂得感恩,体会别人辛苦的人!"

这位青年后来努力工作,深得员工拥护和领导赏识,为公司业绩的大幅增长做出了巨大贡献。

学会感恩，也就学会了回报、善待他人。

《史记》中记载：韩信小时候家中贫寒，韩信（约公元前231年—前196年），淮阴（原江苏省淮阴县，今淮安市淮阴区）人，西汉开国功臣，中国历史上杰出军事家。与萧何、张良并列为汉初三杰，与彭越、英布并称为汉初三大名将。韩信是中国军事思想"谋战"派代表人物，被萧何誉为"国士无双"，被后人奉为"兵仙""战神"。楚汉时期人们对其评价"国士无双""功高无二，略不世出"。父母双亡。他虽然用功读书、拼命习武，然而挣钱的本事却一个也不会。迫不得已，他只好到别人家吃"白食"，为此常遭别人冷眼。韩信咽不下这口气，就来到淮水边垂钓，用鱼换饭吃，经常饥一顿饱一顿。淮水边上有个老奶奶为人家漂洗纱絮，人称"漂母"。她见韩信挨饿很可怜，就把自己带的饭分一半给他吃。天天如此，从未间断，韩信发誓要报答"漂母"之恩。韩信被封为"淮阴侯"后对"漂母"分食之恩始终没忘，派人四处寻找，最后以千金相赠。

学会感恩，也就学会了化解心中的狭隘和蛮横。

韩信不仅对有恩于他的人进行报答，而且对当年曾羞辱他的人也怀着一颗感恩之心。他在年轻落魄时，有一次，一个屠夫当众侮辱他，说："你虽然身高体大，喜欢佩带刀剑，但内心是怯弱的。"他还说："假如你不怕死，那就刺死我；不然，就从我的胯下爬过去。"韩信仔细注视了他一会儿，便俯下身子从对方的胯下爬过去。集市上的人都讥笑他，以为韩信真的很怯弱。后来，韩信做了楚王，他召见了那个屠夫，还提拔他做楚国的中尉。面对别人的不解，韩信说："当初他侮辱我时，激发了我干一番事业的动力，所以成就了我今天的功业。"

感恩是人生最基本的准则，是一切生命美好的基础。感恩是风，会吹走心底深处的怨恨；感恩是雨，能滋养干涸的心灵；感恩是海，能够容纳生活中所有的过错。对生活感恩，其实也是善待自我，学会生活。

孩子，你不仅要努力读书，而且也要在读书的过程中学会感恩、懂得感恩。让我们以感恩之心来面对生活中的一切苦难和幸福，那些曾经触及我们心灵痛处的人和事会使我们的心胸更加宽阔。

总以感恩记心头，情意要厚重，这是做人的重要诀窍。孩子，嘱咐你啊！

做一个有责任心的人

孩子:

嘱咐你读书之事,不知进展如何? 这一封信我想和你谈谈责任心的重要性。责任心,是人前进的动力,拥有责任心,便拥有了坚不可摧的信念与前进的方向。

托尔斯泰说:"一个人若没有热情,他将一事无成,而热情的基点正是责任心。"责任心有多大,我们的人生舞台就有多大。

美国前总统奥巴马在就职演讲中曾说:"这是个要负责的新时代,这个时代不能逃避责任,而要拥抱责任!"的确,一个人的成功,往往来自于对自己、对他人强烈的责任心。

责任心是一个人在社会中立足的基石。在家里,父母对子女有着应尽的抚养责任;在学校,老师对学生有着应尽的教育责任。对父母的抚养和老师的教育，我们也有相应的责任，那就是要努力学习、健康成长。这不仅是对父母和老师应尽的责任，也是对自己的前途应尽的责任。任何事情的结果都是由责任心导致的，一个人能承担多少责任，也就能成就多少事业。

责任心是前进的助推器。

有这样一个故事：小王和小张来自同一个偏远的山区，同一年考上了同一所大学，父母也都是农民。然而，他们的人生轨迹却天壤之别。小王上大学后，学习刻苦上进，不仅成绩名列前茅，还利用课余时间勤工俭学，上学三年来，他没有向父母要过一分钱，还把自己勤工俭学挣来的钱供弟弟上学。而小张不仅学习不求上进，攀比心理还极强。为了满足虚荣心，他不仅变着法子向父母要钱，还小偷小摸，坑骗同学的钱，一年不到就被学校开除了。他没有地方去，只好一天到晚游走在大街小巷和娱乐场所。他不敢向父母说明自己的情况，父母仍是东凑西借，每月按时给他邮寄生活费和学杂费。直到有一天他因盗窃罪被公安局拘留，通知他的父母来领人时，父母才知道他早已被学校开除了。

小张和小王不一样的责任心，导致了不一样的命运。如果我们能够像小王那样，对父母负责，对自己的前途负责，就能不辜负青春好年华，让自己在芸芸众生中脱颖而出。

责任心是勇于担当的根基。

20世纪初一位美国的意大利移民曾为人类精神历史写下光辉灿烂的一笔。他叫弗兰克，经过艰苦地奋斗开办了一家小银行。但一次银行遭抢劫的经历导致了他不平凡的人生。他破产了，储户存款全无。当他带着妻子和四个儿女从头开始的时候，他决定偿还那笔天文数字般的存款。当时所有的人都劝他："你为什么要这样做呢？这件事你没有责任。"但他回答："是的，在法律上也许我没有责任，但在道义上我有责任，我应该还钱。"

偿还的代价是三十年的艰苦生活，寄出最后一笔"债务"时，他轻叹："现在我终于无债一身轻了。"他用一生的辛苦和汗水扛起了他的责任，给世界留下了一笔真正的财富。

责任心是犯错误的补丁。

1920年，有个11岁的美国男孩儿踢足球时，不小心打碎了邻居家的玻璃。邻居向他索赔13美元。在当时，13美元是笔不小的数目，足可以买125只下蛋的母鸡！闯了大祸的男孩儿向父亲承认了错误，父亲让他对自己的过失负责。男孩儿为难地说："我哪有那么多钱赔人家？"父亲拿出13美元说："这钱我可以借给你，但一年后你必须要还给我。"从此，男孩儿开始了艰苦的打工生活。经过半年的努力，终于挣够了13美元还给了父亲。

这个男孩就是美国前总统里根。他在回忆这件事时说："通过自己的努力来承担过失，使我懂得了什么是责任。"

责任心是人间最高贵的情操。在我们周围，那些庸庸碌碌、一事无成的人往往是那些做事情缺乏责任心的人。尽管有些人天资聪颖，但由于缺乏责任心，好吃懒做、玩世不恭、贪图享受，在遇到困难和挫折时，不是想办法如何解决，而是想着怎样依靠他人蒙混过关、交差了事。这样的人，如何能够成功呢？

孩子，不妨想一想，自己是不是一个有责任心的人？对于学习，你是否尽到了自己最大的努力，每天的作业是否按时完成？答应别人的事，你努力做到了吗？如果不小心伤害到别人，你会感到内疚并勇敢承担错误吗？对于班级的事务，你是否承担了属于你的一份责任？回家后作为家庭一员，你是否帮父母承担了一部分家务？在我们成长的过程中，要随时随处培养自己的责任心，不推诿、不逃避，在承担责任的过程中完善自己的人格。让我们肩负责任，让人生散发出金子般耀眼的光芒！

纸短情长，不尽依依，惟愿读书立志，增长责任心！

做一个诚实的人

孩子：

这一封信我想和你谈谈诚实的重要性，在学习和生活中你是一个诚实的孩子吗？

我想先和你讲一个故事：

有一个年轻人跋涉在漫长的人生道路上，他拥有"健康""美貌""诚实""机敏""才学""金钱""荣誉"这七个背囊。渡船时风平浪静，但没过多久，风起浪涌，小船开始颠簸，险象迭生。艄公说："船小负载重，客官须丢弃背囊方可安渡难关。"年轻人什么都不舍得丢下，艄公又说："有弃有取，有失有得。"年轻人思索了一会儿，把"诚实"抛进水里。后来他事业有成，但由于他之前抛弃了做人最基本的"诚实"，所以最后以失败告终。

海涅说："生命不可能从谎言中开出灿烂的鲜花。"如果说忠孝是成人首责，那么诚实就是为人之本。诚实对我们每个人来说都是至关重要的，诚实可以推动社会的发展；可以激发个人的潜力，让你在辉煌的世界中留下浓墨重彩的一笔；也可以使你少走许多弯路，直达成功的彼岸。的确，诚实是每个人安身立命的前提。

那些成就卓著的伟大人物，从小身上就有着诚实的可贵品质。

美国第一任总统乔治·华盛顿小时候很聪明，●乔治·华盛顿（1732年2月22日—1799年12月14日），美国杰出的资产阶级政治家、军事家、革命家，美国开国元勋、首任总统，被尊称为"美国国父""合众国之父"。乔治·华盛顿、亚伯拉罕·林肯、富兰克林·罗斯福并列为美国历史上最伟大的总统。被美国的权威期刊《大西洋月刊》评为影响美国的100位人物第2名。但是非常淘气。在他6岁生日的那天，父亲送给他一把小斧头，这把小斧头崭新漂亮，小巧锋利。他跑到花园里用它削小草、斩树枝，玩得很开心。他看到花园边上有一棵小桃树，在微风吹拂下向他招手，小乔治想试一下自己崭新的小斧头是不是锋利，就向小桃树砍了下去。

不久，父亲回来看到心爱的小桃树被砍倒了，花园里被搞得乱七八糟，气得暴跳如雷："是谁做的好事？"

小乔治这才明白自己闯了祸，心想：今天准要挨揍了。可他是一个诚实的孩子，就对父亲说："爸爸，是我砍倒了小桃树，我只想试一试小斧头能不能砍倒这棵树。"

父亲听了小乔治的话，不仅没有打他，还兴奋地把他抱起来说："我的好儿子，爸爸宁愿损失一千棵小桃树，也不愿接受一个不诚实的孩子，你有勇气承认错误，仍然是爸爸的好孩子！"

前苏联缔造者列宁小时候也有过类似的经历。●列宁（1870年4月22日—1924年1月21日），原名弗拉基米尔·伊里奇·乌里扬诺夫，著名的马克思主义者，无产阶级革命家、政治家、理论家、思想家。是俄罗斯苏维埃联邦社会主义共和国（世界上第一个社会主义国家）和苏维埃社会主义共和国联盟的主要缔造者、布尔什维克党的创始人、十月革命的主要领导人、苏联人民委员会主席（即苏联总理）。他继承了马克思主义，并与俄国革命相结合形成列宁主义，被全世界的共产主义者普遍认同为"国际无产阶级革命的伟大导师和精神领袖"。列宁八岁的时候，有一次，跟爸爸到姑妈家去做客。表兄弟表姐妹见到列宁都很高兴，拉着他一道去玩。他们在房间里玩捉迷藏，列宁不小心碰了桌子，桌子上的一只花瓶掉到地上摔碎了。当时大家正玩得起劲，谁也没有注意到列宁的举动，还是互相追赶着玩。姑妈听见声音，跑进来看到花瓶碎了，就问："是谁打碎的？"

表兄弟表姐妹都说："不是我！"

列宁也低声说："不是我。"

姑妈笑着说:"那一定是花瓶自己打碎的。"

大家都笑了起来,只有列宁没有笑。

回到家里,列宁躺在床上不说话。妈妈问他为什么不愉快,列宁把打碎花瓶的事告诉了妈妈。妈妈叫他写信给姑妈,承认自己说了谎。

过了几天,邮递员送来姑妈的回信。姑妈在信上说:"你做错了事能自己认错,是个诚实的孩子。"

由此可见,诚实是一个人一步步走向人生巅峰,成就伟业的重要品质。

如果不诚实,就会像《牧童和狼》这个故事的主人公一样:

一个牧童在村边放羊。好几次他大叫:"狼来了!狼来了!"村民们闻声赶来,一看并没有狼,便气愤地下山了。牧童看到他们惊慌失措的样子,不禁哈哈大笑起来。

后来,狼真的来了。牧童吓坏了,他慌忙大叫:"狼来了!狼来了!快来帮忙啊!狼在吃羊了!"然而他喊破喉咙,也没有人前来帮忙。

这就是不诚实的后果。是啊,一贯说谎的人即使说了真话,也不会有人相信。

诚实是一个人可信可靠的名片,做个诚实的人才是正确的人生态度。拥有诚实,一根小小的火柴就可以照亮一片天空;拥有诚实,一片小小的绿叶就可以点缀一个季节;拥有诚实,一朵小小的浪花就可以飞溅起一片海洋……

孩子,背好诚实的行囊,人生路上的步履才更平稳,足印才会更坚实!在人生与风浪的洗礼中,在诚实的保驾护航下,用最阳光的心情放声歌唱吧!

做人当立下一个准则,以诚实二字为做人根本,才是长久之计。话不多说了,下回再见吧!盼好!

名人
家训

```
┌────────────────────────────────┐
│         左宗棠                  │
│      《致孝威、孝宽》            │
│                                │
└────────────────────────────────┘
```

导读

　　孩子，此次附上左宗棠的一封家书《致孝威、孝宽》。这封信是他写给孩子的，重点谈到读书和立志，希望对你有所启发。左宗棠的名字你应该很熟悉吧？他写过两副著名的对联，其中一副是讲立志的，上联是"身无半亩心忧天下"，下联是"读破万卷神交古人"，希望你能效法。还有一副是讲为人处世的道理的，上联是"发上等愿，结中等缘，享下等福"，"择高处立，寻平处住，向宽处行"，其中的思想境界，等你有了一定人生阅历，体会可能才更深刻。从这两副对联中，希望你能品味到其圣贤气象。

孝威、孝宽：

　　我于二十八日乘船，这天夜里停泊在三汊矶，二十九日停泊在湘阴县城外，三十日就过洞庭湖到了岳州。南风很正，船行得很顺利、快速，你们可以不用担心。我这次北行，并不是我本来的心愿。你们虽然小，应该也知道一点。社会局势如何，家里的情况怎么样，都不必向你们细说。唯一让我时刻难忘记的，是你们近几年读书没有什么进步，气质丝毫没有变化，恐怕你们这样一天天下去，要想成为一般人家的孩子那样也不可能，白白辜负我对你们的一片期待之心罢了。夜里想到这里，辗转不能入睡。因此写信给你们加以说明（你们能不能够领悟接受，我不能强求，但是不能不说）。

　　读书时要做到眼到、口到、心到，你读书的时候不看清字的笔画、偏旁，分辨不出句读，记不清头尾，这是没有做到眼到。喉、舌、唇、牙、齿等五音都不清晰伶俐，朦胧含糊，听不清楚，读书的时候有时多几个字，有时少几个字，只考虑蒙混过关，这就是口不到。经传义理深奥的地方，初次学习当然不能通晓，以至于大略粗解，其实经文原本容易明白，只要稍微肯用心体会，一个字一个字地去推求，一句一句地去思考，一件事一件事地去探寻原委；虚字审查其神气，实字探测其道理，自然逐渐就会有所领悟。一时间对义理不能完全明白，就请先生解释，当时还没有做到融会贯通，就将上下文或其他书里内容相近的部分反复推求，务必做到心中完全明白，口上能够说得出来，然后才可以放手。总要将心运在字里行间，反复思考，才算是心到。

现在你们读书都是混日子，身子在桌子前，耳朵和眼睛不知道到什么地方去了。心中胡思乱想，完全没有收回来的时候，悠闲懒散，一天又一天。好像读书是答应人家办事，是在欺骗人家、掩饰别人耳目的事情。昨天不知道、不能做到的，今天仍然是不知道、不能做到；去年不知道、不能做到的，今年仍然是不知道、不能做到。孝威现在十五岁，孝宽今年十四，转眼就要长成大人了。以前所知、所能的，能够比乡村子弟要好一些吗？自己要好好想一想。

无论读书还是做人，都是先要立定志向。想一想古代的圣贤豪杰和我一样年纪时，他们是什么样子？有什么样的学问？有什么样的才干？我现在哪一件可以和他们相比？想一想父母让我读书，请老师给我上课，是什么愿望？是什么心思？我哪一件可以不愧对父母？看一看同辈人中，父母常常在孩子面前夸赞的，有哪些优点？受到斥责的，有哪些缺点？优点要学，缺点决不可以学。心中要想明白，立定主意，念念不忘要学好，事事都要学好。自己的缺点一概要猛然省悟，决不可对自己稍有袒护，不能因循守旧，得过且过。务必让自己和古时圣贤豪杰小时候的志气一样，这样才可以安慰父母的心，避免被别人笑话。志不立是人生大患，尤其是立志不坚。偶然听到一段好话、一件好事，也知道动心羡慕，当时也说我要和他一样。不过一段时间过后，这样的念头不知不觉就消失了。这是由于你立志不坚以及不能立志的缘故。如果你能一心向上，有什么事不能成功呢？晋朝的陶侃说过："大禹珍惜寸阴，我们应该珍惜分毫的光阴。"古人用心如此勤奋。韩愈说："学业由于勤奋而专精，由于玩乐而荒废。""所有的事情都是这样，不止是读书，而读书更要勤奋。为什么呢？百工技艺、医学、农业，都是专门的技能，道理相对容易明白；至于儒者读书，天地民物没有一样东西不是我们的责任，宇宙古今事理都必须融入我们的内心，然后行动才有根本。人生读书的光阴是最难得的。你们成功与否就在这几年见分晓。若还是和从前一样闲散放荡混日子，再过几年依然还是没有什么变化，还好意思冒充读书之名，充当读书人吗？好好想想，好好想想。

孝威气质轻浮，不能把心思沉下来。马上进入成年但孩子气还没有褪去，视、听、言、动都有一种轻浮之气。我多次劝说责备，丝毫不知道悔改。孝宽气质昏惰，对外行事愚蠢，内心又充满傲慢，又贪婪游戏，一无是处。打开书就昏昏欲睡，不知道自省振作。偷闲玩耍的时候，就觉得特别有精神。已经十四岁了对吟诗作文糊里糊涂，写字画画又丑劣不堪。看到别人好的地方，不知道羞愧，真不知道将来能做个什么样的人！我在家时，经常对你们进行训督，但并没有看到你们有所悔改。我现在出门了，想起你们顽劣不成材的样子，一刻也不能放下心来。你们要是有人心，想必你们也会体会到为父的苦心，自己也该知道惭愧、遗憾，会痛改前非来安慰我吗？

亲戚朋友中子弟品学兼优的很少，我不在家，你们在私塾读书，不要应酬交往。在外要听从师长的教诲，在家好好听你们母亲的话就好了。读书用功，最要专一而不间断。今年，因为我要北行的原故，亲戚朋友子侄来家里送我，先生又因为送学生赶考耽误功课，听说二月初三、四才能上馆。所谓一年的计划要在春天考虑安排，眼下春天又过去一个月了！如果夏秋季有科考，那么忙忙碌碌又过了一年，这怎么是好？现在只好特别告诉你们：从二月初一日起，将每天功课，每月写一小本寄到京城一次，方便我查看。如果先生当天不在塾馆，也要注明让我知道。房屋前的街道，屋后的菜园，都不准擅自出入。如果奉母亲之命出去，也要快快回家。"出门前，应该告诉父母自己的去向，免得父母找不到自己，担忧记挂；回到家，应当先当面见一下父母，报个平安。"决不可以任意往来。同学中如果真有诚实、发愤读书的人，不乱说、不乱动，这样的人固然可以结交；如果不是这样，就和而不同、划清界限，不要和他们亲近为好。家中书籍，不要轻易借给别人，恐怕有所损失。如必须借的，每次借出去就要在书架上粘一张纸条，注明某一天某人借去某书，以便于随时取回来。

庚申年正月三十日

原文

孝威、孝宽知之：

我于二十八日开船，是夜泊三汊矶，廿九日泊湘阴县城外，三十日即过湖抵岳州。南风甚正，舟行顺速，可毋念也。我此次北行，非其素志。尔等虽小，当亦略知一二。世局如何，家事如何，均不必为尔等言之。惟刻难忘者，尔等近年读书无甚进境，气质毫未变化；恐日复一日，将求为寻常子弟不可得，空负我一片期望之心耳。夜间思及，辄不能眠。今复为尔等言之（尔等能领受与否，则我不能强之，然固不能已于言也）。

读书要目到、口到、心到。尔读书不看清字画偏旁，不辨明句读，不记清头尾，是目不到也。喉、舌、唇、牙、齿五音，并不清晰伶俐，朦胧含糊，听不明白，或多几字，或少几字，只图混过，就是口不到也。经传精义奥旨，初学固不能通，至于大略粗解，原易明白，稍肯用心体会，一字求一字下落，一句求一句道理，一事求一事原委；虚字审其神气，实字测其义理，自然渐有所悟。一时思索不得，即请先生解说，一时尚未融渐，即将上下文或别章别部义理相近者反复推寻，务期了然于心，了然于口，始可放手。总要将此心运在字里行间，时复思绎，乃为心到。

今尔读书总是混日子，身在案前，耳目不知用到何处，心中胡思乱想，全无收敛归著之时，悠悠忽忽，日复一日，好似读书是答应人家功夫，是欺哄人家，掩饰人家耳目的勾当。昨日所不知不能者，今日仍是不知不能，其去年所不知不能，今年仍是不知不能，孝威今年十五，孝宽今年十四，转眼就长大成人矣。从前所知所能者，究竟能比乡村子弟之佳者否？试自忖之。

读书做人，先要立志。想古来圣贤豪杰是我者般年纪时，是何气象？是何学问？是何才干？我现在那一件可以比他？想父母命我读书，延师训课，是何志愿？是何意思？我那一件可以对父母？看同时一辈人，父母常后辈夸赞者，是何好样？斥詈者，是何坏样？好样要学，坏样断不可学。心中要想个明白，立定主意，念念要学好，事事要学好，自己坏样一概猛省猛改，断不可少有回护，不可因循苟且。务期与古时圣贤豪杰少小时志气一般，方可慰父母之心，免被他人耻笑。志患不立，尤患不坚。偶然听一段好话，听一件好事，亦知歆动美慕，当时亦说我要与他一样。不过几日几时，此念就不知如何销歇去了。此是尔志不坚，还由不能立志之故。如果一心向上，有何事业不能做成？陶桓公有云："大禹惜寸阴，吾辈当惜分阴。"古人用心之勤如此。韩文公云："业精于勤而荒于嬉。"凡事皆然，不仅读书，而读书更要勤苦，何也？百工技艺、医学、农学均是一件事，道理尚易通晓；至吾儒读书，天地民物莫非己任，宇宙古今事理均须融澈于心，然后施为有本。人生读书之日最是难得，尔等有成与否就在此数年上见分晓。若仍如从前悠忽过日，再数年依然故我，还能冒读书名色充读书人否？思之！思之！

孝威气质轻浮，心思不能沉下。年逾成童而童心未化，视听言动无非一中轻扬浮躁之气。屡经谕责，毫不知改。孝宽气质昏惰，外蠢内傲，又贪嬉戏，毫无一点好处。开卷便昏昏欲睡，全不提醒振作。一至偷闲玩耍，便觉分外精神。年已十四而诗文不知何物，字画又丑劣不堪。见人好处，不知自愧，真不知将来作何等人物！我在家时常训督，未见悛改。我今出门，想起尔等顽钝不成材料光景，心中片刻不能放下。尔等如有人心，想尔父此段苦心，亦知自愧自恨，求痛改前非以慰我否？

亲朋中子弟佳者颇少，我不在家，尔等在塾读书，不必应酬交接。外受傅训，入奉母仪，可也。读书用功，最要专一无间断。今年以我北行之故，亲朋子侄来家送我，先生又以送考耽误功课，闻二月初三、四始能上馆。所谓一年之际在于春者又去月余矣！若夏秋有科考，则忙忙碌碌又过一年，如何是好！今特谕尔，自二月初一日起，将每日功课，按月各写一小本寄京一次，便我查阅。如先生是日未在馆，亦即注明，使我知之。屋前街道，屋后菜园，不准擅出行走。如奉母命出外，亦须速出速归。"出必告，反必面。"断不可任意往来。同学之友如果诚实发愤，无妄言妄动，固宜为同类；倘或不然，则同斋割席，勿与亲昵为要。家中书籍，勿轻易借人，恐有损失；如必须借看者，每借去则粘一条于书架，注明某日某人借去某书，以便随时取回。庚申正月三十日。

第十四章
尊严源于自身的强大
——读书能增强你的综合实力

不管前方的路有多苦，只要走的方向正确，不管多么崎岖不平，都比站在原地更接近幸福。

——宫崎骏

走出平庸，在平凡中蜕变

孩子：

这一封信我想和你谈谈平庸与平凡。平凡并不意味着平庸，走出平庸才能不平凡，请你千万铭记在心。

俗语说："花香蜂自来。"如果花儿自身不能飘香，怎么能引来蜜蜂和蝴蝶呢？上帝播撒了生命的种子，平凡的花儿深深扎根在土地里，抵挡风雨，沐浴春风，最后开出了娇艳的花朵。

小草是平凡的，很少有人愿意做小草，当看到春天的原野时，人们总爱说那是因为小草是绿色的；星儿是平凡的，很少有人愿意做星儿，但在有月亮的夜晚，人们也总爱说那是因为有满天星斗；绿叶是平凡的，很少有人愿意做绿叶，当看到满园春色时，人们也总爱说那是因为绿叶是花儿的依托……世间一切事物本是如此，优秀的人总是受人礼遇，平庸的人往往遭人白眼。如果我们被人贴上了平庸的标签，我们要做的就是改变自己，走出平庸。

走出平庸需要好的方法。

1915年，我国北洋政府以"茅台公司"名义，将土瓦罐包装的茅台酒送到当年的巴拿马万国博览会参展。会场上熙熙攘攘的人群，根本没有人注意茅台酒。一名中国官员在情急之下，想出一个妙招：将瓦罐掷碎于地让酒香溢出来。"嘭"的一声，瓦罐掷地而碎，顿时酒香扑鼻，人们纷纷围观品尝。最后，茅台酒一举夺冠。

因为土瓦罐貌不惊人，如果没有瓦罐摔碎在地，就不会有酒香扑鼻，也无法让人们领略到茅台酒的魅力。

走出平庸，在蜕变中成长。

我们都知道丑小鸭变天鹅这个耳熟能详的故事。丑小鸭刚出生不久，就受到其它小动物的欺负：鸭子咬它、公鸡啄它、猫吓唬它、小鸟讥笑它、猎狗追赶它……之所以没有人看得起它，是因为它丑而平庸，但当它最后变为一只白天鹅飞向高高的天空时，就再也没有人看不起它了，大家都发出一声声赞叹："啊，多美的天鹅啊！"

现实生活中，也不乏丑小鸭的故事。

一个小姑娘从遥远贫穷的美国乡村到纽约一家女装裁缝店打工。由于小姑娘出身贫寒，衣衫褴褛，所以初来乍到之时，没有人看得起她。

在裁缝店里，小姑娘非常羡慕那些来来往往的贵夫人们的华丽服饰。但最让小姑娘羡慕的，是贵夫人们脸上洋溢的自信笑容。

有一天，小姑娘怯生生地问一位女裁缝："她们为什么个个看上去都那么美啊？简直是女王和公主。"

女裁缝告诉小姑娘说："那是成功的人才能拥有的一种姿态。因为成功，她们才显得美丽。"小姑娘听了，沉思了半晌，问："我们是不是也可以拥有这种姿态呢？"女裁缝听了，不置可否地笑了笑。

从第二天起，小姑娘变得和平常不一样了。她迈着和那些贵妇人们一样优雅的步伐，像那些豪门小姐们一样轻声细语。她的穿戴也和以前不一样了，布料质地虽然不太好，但款式却十分新颖时尚。店里没活可干的时候，她就到试装镜前为自己补一补妆，或者练习一下自己脸上的表情。

小姑娘改变以后，来店里的贵夫人和小姐们对她的态度也渐渐改变了，她们开始和她谈论对服饰质地和款式的看法。而小姑娘也从和她们的交谈中，学到了不少有关服装的知识和对流行时尚的看法。店老板见贵夫人们那么喜欢同小姑娘交谈，便调换了小姑娘的工作，让她专门负责接待进店的顾客，并及时向设计师反映顾客们对店里服装的看法和建议。果然，采纳了小姑娘反馈的意见后，店里的生意变得更好了。

后来，她对店里时装设计师的手艺越来越不满意了，于是干脆自己为顾客们设计起服装来。她设计的服装色彩搭配巧妙、款式美丽大方、新颖独特。服装一加工出来，很快便被抢购一空。不仅纽约的女性以能穿到她设计的服装为荣，而且许多女性也专门从外地赶到纽约来订购她设计的服装。后来她接管了这家裁缝店，并把它发展成一个享誉世界的服装设计加工公司。

如今，这个服装品牌的名字对大家来说已不再陌生，它叫"安妮特"。而当年那个小姑娘就是现在的国际著名时装设计大师安妮特夫人。

安妮特初到纽约，没有人看得起她，因为她太平凡了，没有漂亮的衣服、大方的仪态，也没有专业的技术，但当她改变了自己以后，她赢得了别人的喜爱和尊重，也一步步走向了成功。

西方有一句格言："上帝为我们关上了一扇门，就会打开一扇窗。"如果你长相普通，那么可以通过努力学习提高成绩受到关注；如果你不善言辞，那么可以通过锻炼动手能力写一手漂亮的字受到关注……无论在哪一方面，只要通过努力，做到精益求精，就可以摆脱平庸，走向别样精彩的人生。

孩子，没有人生而平庸，只有自甘平庸的人。要想得到关注，就要努力奋斗，改变自己，走出平庸，展示精彩的自己！让每一颗星在夜空闪出最亮的光泽，让拒绝平庸的光芒普照人间大地。

人生落败离不开两个字"平庸"，失败离不开四个字"甘于平庸"，成功离不开六个字"勇于走出平庸"，要切实引为警戒啊！

要想赢得别人的尊重，就得先让自己强大起来

孩子：

上一封信我们谈到了平庸，而平庸与强大又是相对的。这一封信我想和你谈谈尊重和强大的关系，先让我们一起来做下面这道作文题吧！看看你能从中得到哪些启发？

一个乞丐在行乞时，有一位乘客鄙夷地将施舍的钱用力地扔在乞丐面前，该乞丐不满这种施舍态度，认为有伤自己的自尊。乞丐说："宁可饿死、冻死也不需要这种施舍。"根据这件事，请以"尊严"为主题，写一篇作文。

为了让学生写好作文，老师给学生进行了引导。大致是如下几个方面：

一、"人人享有人格尊严权"，它不分地位高低、贫富贵贱、年龄大小；

二、明确人格尊严的含义、地位及具体内容；

三、学会尊重自己，尊重他人。

有一种现象叫"马太效应"。●注马太效应，指强者愈强、弱者愈弱的现象，广泛应用于社会心理学、教育、金融以及科学领域。马太效应，是社会学家和经济学家们常用的术语，反映的社会现象是两极分化，富的更富，穷的更穷。马太效应看似很不合理，但却是对现实社会的真实反映。一个弱者，在缺乏实力的情况下，是很难赢得自己的尊严的。正如那个乞丐，虽然从理论上讲他应该享有和亿万富翁同样的尊严，而且他也可以拒绝有损他尊严的施舍方式，但他这样就真正能赢得自身的尊严吗？不管他的态度如何的不卑不亢，但不劳而获靠乞讨生活，本身就是一种没有尊严的生活方式。虽然也有很多人在施舍时能够顾及乞丐的人格尊严，但那是施舍者自身的素质高，而不是乞丐自己赢得的。所以，要想赢得别人的尊重，就得先让自己强大起来。

让自己强大起来，打倒困难，直面挫折，从而赢得别人的尊重。

我国著名画家徐悲鸿在欧洲留学期间也曾受到过歧视。●注徐悲鸿（1895年—1953年），原名徐寿康，江苏宜兴市屺亭镇人。中国现代画家、美术教育家，被尊称为中国现代美术教育的奠基者。与张书旗、柳子谷合称为画坛的"金陵三杰"。他主张发展"传统中国画"的改良，立足中国现代写实主义美术，提出了近代国画之颓废背景下的《中国画改良论》。

擅长人物、走兽、花鸟，主张现实主义，强调国画改革融入西画技法，以《奔马》闻名于世。

一次，有个洋学生向徐悲鸿挑衅说："中国人愚昧无知，生下来就是当亡国奴的料，即使把你们送到天堂里去深造，也成不了才。"这话激怒了富有满腔爱国热血的徐悲鸿，他严肃地说："那好，我代表我的祖国，你代表你的国家，等学习结业时，看到底谁是人才，谁是蠢材！"

从此，徐悲鸿刻苦努力，经常到卢浮宫、凡尔赛宫等巴黎各大博物馆临摹世界名作，一去就是一整天，不到闭馆的时间决不出来。

有志者事竟成。徐悲鸿进入巴黎国立高等美术学校的第一年，他的油画作品就受到法国艺术家弗拉蒙先生的好评。接着，在一次竞争考试中，他又获得了第一名。1924年，他的油画《远闻》《怅望》《箫声》《琴课》等在巴黎展出时，轰动了整个巴黎美术界。

这时，那个曾向他挑衅的洋学生，不得不承认自己不是对手。

如果当初徐悲鸿不在学业上努力，绘画技术没有突飞猛进的提高，我们不难想象，仅靠他那句义正辞严的话，怎么能让洋学生真正服输呢？

不想变强大的人，是得不到别人尊重的。

我们再来看一个《圣经·马太福音》中的故事：

一个国王远行前给三个仆人每人一锭银子，并对他们说："我走了以后，你们拿这一锭银子去做生意，等我回来时，再来见我。"

几年后，国王回来了，三个仆人高高兴兴地来见国王。第一个仆人拜倒在国王面前说："尊敬的陛下，你交给我的一锭银子，我已赚了10锭。"国王听了很高兴，分给他10座城池。第二个仆人说："陛下，你给我的一锭银子，我已赚了5锭。"国王也很高兴，分给他5座城池。第三个仆人说："陛下，你给我的一锭银子还在家里保存着，我害怕丢失一直没敢拿出来。"于是国王大怒，下令将第三个仆人的一锭银子赏给第一个仆人，并且说："凡是银子少的，就连他仅有的财富也要夺过来。凡是银子多的，还要再给他更多的财富。"

看了这个故事，你也许会感到这个国王蛮不讲理，甚至为第三个仆人打抱不平。当我们面对不公平的社会现实时，不要高喊那些维护自身尊严的空洞口号，而要通过努力行动，真正让自己强大起来。

比尔·盖茨曾说过："当你在社会上没有任何作为的时候，没有人会承认你的自尊。"强者往往受到尊重，到处都是鲜花和掌声;而弱者往往遭人白眼、冷遇,甚至欺凌。当有人侵犯你的尊严时,如果你自己缺乏实力,无论你如何据理力争,都是空泛的、苍白的。我们要想得到别人的尊重,就得让自己强大起来,直面挫折,永不退缩,坦然面对,勇往直前。只有这样,我们的人生才能更充实、更有意义。

　　孩子,知识就是力量,你一定要努力读书,用知识武装自己,让自己强大起来。只有自己足够强大,才能赢得别人的尊重,才能使自己在未来的竞争中立于不败之地!

摒弃虚荣心，克服玻璃心

孩子：

　　你的心坚如磐石还是韧如蒲苇？这一封信我想和你谈谈虚荣心和玻璃心的危害，虚荣心和玻璃心往往是相伴而生的。虚荣心太强的人，也往往伴随着一颗玻璃心。

　　虚荣心和玻璃心，都是一个人成长之路上的大敌。虚荣心让人不切实际、盲目攀比、追求浮华，从而丧失斗志；而玻璃心则让人心理脆弱，经不起一点儿挫折和困难的打击。这两种心理都要摒弃，否则都会使我们美好的年华逐渐走向平庸、堕落，甚至毁灭。

　　韩信忍受胯下之辱，后来帮助刘邦建立了大汉基业；司马迁忍受宫刑之苦，　❶司马迁（前145年—？），字子长，夏阳（今陕西韩城南）人。西汉史学家、散文家。被后世尊称为"史迁""太史公""历史之父"。他以其"究天人之际，通古今之变，成一家之言"的史识创作了中国第一部纪传体通史《史记》，被公认为是中国史书的典范，是"二十五史"之首，被鲁迅誉为"史家之绝唱，无韵之离骚"。后来写出了传世之作《史记》；海伦·凯勒忍受失明、失聪之痛，后来成为影响世界的女作家；毛泽东在革命初期，屡屡受到打击和排挤，后来领导中国革命走向了成功……相比那些成就卓著的伟大人物，我们受到的委屈，又能算得了什么呢？摒弃虚荣心、克服玻璃心，没有摧毁你的，会令你更强大。

虚荣心是自尊心过分的表现。

某市重点高中的一名学生小辉，原本是一名品学兼优的学生。初中就读于贫困山区的一所中学，因中考成绩优异，被该高中破格录取并免收学费。这对出身山区并且家境贫寒的小辉来说，本该是一件多么幸运的事情啊！如果他像过去一样努力学习，那么我们可以预料到：他会考上一所重点大学，毕业后有一份体面的工作，他的经历将会成为"知识改变命运"最好的诠释。

但令人失望的是，小辉来到某市就读不久，因看到身边的同学穿戴的都是名牌衣服，使用的日用品也都是他之前在山区从未见过的，于是他心里很不是滋味。可他深知自己家里的实际情况，父母靠种庄稼和农闲打工的微薄收入来供他读书，哪里还有多余的钱改善他的衣着打扮呢？于是一种恶念头在他脑海里闪过，他经过多次考虑，终于做出决定，迈出了可怕的那一步。

一天晚上，在一个偏僻小路上，他盯上了一名年轻女子。这名女子穿着时尚，背着精致的包，一看就是一个富家小姐。于是他紧随其后，等女子进入一个行人极少出入的巷子时，他一个箭步上前，抢走女子的包后转身逃窜。那名女子猛然转过身来，本能地追上去并大声喊："抢劫了！抢劫了！"此时正好前面来了一个男子，在那名女子的呼救下，帮忙抓住了他。由于他急于脱身，便拿出了之前准备好的一把尖刀朝那男子刺去。大祸就此酿成，那男子因伤势过重不治身亡，他也因此走上了人生的不归路。贪图名牌衣服只是一念的虚荣，却断送了一生的前途幸福，可惜啊！

玻璃心是内心不够强大的表现。

有一位名叫小红的同学，学习成绩一直名列前茅，也很遵守纪律，学校和班级的各项活动都积极参加，和同学相处也很融洽，老师们都很喜欢她。初二刚开学不久，由于很多同学都拥有了智能手机，于是她便向父母索要。父母没有答应，说学生应该以学习为主，上学的时候不应该带手机。她的心里非常难受，那些学习不好的同学都有手机了，自己平时表现那么好，怎么就不能拥有一部手机呢？于是她学习变得心不在焉，期中考试时成绩一下子从前十名下滑到了二十几名。

针对小红学习松懈和成绩下滑的情况，老师在班会上对她进行了点名批评教育。本来老师批评教育学生是再正常不过的事情，况且也没有说什么过激的话，只是指出她近期对学习有所放松，让她一定要引起重视，奋起直追。但小红却觉得，自己平时表现那么好，不但父母连一部手机都不给她买，就因为一次成绩没有考好，老师还在全班同学面前批评她，这让她太没有面子了。以后同学们该怎么看她呢？她以后还怎么在这个班里待下去呢？她越想越不是滋味，于是向父母提出，她不想上学了。

这个想法父母当然没有答应，但小红却再也没有努力学习了。初三学校分班考试，她没有考进尖子班。中考时，她的成绩刚刚够上一所普通高中的分数线。本来上高中后，由于之前基础较好，如果调整心态，奋起直追，高考考上一所好大学也不是没有可能。可她不仅没有从之前的阴影中走出来，反而破罐子破摔，觉得反正现在已经这样了，老师和同学对我的看法也不好，我干脆就这样一直混下去好了。

于是她在三年的高中生涯中整天就只是混日子，高考勉强考上了一所普通大学,毕业后勉强找了一份工作。但是工作后不久,由于出现了一点儿差错,主管批评了她几句,她又觉得自己在公司难以混下去了,便辞职了。如今,她已经换了好几份工作,却一份不如一份。而当年一些学习还不如她的同学,却干着光鲜体面的工作,事业如日中天。

小红之所以沦落到今天的境地,就是因为她有一颗易碎的玻璃心,每一次挫败后,她都选择逃避放弃,哪怕是再轻微的碰撞都会使她心碎。

人之所以会虚荣,就是因为心会轻易地受伤。而为了治疗心里的伤口,不是拼命地不择手段满足私欲,就是自甘堕落逃避问题。小辉同学选择了不择手段地满足私欲,小红同学选择了自甘堕落地逃避问题,两种不同的心理、不同的路径,最后得到的都是同样的结果——毁了自己本该是一片灿烂的前途和人生。

莎士比亚说:"轻浮和虚荣是一个不知足的贪食者,它在吞噬一切之后,结果必然牺牲在自己的贪欲之下。"每个人的家庭背景与人生经历都是不同的,每个人的长处与短板也都是不一样的,如果我们横向地跟他人攀比,那么心里永远也无法平衡,我们的虚荣心就会越来越强烈,玻璃心就会越来越脆弱。

孩子,唯有通过刻苦读书,改变自我,摒弃虚荣心、克服玻璃心,才能在角逐中立于不败之地,在生活中寻找生命的欢乐!

对待学习和生活,不可心生虚荣心和玻璃心,对待成功与对待失败要一样地积极乐观,在成功时要想到百尺竿头更进一步,在失败时要想到总结教训、奋起直追,那自然便不会再生虚荣心和玻璃心了。

战胜挫折，走向成功

孩子：

听说你最近遇到了一些不开心的事情，对你来说，可能是遇到了一些小小的挫折吧？其实，等你经历过后，就会发现，这些小小的挫折算不了什么。

这一封信我想和你谈谈挫折。有一段富有哲理的话是这样说的：

挫折是什么？坚强说："挫折是山，翻过它就可以见到辽阔的大海。"勇敢说："挫折是荆棘，劈开它就会出现更广阔的大道。"胜利说："挫折是海中的礁石，不遇见它永远激不起成功的浪花。"聪明的你，告诉我，挫折到底是什么呢？

我曾经和你分享过司马迁的故事，不知你是否还记得？司马迁曾经被处以过宫刑，但是，他还是以坚强的毅力完成了《史记》这部伟大的著作。

司马迁曾说："古者富贵而名摩灭，不可胜记，唯倜傥非常之人称焉。盖文王拘而演《周易》；仲尼厄而作《春秋》；屈原放逐，乃赋《离骚》；左丘失明，厥有《国语》；孙子膑脚，《兵法》修列；不韦迁蜀，世传《吕览》；韩非囚秦，《说难》《孤愤》；《诗》三百篇，大抵圣贤发愤之所为作也。"意思是说：古时候虽富贵但名字磨灭不传的人，多得数不清，只有那些卓异而不平常的人才在世上著称。西伯姬昌被拘禁而扩写《周易》；孔子受困窘而作《春秋》；屈原被放逐，才写了《离骚》；左丘明失去视力，才有《国语》。孙膑被截去膝盖骨，《兵法》才撰写出来；吕不韦被贬谪蜀地，后世才流传着《吕氏春秋》；韩非被囚禁在秦国，写出《说难》《孤愤》；《诗经》三百篇，大都是一些圣贤们抒发愤懑而写作的。

事实证明，那些伟人往往都是在身处逆境中战胜挫折，从而有所作为的。在一个人成长的历程中，遇到挫折和失败是常有的事。挫折如家常便饭，时刻伴随着我们。愈挫愈奋，屡败屡战，才能从挫败走向成功。

成长需要挫折。

春秋时期，吴国和越国交战，吴国战胜越国。越王勾践被迫到吴国为奴，　📖越王勾践（约前520年—前465年），姒姓，本名鸠浅（古时华夏文字不同，音译成了"勾践"），又名菼执，春秋末年越国国君。前496年，越王勾践即位，成为春秋时期最后一位霸主。侍奉吴王夫差。勾践为图日后东山再起，甘心在吴国忍受屈辱，尽心尽力侍奉吴王夫差。有一次，吴王夫差病了，为了找到病源，勾践亲自去尝夫差的粪便。勾践的这个举动使吴王非常感动，便将勾践放回越国。勾践回国后，暗地里大力发展生产，加强练兵，试图一雪前耻。为了激励自己，他每天晚上睡觉不铺褥子，只铺些柴草（古时叫薪），又在房梁上挂了一只苦胆，每天起床后的第一件事就是尝苦胆的味道。20年后，越国终于强大起来，讨伐吴国，一举将吴国击败。随后勾践又成功征服了周边一些国家，使自己成为春秋霸主之一。这就是"卧薪尝胆"的来历。

越王勾践的故事告诉我们，逃避挫折是解决不了问题的，最好的办法就是直面挫折，积蓄力量，跨过重重阻碍，就会迎来成功。

挫折中孕育着成功的机会。

1791年，法拉第出生在伦敦市郊一个贫困铁匠的家里。由于父亲经常生病，子女又多，收入微薄，所以法拉第小时候连饭都吃不饱，更谈不上去上学了。

法拉第12岁时，就上街去卖报。一边卖报，一边从报上识字。13岁时，他到一家印刷厂当图书装订学徒工。每当工作之余，他就翻阅装订的书籍，遇到不认识的字就向人请教。渐渐地，他能够看懂一些书了。他特别喜欢电学和力学方面的书，但是由于没钱买，就把印刷厂的废纸订成笔记本抄录书上的知识。一次，英国皇家学会会员丹斯到印刷厂校对他的著作，无意中发现法拉第的"手抄本"，非常感动，便将皇家学院的一张听课券送给他，表示对这个年轻人的支持。

法拉第极为兴奋地来到皇家学院旁听，作报告的是当时赫赫有名的英国著名化学家戴维。●注戴维（1778年12月17日—1829年5月29日），生于康沃尔郡彭赞斯，英国化学家。主要成就：开创了农业化学；用电解法离析出金属钾和钠；分离出金属钙、锶、钡和镁；指出碘是与氯类似的元素，并制备出碘化钾和碘酸钾等许多碘的化合物，后证实金刚石与木炭的化学成分相同；发明矿用安全灯；发现铂能促使醇蒸气在空气中氧化的催化作用等。法拉第非常用心地听戴维讲课，回家后，他把听讲笔记整理成册，作为自学的化学课本。后来，他把这个"化学课本"寄给戴维教授，并附了一封信，表达自己想学习科学的热切愿望。收到信后，戴维深受感动，将法拉第招为助手。法拉第非常勤奋，很快掌握了实验技术，成为戴维的得力助手。

后来，法拉第开始了独立的科学研究，发现了电磁感应现象。不久，又发现了电解定律，震动了整个科学界。这一定律,被命名为"法拉第电解定律"。由于他对电化学的巨大贡献,人们用他的姓——"法拉第"作为电量的单位;用他的姓的缩写——"法拉"作为电容的单位。

法拉第少年时期的成长经历,对于一个正值上学读书的花季少年来说,是多么大的打击啊!但是法拉第不甘于平庸,利用卖报、订书等与书籍接触的机会,刻苦自学,从一个连小学都没念过的学徒工,跨入了世界一流科学家的行列。

高位截肢的张海迪说:"即使挫折使你倒下去一百次,你也要一百零一次站起来,唯有挫折能让你坚强起来。"

双耳失聪的音乐家贝多芬说:"要在挫折面前扼住命运的喉咙,挫折会使你自信起来。"

人生的道路不可能总是一帆风顺的,一时的失败并不意味着你不如别人,也不意味着你永远不会成功,更不意味着你没有机会翻转人生。在你感到没有希望的时候,鼓励自己坚持下去,战胜挫折,就会迎来成功的曙光。

孩子,在挫折来临的时候,一定要抛开一切杂念,依旧快乐地为梦想而奋斗。遇到难题,多加思考,虚心向老师请教就会解决;一次考试没有考好,总结经验,再度启程,下次还有机会;和周围人发生矛盾,只要积极主动沟通,坦诚相待,总会解决……阳光总在风雨后,请相信有彩虹。

读书学习, 总不能惧怕挫折, 擦一擦额上的汗, 拭一拭眼中欲滴的泪, 继续奔跑吧! 加油! 下回再见吧!

王昶

《诫子书》

导读

　　孩子，我近来在读《群书治要》一书里面《三国志》的部分，其中有收录三国时期王昶的《诫子书》。王昶对子侄的教导实为修身良箴，处世良言。这篇文章到了我这个年纪，读来深有体会，所以特地寄给你。不知你看了作何感想？里面有一句话："夫物速成则疾亡，晚就则善终。朝华之草，夕而零落。松柏之茂，隆寒不衰。"实在是至理。我希望你无论学习还是做事，都能从基础做起，踏踏实实，不要急躁，不要急于求成，走好人生的每一步。

　　为人子之道，没有比爱惜自己的身体，保持良好的品行，从而使父母名声显扬更重要的了。这三件事，人们都知道好，而有的人却危害自身、破坏家庭，陷入灭亡的灾祸之中，这是为什么呢？是由于他们尊崇学习的不是正道。孝敬、仁义，是各种品行当中最重要的，也是为人处世的根本。能孝敬，则家族内部就会安定；有仁义，则会受到乡亲们的尊重。这就是德行养成于自身，好的名声就会显扬在外了。人如果不专注于培养卓越的品行，而背离根本，追逐末节，就会陷入华而不实之中，就会因此结成帮派。华而不实就会有虚伪的毛病，拉帮结派则会有彼此牵累的祸患。这两方面的鉴戒，是非常明显的，然而重蹈覆辙的人愈来愈多，舍本逐末的现象更加严重，这都是因为迷惑于当时的声誉，贪图眼前利益的缘故。富贵和名声，是人人心中都喜欢的，而君子有时得到了却不要，这是为什么呢？是因为厌恶它们不是从正道得来的。最怕的就是人们知进而不知退，知道贪求而不知道满足，所以才会有困窘侮辱的牵累，才会有令人悔恨的过错。俗话说：“如果不知足，就会失去想要的东西。”所以知足的满足是长久的满足。观察往事的成败，考察将来的吉凶，还没有追名逐利、贪婪而不知满足，却能保持家道世代相传并长久享有福禄的人。我希望你们立身处世，遵从儒家的教诲，奉行道家的学说，所以用玄默冲虚这样的字来作为你们的名字，想让你们看到名字就想到其含义，不敢有所违背。在古代，盘盂上铸有铭文，几杖上刻有训诫，低头抬头都能看见，因此才不会有错误的行为。何况如今这些告诫就在自己的名字中，能不警惕吗？大凡事物成就得快而灭亡得也快；成就得慢，结果就会善终。早晨开花的草，到晚上就会凋谢；而松柏的茂盛，在严冬也不会衰败。因此高尚雅正的君子，不会急于求成，总会以孔子对阙党童子的告诫为借鉴。

像晋国的范燮在秦国客人面前显示才能，以致被范武子打得折断了发簪，这是因为范武子厌恶他掩盖了别人的才能。人有优点，很少有不自夸的；人有才能，很少有不自负的。自夸就会掩盖别人，自负就会压低别人。掩盖别人的人，别人也会掩盖他；以势压人的人，别人也会压低他。所以晋国的郤錡、郤犨、郤至三人被杀；王叔（与人争权夺利）最后成为周朝的罪人。这不正是自夸自傲、争强好胜惹来的灾祸吗？所以，君子不称赞自己，不是为了谦让他人，而是厌恶这样做会掩盖别人。人如果能够以屈为伸，以让为得，以弱为强，就很少会有不顺利的。诋毁和赞誉，是喜好和厌恶产生的根源，也是决定祸福的关键，所以圣人对此特别谨慎。孔子说："我对于他人，诽谤过谁？又赞誉过谁呢？如果有所赞誉，一定是经过试验的。"以圣人那样的德行，还尚且如此，何况平庸之辈反而能轻意诋毁或赞誉别人吗？从前伏波将军马援告诫他的侄儿说："听到别人的过失，应当像听到自己父母的名字一样，耳朵可以听到，嘴里却不能说出来。"这样的告诫真是太对了。别人如果诋毁我，应当退一步反省自己。如果自己有可以被人诋毁的行为，那么他所说的就是恰当的；如果自己没有可被诋毁的行为，那么他的话就是虚妄的。若所言恰当，就不能怨恨别人；若所言不实，对自己也没有损害，何必要报复、怨恨呢？再说，听见别人诋毁自己便发怒的人，便会用恶言恶语对待别人，这样别人对你的报复就会更加厉害，不如默不作声而去修养自己的德行。谚语说："要防止寒冷，没有比穿上厚皮衣更有效的了；要止息谤言，没有比修养自己的德行更好的了。"这话真是不虚啊！

如果遇上那些搬弄是非、狠毒奸险的人，接近他们尚且不可以，更何况与他们面对面地计较争论呢！这样做的危害很深啊！能不谨慎吗？我和世人交往共事，虽然有的出仕、有的隐退，情况有所不同，但各有其可取的长处。颍川的郭伯益，喜好洞达事理，聪敏而有智慧。可是他的为人心胸不够宽阔，对待人轻视尊重的分别有些过分。碰到他中意的人，就会敬重如山；碰到不中意的人，就会轻视如草芥。我因为和他相识，所以和他亲近，但不希望儿子们像他一样。北海的徐伟长，不求取显赫的名声，不谋求不当得到的利益，淡泊无求、坚守节操，一心追求道义。他要是有所褒贬评论，就会依托古人（言行）来表达自己的意见，不直接对人进行褒贬。我很敬重他，希望儿子们向他学习。乐安国的任昭先，为人淳厚精粹、躬行正道，内心聪敏而对人宽和，居处不避卑下的环境，看似怯弱却见义勇为。我和他友好亲善，希望儿子们以他为榜样。如果能从这些道理中加以引申，触类旁通，你们大概就能举一反三了。在使用钱财时要先考虑到家族其他成员，施舍时要着重周济那些急需的人，出外返回时要问候尊长，议论时注意不要贬低别人，做官时要崇尚忠贞的节操，选择朋友要注重道义和诚实，处世为人要戒除骄纵淫逸，贫贱时切勿忧愁，进与退要想到是否恰当。做事时要考虑到这九条，能这样做就行了，我还有什么可忧虑的呢？

原文

　　夫人为子之道，莫大于宝身全行，以显父母。此三者，人知其善，而或危身破家、陷于灭亡之祸者，何也？由所祖习非其道也。夫孝敬仁义，百行之首，而立身之本也。孝敬则宗族安之，仁义则乡党重之，此行成于内、名著于外者矣。若不笃于至行，而背本逐末,以陷浮华焉,以成朋党焉。浮华则有虚伪之累,朋党则有彼此之患。此二者之戒,照然著明,而循覆车滋众,逐末弥甚,皆由惑当时之誉,昧目前之利故也。夫富贵声名,人情所乐,而君子或得而不处,何也?恶不由其道耳。患人知进而不知退,知欲而不知足,故有困辱之累,悔吝之咎。语曰:"不知足则失所欲。"故知足之足,常足矣。览往事之成败,察将来之吉凶,未有干名要利,欲而不厌,而能保世持家、永全福禄者也。欲使汝曹立身行己,遵儒者之教,履道家之言,故以玄默冲虚为名,欲使汝曹顾名思义,不敢违越也。古者盘杅有铭,几杖有诫,俯仰察焉,用无过行,况在己名,可不戒之哉!夫物速成则疾亡,晚就则善终。朝华之草,夕而零落。松柏之茂,隆寒不衰。是以大雅君子,恶速成、戒阙党也。

若范匄对秦客,至武子击之,折其委笄,恶其掩人也,夫人有善鲜不自伐,有能者寡不自矜。伐则掩人,矜则陵人。掩人者人亦掩之,陵人者人亦陵之。故三郤为戮于晋,王叔负罪于周,不唯矜善自伐好争之咎乎?故君子不自称,非以让人,恶其盖人也。夫能屈以为伸,让以为得,弱以为强,鲜不遂矣。夫毁誉,爱恶之原,而祸福之机也,是以圣人慎之。孔子曰:"吾之于人,谁毁谁誉?如有所誉,必有所试。"以圣人之德,犹尚如此,况庸庸之徒而轻毁誉哉?昔伏波将军马援戒其兄子,言:"闻人之恶,当如闻父母之名。耳可得闻，口不可得道也。"斯戒至矣。人或毁己，当退而求之于身。若己有可毁之行，则彼言当矣。若己无可毁之行，则彼言妄矣。当则无怨于彼，妄则无害于身，又何反报焉？且闻人毁己而忿者，恶丑声之加人也，人报者滋甚，不如默而自修也。谚曰："救寒莫如重裘，止谤莫如自修。"斯言信矣。

　　若与是非之士、凶险之人，近犹不可，况与对校乎？其害深矣。可不慎与！吾与时人从事，虽出处不同，然各有所取。颍川郭伯益，好尚通达，敏而有知。其为人弘旷不足，轻贵有余。得其人，重之如山；不得其人，忽之如草。吾以所知亲之昵之，不愿儿子为之。北海徐伟长，不治名高，不求苟得，澹然自守，唯道是务。其有所是非，则托古人以见其意，当时无所褒贬。吾敬之重之，愿儿子师之。乐安任昭先，淳粹履道，内敏外恕，处不避洿，怯而义勇。吾友之善之，愿儿子遵之。若引而申之，触类而长之，汝其庶几举一隅耳。及其用财先九族，其施舍务周急，其出入存故老，其议论贵无贬，其进仕尚忠节，其取人务道实，其处世戒骄淫，其贫贱慎无戚，其进退念合宜，其行事加九思，如此而已，吾复何忧哉？

第十五章
做自己的雕塑师
——读书能让你成就最好的自己

不读书就没有真正的学问，没有也不可能有欣赏能力、文采和广博的学问。

——赫尔岑

在实践中学习，在实践中成长

孩子：

你听说过小马过河的故事吗？试问，读书学习离得开实践吗？这一封信我想和你谈谈实践的重要性，一个人不实践就等于一只蜜蜂不酿蜜，这样就完全脱离了生命。

据说英国有一个名叫亚克敦的人，他一生酷爱读书，读过的书多达7万卷，却连一篇像样的文章也写不出来。一位学者很惋惜地说："就像沙漠吸收流水，虽然喝了一江春水，最后却连一泓清泉也没有喷涌到地面上。"究其原因，就是他的知识没有和实践相结合，不能应用于实践的知识，就成了死知识。

我国著名教育家、思想家孔子在教育他的学生时说："诵诗三百，授之以政，不达；使于四方，不能专对；虽多，亦奚以为？"意思是熟读《诗经》三百篇，叫他去从政做官治理百姓，却不能很好地处理政务；叫他出使四方各国，也不能独立地和各国进行交涉。书读得再多，又有什么用呢？所以说，理论与实践是紧密联系在一起的，只有亲自去实践，才能获得真正闪光的理论。

实践是理论的基础，实践出真知。

在富兰克林之前，人们对雷电一直没有正确的认识。富兰克林在一次电学实验中受到启发，断定雷电是一种放电现象。为了证实自己的设想，在一个雷雨天，他和他的儿子一起做了著名的"风筝实验"。他在风筝上面固定一根向上伸出几十厘米的细铁丝，将细铁丝与放风筝的细麻绳相连。风筝穿入带有雷电的云层中，闪电在风筝上闪烁。当一道闪电掠过时，富兰克林觉得自己拉着麻绳的手有些麻木，这是由于"雷电"被引下来了。后来他又用莱顿瓶收集了"天电"去做实验，证明"天电"和地电一样能被金属传导。从此，人们知道了闪电的本质就是大气中的放电现象。做这样的实验的确是冒着很大的危险，但许多真理都是需要实践才能得到的。

除了实践以外，没有其它办法可以识别错误。

我国明朝著名医学家李时珍，李时珍（1518年—1593年），字东璧，晚年自号濒湖山人，湖北蕲春县蕲州镇东长街之瓦屑坝（今博士街）

人。明代著名医药学家，被后世尊称为"药圣"。后为楚王府奉祠正、皇家太医院判，死后明朝廷敕封为"文林郎"。于明万历十八年（1590年）完成了192万字的巨著《本草纲目》。著有《奇经八脉考》《濒湖脉学》等。曾阅读过大量的医学典籍，但是经过临床实践后，发现古代医书中错误很多，如果按照上面的方法给病人治病，将会贻害无穷。于是，他辞去皇家太医院的优厚职位，决心要重新编纂一部药物书籍。他阅读了上万卷医书以及历史、地理和文学名著，而且亲自到各地去寻找药材。每到一个地方，就虚心向有经验的人请教。历尽千难万险，不管是崇山峻岭，还是荒漠险滩，哪里有中草药，哪里就有他的足迹。他白天外出采药，晚上对每一种药草，从产地、栽培到苗、茎、叶、根、花果以及形态气味、功能进行非常深入细致地研究。他记录了数百万字的笔记，经过反复修改，历时19年终于完成了一部药物学巨著《本草纲目》。李时珍用自己一步步的艰难跋涉和一次次亲自品尝，才将药性、药效准确地总结出来，为后世中医药的发展做出了巨大贡献。

实践对理论起决定性作用。

新中国的缔造者毛泽东同志，在学生时代不仅刻苦努力读书，而且非常重视社会实践。他经常利用假期，去湖南各地了解、考察民情，并利用所学知识进行深入的分析研究。他先后到湖南长沙、宁乡、安化、益阳、沅江、浏阳等地进行了"游学"式的考察,加深了他对中国国情的认识,并激发了他的革命热情。五四运动后,随着马克思主义在中国的广泛传播,他开始运用马克思主义理论指导调查研究。其中《中国社会各阶级的分析》和《湖南农民运动考察报告》等指导革命成功的重要文献,都是他在考察实践中完成的。

正如列宁所说:"要学会游泳,就必须下水。"要想知道梨子的滋味,你不亲口尝一尝,怎么能真正品味得到呢?

我国古代圣贤主张"知行合一",认为掌握知识固然重要,但实际应用也很重要。要想实现崇高伟大的志向,就必须脚踏实地,付诸行动。法国著名实用主义哲学家、教育家杜威,提出了"教育即生活""学校即社会""从做中学"等一系列教育纲领。他认为,教育过程和生活过程并不是两个过程,而是一个过程。知识总是与"做"相联系的,只有通过"做"得来的知识才是"真知"。在实践中学习,才是学习的最高境。读书的最终目的是将所学知识应用到生活和实践中,将知识转化为力量。如果不能将学到的知识应用到实践中去,知识既成不了力量,也成不了财富,知识还是知识本身。

孩子,生活是多彩的也是复杂的,有很多东西值得我们学习，让我们在繁忙的学习中，抽出一点儿时间，参加一些社会实践，学有所思，学有所用，在实践中进步，在生活中成长。

很多问题本身都不是问题，只要平时善于观察，勤于实践，你就会学到很多，对吗？以后切记要在实践上下一番功夫。

人皆我师，不耻下问

孩子：

子曰："敏而好学，不耻下问。"这一封信我想和你谈谈虚心请教的重要性，在学习中一定要多问"为什么"，遇事一问，必长一智。

有这样一个真实的事件：西部山区有一位出身卑微的青年，只上过小学，靠自学成为一名著名的网络工程师。当记者问他成功的秘诀时，他说："遇到疑难问题随时向人请教，在路上、公园里、书店里、各种贴吧和论坛上，都可以找到老师。"

这位青年的成功之路告诉我们：虚心求教、不耻下问是获得知识最有效的途径。其实，生活中每个人都可能是我们的老师。不以不懂为耻，不耻下问，是一个人增长知识的有效途径。

不耻下问，就要虚心求问。

春秋时期，卫国有个人叫孔圉，不仅勤奋好学，而且非常谦虚。他死后，卫国国君为了让后人学习他的好学精神，就赐给他一个"文"的谥号，后来人们就尊称他为"孔文子"。

孔子有个学生叫子贡，（💡端木赐（公元前520年—公元前456年），复姓端木，字子贡（古同子赣），以字行，华夏族，春秋末年卫国（今河南鹤壁市浚县）人。孔子的得意门生，孔门十哲之一，"受业身通"的弟子之一，孔子曾称其为"瑚琏之器"。他认为将孔圉称为"孔文子"，似乎有点儿评价过高了。他不能理解，便向孔子请教。

子贡问："孔圉的学问及才华虽然很高，但是比他更杰出的人还有很多，为什么只给孔圉'文'的谥号呢？"

孔子回答说："孔圉聪明好学，勇于向地位和学识不如自己的人虚心请教，从不感到丢脸，这是非常难得的，所以要赐给他'文'的谥号。"

子贡听孔子这样一说，猛然省悟，顿时感到心悦诚服。

不耻下问，也要勤于求问。

北宋时期的大文豪欧阳修，（💡欧阳修（1007年8月1日—1072年9月22日），字永叔，号醉翁，晚号六一居士，吉州永丰（今江西省吉安市永丰县）人。北宋政治家、文学家，世称"欧阳文忠公"。与韩愈、柳宗元、苏轼、苏洵、苏辙、王安石、曾巩合称"唐宋八大家"，并与韩愈、柳宗元、苏载合称"千古文章四大家"。他曾主修《新唐书》，独撰《新五代史》。有《欧阳文忠集》传世。因支持改革，冒犯了统治集团的利益，被贬到滁州任太守。此后，他寄情山水，与琅琊寺的智仙和尚结为好友。为了便于欧阳修游览山川湖泊，智仙和尚让人在山腰盖了一座亭子。亭子建成当天，欧阳修前去祝贺，将亭子取名为"醉翁亭"，并写下了千古传诵的《醉翁亭记》。文章写成后，欧阳修把它张贴于城门上，请人指出问题。开始大家只是赞扬，后来有位樵夫说开头太啰嗦，让欧阳修到琅琊山南门去看看。欧阳修到山上一看，恍然大悟，于是提笔将开头"环滁四面皆山，东有乌龙山，西有大丰山，南有花山，北有白米山，其西南诸山，林壑尤美"，改为"环滁皆山也。其西南诸峰，林壑尤美"几个字。如此一改，文字精练，意境倍增。虽然从文学造诣来说，欧阳修远远高过樵夫，但因视角的不同，他依然可以从樵夫那里得到改进文章的灵感。

不耻下问，还要从虚心的态度开始。

民国时期的大画家丰子恺先生曾画过一幅题为《卖羊》的漫画：⊕丰子恺（1898年11月9日—1975年9月15日），浙江省嘉兴市桐乡市石门镇人。原名丰润，又名仁、仍，号子觊，后改为子恺，笔名TK。中国现代画家、散文家、美术教育家、音乐教育家、漫画家、书法家和翻译家。以中西融合画法创作漫画以及散文而著名。一位农夫牵着两只湖羊，来到羊肉馆卖给老板。画好后，先生觉得很满意，就带上漫画来到羊肉馆，让老板和顾客们欣赏一番。谁知道，一位吃饭的农民看了后连连摇头发笑。丰先生觉得很纳闷，就上前虚心请教。

那农民说："你多画了一条绳子。"

丰先生听后，仔细看了看画，一时想不通：两条绳子牵两只羊，哪里会多了一条绳子呢？

这时，那个农民站起来认真地告诉他："牵羊只需牵头羊，不管多少只，只要一条绳子就够了。"

先生连连称是，并修改了这幅漫画。

不耻下问，更要不以不懂为耻。

罗蒙诺索夫出生于阿尔汉格尔斯克一个普通的渔民家庭，🈂️罗蒙诺索夫（1711年11月19日—1765年4月15日），生于阿尔汉格尔斯克。俄国百科全书式的科学家、语言学家、哲学家和诗人，被誉为俄国科学史上的彼得大帝。提出了"质量守恒定律"（物质不灭定律）的雏形。他创办了俄国第一个化学实验室和第一所大学（莫斯科罗蒙诺索夫国立大学）。他从小就有着强烈的求知欲，但是目不识丁的父亲不能给他任何帮助。他只能向邻居学习识字，如饥似渴地阅读所能得到的一切书籍。19岁时，为了争取较好的学习条件，他告别家乡，来到了莫斯科，进入一所拉丁文学校。由于他在学校年龄较大，又没学过拉丁文，老师就让他坐到最后一排，那些趾高气扬的贵族子弟经常对他冷嘲热讽："瞧，这个20岁的蠢货还来学拉丁文！"

但罗蒙诺索夫丝毫没有理会老师的冷淡和同学的讥笑，只是专心听讲，遇到不懂的问题就虚心向老师和同学请教。他的拉丁文进步很快，一年后被派往德国学习。

不管别人如何看不起自己，罗蒙诺索夫都不以为耻，反而进一步向他人请教，最终由一个打渔青年成为著名的科学家、语言学家、哲学家和诗人，提出了"质量守恒定律"的雏形，被誉为俄国科学史上的"彼得大帝"。

那些大人物尚且如此，我们还有什么不好意思向人开口请教的呢？

中国有一句古语："吾生也有涯，而知也无涯。"一个人的生命是有限的，知识却是无限的。不耻下问，能让我们从无知变成有知，从有知变得博学。不论是不懂装懂，还是耻于下问，都是虚荣心在作怪，绝对要不得。不懂不问，便永远不会懂。

孩子，不耻下问是求学成功的重要一道坎，只有跨过这道坎才能将自己的知识锦囊装得更饱满、更多彩！

在遇到疑惑的时侯，常常不耻下问，可以少走很多弯路。如果有什么疑惑没有得到解决，欢迎写信告知我。

相信自己，永不言弃

孩子：

　　穿越历史洪泽，回首过往，拥有自信从而取得成功的人贯穿古今数不胜数。这一封信我想和你谈谈有了坚韧不拔的毅力，便有了无穷尽的力量。

　　我们来看看这样一个故事：

　　人群中每个人都背负着一个沉重的十字架，缓慢而艰难地朝着目的地行走。途中，有一个人忽然停了下来。他心想：这个十字架实在太沉了，就这样背着它，得走到何年何月啊？于是，他拿出刀，将十字架砍掉了一截。随后他走起路来，轻松了很多。走了一段时间后，他觉得还是太沉了，于是又将十字架砍了一截，他又感到轻松了许多。走着走着，前边忽然出现一个又深又宽的沟壑，沟上没有桥，周围也没有路。其他人用自己背负的十字架搭在沟上做成桥，跨越了沟壑。他也想搭桥，可是他的十字架的长度已经不够搭桥了。

其实，我们每个人每天都背负着一个十字架，在理想的道路上艰难前行。但是有的人每遇到一次困难，就放低一点儿要求。虽然每放弃一点儿要求自己就能轻松很多，但是这样你却失去了助你跨过人生沟壑的桥。只有那些相信自己，永不言弃，奋力前行的人，才能跨过人生的沟壑，到达理想的彼岸。

相信自己，永不言弃，在困境中成长。

美国著名影星史泰龙，小时候因一次医疗事故，导致面部神经受伤，左脸颊部分肌肉瘫痪，左眼睑与左边嘴唇下垂，说话也受到了极大影响。因为相貌丑陋，大家都不喜欢他，也不愿意和他玩。他的学习成绩一塌糊涂，被公认为是坏学生的典范。他一共换了12所学校，常常待不了多久，就被学校随便找个理由开除了。

走过不幸的童年和少年，他渐渐长大成人，在体育方面表现出过人的天赋。他想成为一名足球运动员，却没有一所体育院校愿意录取他。他想参加海军，可是年龄不符合要求。无奈之下，他只好来到瑞士，一边给女学生上体育课，一边学习戏剧课程。一次偶然的机会，他参加了世界名剧《推销员之死》的排演，他做起了演员梦。

不久，他又回到了美国，进入迈阿密大学，正式学习表演艺术。然而导师很不喜欢他，认为他不是演戏的料，劝他尽快退学。尽管他不相信命运，也不愿意服输，但最终还是以三分之差，被迈阿密大学拒之门外。

随后，他来到纽约寻找机会。但是没有一家演艺公司愿意录用他，就连一个跑龙套的角色他也得不到。他的母亲看他一次次碰壁，却仍是一往无前，便建议他说："你没有做演员的天资，但如果能做一个编剧，也算实现了你的理想。"史泰龙想：虽然我无法改变自己的外在形象，但是我有能力修改、润色自己创作的剧本，待剧本被导演看中后，说不定我会得到当演员的机会。

于是他听从了母亲的建议，暂时放弃了做演员的梦想，潜心钻研剧本的写作。经过精心构思和反复修改，他终于创作出了一部令自己满意的剧本——《洛奇》。

随后，他开始找电影公司上门推销。那时，好莱坞共有500家电影公司，他一家挨一家的拜访了一遍，但没有一家公司愿意接受他的剧本。

然而史泰龙并没有放弃，他从最后一家被拒绝的公司出来后，又从第一家开始，继续他的第二轮拜访。

　　然而同上一回一样，500家电影公司依然全部拒绝了他。但是他相信自己，没有放弃，又进行了第三轮、第四轮拜访。终于，当他拜访完第349家后，第350家电影公司的老板说："留下你的剧本，让我们先看一看。"

　　史泰龙激动得热泪盈眶，因为这已经是他第1850次敲电影公司的门了。

　　数天后，他被这家公司约去详细商谈。这家公司决定投资拍摄这部电影，并请他担任剧中的男主角。电影播出后，引起了巨大的轰动，史泰龙由此开启了他辉煌的人生。

　　如果不是抱有必胜的信念，如果没有永不言弃的精神，没有第1850次的努力，世界电影史上可能就不会有史泰龙这个闪亮的名字。

　　相信自己，永不言弃，在超越自我中成就美好人生。

　　有一部外国电影叫《永不放弃》，里面有个情节很振奋人心。一位名叫布洛克的队员，被教练蒙上眼睛，背着72公斤的队友做50码的"死亡爬行"。这在布洛克看来，是一项不可能完成的任务，因为平时他只能完成10码。布洛克几次想要放弃，但他的教练在5分钟内，给了他多达102次的鼓励，使他最终完成了任务。可见，人的潜力是很大的，在最艰难的时刻，不放弃，再坚持一下，就可能突破自己。

相信自己，永不言弃，坚持不放弃就是成功。

1948年，牛津大学举办了一个"成功秘诀"讲座，邀请当时声名显赫的丘吉尔来演讲。⚫丘吉尔（1874年11月30日—1965年1月24日），生于英格兰牛津郡伍德斯托克，英国政治家、历史学家、画家、演说家、作家、记者。曾两度出任英国首相，领导英国人民赢得了第二次世界大战的胜利，被认为是20世纪最重要的政治领袖之一，是"雅尔塔会议三巨头"之一。战后发表《铁幕演说》，正式揭开了美苏冷战的序幕。著有《第二次世界大战回忆录》《英语民族史》等。在BBC举行的"最伟大的100名英国人"的调查中，丘吉尔获选为有史以来最伟大的英国人。会场上人山人海，水泄不通，人们准备洗耳恭听这位政治家、外交家的成功秘诀。没想到丘吉尔只讲了三句话，就走下了讲台。

他说："我的成功秘诀有三个：第一是，绝不放弃；第二是，绝不、绝不放弃；第三是，绝不、绝不、绝不能放弃！我的讲演结束了。"

人们开始是惊愕，过了好一会儿，便爆发出热烈的掌声，经久不息。

在现实生活中，每个人都会遇到这样或那样的挫折与不幸，但是面对困难，有的人灰心丧气，畏缩不前，有的人永不言弃，奋力打拼，最终战胜挫折，一步步走向成功。其实，在很多时候，困难远没有你想象得那样可怕。能否走出困局，很大程度上取决于你是否相信自己。

孩子，没有失败，只有放弃，不放弃就不会失败。在学习过程中，难免会遇到困难、挫折和失败，但千万不要轻言放弃，我们应该明白：每解决一道难题，我们就扫除了一个知识点的盲区；每克服一次困难，我们的人生就会上一个台阶。

孩子，请你别说"不行"。请你做个勇士，做个坚强的勇士。

学习是一辈子的事情

孩子：

信已接近尾声，看完前面这些信不知你有何感受？这一封信我想最后和你谈谈终身学习的重要性，学海无涯，学无止境说的就是这个道理。

我们经过十几年寒窗苦读，终于考取了一所重点大学。由于就业压力巨大，所以我们不敢松懈，仍旧夜以继日地学习，最终以优异的成绩毕业，签约了一家世界500强企业，找到了一份体面的工作。你一下子躺倒在椅子上，长长地舒了一口气，觉得现在终于踏实了，轻松了，似乎从此就要走上一条灿烂的人生坦途了。

但是且慢，事情并没有你想象得那么简单。古语有云："学无止境。"学习从来就不是一件阶段性的事情，而是一辈子的事情。

美国东部一所重点大学教学楼的台阶上，一群工程学高年级的学生正在兴高采烈地讨论着一场即将来临的考试。这是他们的教授突然心血来潮，临时起意安排的一场考试，他们感觉自己已经准备好了。对于这群名副其实的天之骄子们来说，在整个求学阶段，他们不知经历了大大小小多少场考试，所以对于这场临时考试，他们每个人都表现得信心满满。况且教授还说过，进考场可以带任何书或笔记，但是在考试的过程中不能交头接耳、相互讨论。对于他们来说，这有什么难的呢？

考试时间到了，他们兴高采烈地冲进教室。教授把试卷分发下去，当学生们注意到只有五道论述类型的问题时，脸上的笑容更加灿烂了，没有人认为这是一次难度很大的考试。

三个小时过去了，教授开始收试卷。学生们看起来不再自信了，他们的脸上是一种极其恐惧的表情。没有一个人说话，教授拿着试卷，俯视着眼前那一张张焦急的面孔，然后问道："完成五道题目的有多少人？"

没有一个人举手。

"完成四道题的有多少？"

仍然没有人举手。

"三道题? 两道题?"

学生们开始有些不安, 在座位上扭来扭去。

"那一道题呢? 肯定有人完成一道题吧。"

但是整个教室仍然一片寂静。教授放下试卷, 说:"这正是我期望得到的结果, 我只想让你们留下一个深刻的印象, 即使你们已经完成了四年的专业学习, 但关于这门学科仍然有很多的东西你们还不知道。这些你们不能回答的问题就是与你们每天的普通生活实践相联系的。"然后他微笑着补充道:"虽然你们都已经成为一名合格的大学毕业生了, 但是请记住, 你们的学习还只是刚刚开始。"

教授的话并不是危言耸听, 他给学生们在毕业考试后和参加工作前进行的这次考试, 也绝不是一时心血来潮, 临时起意, 而是给学生们一个警示: 仅仅依靠学校所学的知识是难以解决现实生活中遇到的新问题的, 尤其是在这个日新月异的现代社会。

现在我们所处的时代, 是一个知识爆炸的时代。据专家推算, 在19世纪初, 人类的知识以每50年翻一番的速度增长。到了20世纪初, 以每10年翻一番的速度增长。20世纪80年代, 变为每3年翻一番。但是到了20世纪末之后, 人类文明发展的前4900年所积累的文献资料，还没有现在一年的文献资料多。

传统教育是对过去知识的总结，而现代社会，知识、产品的更新换代速度非常快。有科技人士指出：从一项新技术被引入到应用中开始算起，它对社会产生的根本性影响大概只需要5至7年，靠大学教育就能"保终生就业"的时代也一去不复返了。一份研究资料显示：在知识更迭日益加快的今天，一个本科生毕业两年内、一个硕士研究生毕业三年内、一个博士生毕业四年内，如果不及时补充新知识，其所学的专业知识将全部老化。

更重要的是随着人工智能的普及，不仅是体力劳动者，即便是脑力劳动者也开始被机器化所取代。麦肯锡2016年的报告指出：当下由人类完成的45%的工作，未来将可能实现自动化。如果某个行业开始大规模普及机器人，不仅是中年人，相关专业的大学毕业生也可能一毕业就失业。

在传统农耕社会，一个人的一生基本可以划分为两个阶段：前半生的主要任务是学习，后半生的主要任务是用学来的知识工作。但是在现代社会，大学文凭充其量只是进入某个领域的敲门砖。走出校门后，学习才只是刚刚开始。如果一个人停止了学习，也就停止了成长和进步。

有一家大公司的总经理对前来应聘的大学毕业生说："你的文凭代表你受教育的程度，它的价值会体现在你的底薪上，但有效期只有3个月。要想在我这里干下去，就必须知道接下来你该继续学些什么东西。如果不继续学些新东西，那么你的文凭在我这里就会失效。"

在我们身边确实有这样一些人，一旦工作、生活稳定下来，就没有了学习的自觉性和追求，自我感觉已经掌握了改造世界的全部本领，认为出了校门就不用再学习了。于是忙碌于吃喝玩乐、迎来送往。结果知识积累越来越少，工作能力也越来越弱。而这也就是为什么别人能够持续不断地升职加薪，自己却连基本生活都难以维持的主要原因。

孩子，你一定要树立终身学习的意识。时代在飞速发展，环境在急剧变化，没有一劳永逸的成功，只有不断学习，才不会被抛出时代的列车。

如果你还没有读完这本书，应当马上补读！嘱咐你啊！请你记住，我将永远站在你的身后，最诚挚地期待着你，也最无私地支持着你，盼望你从此刻出发、从这里出发，成为点亮夜空中最闪亮的星。

陆陇其

《示子弟帖》

导读

孩子,我给你寄来陆陇其的《示子弟帖》一文。这篇文章原文本来很长,我只节录了其中三段,希望读了对你有所启发。陆陇其是清朝的大儒,也是一个清官。他这几篇给孩子的家书,核心只讲了一个道理,就是告诉孩子,读书不是为了取富贵,而是为了明白圣贤的道理,这也是我对你的期待。

为父虽在京城,却深深地关心着你的读书、课业。并非想让你通过读书求取富贵荣华,实在是想让你通过读书能够明白圣贤之道,免得日后沦为平庸之辈。读书与做人,并非截然分开的两件事。认真体会所读之书，并运用到自己身上，效法圣贤之道去做人。唯有如此，才能够叫做真正的读书人。若不把所读之书运用于自己身上，将读书与做人看作截然不同的两件事，便是不曾读过书的人。读书最可贵的是要精湛纯熟。我之前看见你读《诗经》《礼记》，都不能背诵。圣贤经传和当下的滥时文不可同日而语，岂能够像你那样马虎读过。这些都是追求速度而不能纯熟的原因。一味地追求速度是读书的第一大忌讳，读书要细密周到并且不间断，而不在于速度如何。假如能够不间断，即使每日所读之书不多，日积月累，时间一久便会积累很多。如果时刻追求速度，则时刻都在潦草敷衍，这便是终生不能够成功的原因。学习作应试之文，虽然不能够不读时文，只需将数十篇时文拿来看看其规矩格式即可，不必将精力全用在时文上。读经书、读古文，这才是根本。这些根本的东西有长进，时文亦会有所长进。总之，读书应该以圣贤之书为本，切不可只知时文。还要知道循序渐进之理，切不可探求速度，认真体会所读之书，将之用于自身，切不可只将其视为求取功名的工具。假如能听从为父之言，虽然远隔千里，也像促膝而谈，切不可忽视。

你读书，不但要用心，而且不可急躁。"熟读精思，循序渐进"这八个字，是朱子教导人们读书的方法，要谨慎守持。还要思考读书究竟有何用。古人教人读书，是让人能够身体力行圣贤之道，并非是空泛诵读而已。但凡一天之中的一言一行，都需自行察省，看看哪些是合乎圣贤教诲的，哪些是不合乎圣贤教诲的。倘有不合圣贤之言的，则需要深刻反省、改正。这样，才能算作真正的读书人。至于像《左传》这样的书，其中包含了好与不好两类人。读的过程中定要认真区分。看到品德高尚的则起爱慕之心，像他学习。看到不好之人，则起痛恨的念头，并且以此为戒。这样，才是真正读《左传》的人。这便是学习圣贤之道。

你回到家，不知道会是什么样子。必须时时把圣贤的道理放在胸中。《小学》以及《程氏日程》，必须经常仔细翻阅。白天需要花费一两个时辰在读《四书》上。依照为父读《大全》的经验，先把一节内容反复诵读，看得非常透彻之后，再去读下一节，这样循序渐进，积累久了，便能处处彻底地了解。这是根本的工夫，不能够不及早去做啊。再用一两个时辰将读过的书依次温习，不能够只去读新书，忘记了看书和温书是两回事。现在，你身边还没有可以求教或互相切磋的人，须自己在家限定时间，不能够恍惚度日。一定要努力啊！

原文

我虽在京，深以汝读书为念。非欲汝读书取富贵，实欲汝读书明白圣贤道理，免为流俗之人。读书做人，不是两件事。将所读之书，句句体贴到自己身上来，便是做人的法。如此，方叫得能读书人。若不将来身上理会，则读书自读书，做人自做人，只算做不曾读书的人。读书必以精熟为贵。我前见你读诗经礼记，皆不能成诵。圣贤经传，与滥时文不同，岂可如此草草读过。此皆欲速而不精之故。欲速是读书第一大病，工夫只在绵密不间断，不在速也。能不间断，则一日所读虽不多，日积月累，自然充足。若刻刻欲速，则刻刻做潦草工夫，此终身不能成功之道也。方做举业，虽不能不看时文，然时文只当将数十篇，看其规矩格式，不必将十分全力，尽用于此。若读经读古文，此是根本工夫。根本有得，则时文亦自然长进。千言万语，总之读书，要将圣贤有用之书为本，而勿但知有时文。要循序渐进，而勿欲速。要体贴到自身上，而勿徒视为取功名之具。能念吾言，虽隔三千里，犹对面也，慎毋忽之。（示大儿定征。）

汝读书，要用心，又不可性急。熟读精思，循序渐进，此八个字。朱子教人读书法也，当谨守之。又要思读书要何用。古人教人读书，是欲其将圣贤言语，身体力行，非欲其空读也。凡日间一言一动，须自省察，曰，此合于圣贤之言乎，不合于圣贤之言乎。

苟有不合，须痛自改易。如此，方是真读书人。至若左传一书，其中有好不好两样人在内。读时，务要分别。见一好人，须起爱慕之念，我必欲学他。见一不好的人，须起疾恶之念，我断不可学他。如此，方是真读左传的人。这便是学圣贤工夫。(示三儿宸征。)

　　汝到家，不知作何光景。须将圣贤道理，时时放在胸中。小学及程氏日程，时常展玩。日间须用一二个时辰工夫，在四书上。依我看大全法，先将一节书，反复细看，看得十分明白毫无疑了，方及次节，如此循序渐进，积久自然触处贯通。此根本工夫，不可不及早做去。次用一二个时辰，将读过书，挨次温习。不可专读生书，忘却看书温书两事也。目前既未有师友，须自家将工夫限定，方不至优忽过日。努力努力。同上。

附录

古圣先贤论读书

老子

知人者智,自知者明。胜人者有力,自胜者强。知足者富,强行者有志,不失其所者久,死而不亡者寿。

知者不言,言者不知。

为学日益,为道日损。损之又损,以至于无为。

绝圣弃智,民利百倍;绝仁弃义,民复孝慈;绝巧弃利,盗贼无有。此三言也,以为文未足,故令有所属,见素抱朴,少私寡欲,绝学无忧。

天下难事,必作于易;天下大事,必作于细。

慎终如始,则无败事。是以圣人欲不欲,不贵难得之货;学不学,复众人之所过。以辅万物之自然,而不敢为。

千里之行,始于足下。

孔子

学而时习之，不亦说乎？

温故而知新，可以为师矣。

知之为知之，不知为不知，是知也。

默而识之，学而不厌，诲人不倦，何有于我哉？

学如不及，犹恐失之。

生而知之者，上也；学而知之者，次也；困而学之，又其次也；困而不学，民斯为下矣。

志于道，据于德，依于仁，游于艺。

饱食终日，无所用心，难矣哉！

孟子

故天将降大任于是人也, 必先苦其心志, 劳其筋骨, 饿其体肤, 空乏其身, 行拂乱其所为, 所以动心忍性, 曾益其所不能。

一日暴之, 十日寒之, 未有能生者也。

流水之为物也, 不盈科不行。君子之志于道也, 不成章不达。

心之官则思, 思则得之, 不思则不得也。

尽信《书》, 则不如无《书》。

学问之道无他, 求其放心而已矣。

博学而详说之, 将以反说约也。

庄子

吾生也有涯，而知也无涯。以有涯随无涯，殆已；已而为知者，殆而已矣。

知其愚者，非大愚也；知其惑者，非大惑也。大惑者，终身不解；大愚者，终身不灵。

学者，学其所不能学也；行者，行其所不能行也；辩者，辩其所不能辩也。知止乎其所不能知，至矣。

去小知而大知明，去善而自善矣。

小惑易方，大惑易性。

大知闲闲，小知间间；大言炎炎，小言詹詹。

不以物挫志。

荀子

学不可以已。

吾尝终日而思矣，不如须臾之所学也。

不知则问，不能则学，虽能必让，然后为德。

锲而舍之，朽木不折；锲而不舍，金石可镂。

故不登高山，不知天之高也；不临深溪，不知地之厚也；不闻先王之遗言，不知学问之大也。

知而好问，然后能才。

君子博学而日参省乎己，则知明而行无过矣。

无冥冥之志者，无昭昭之明；无惛惛之事者，无赫赫之功。

颜之推

自古执笔为文者，何可胜言。

积财千万，无过读书。

文章当以理致为心肾，气调为筋骨，事义为皮肤，华丽为冠冕。

学问有利钝，文章有巧拙。

凡为文章，犹人乘骐骥，虽有逸气，当以衔勒制之，勿使流乱轨躅，放意填坑岸也。

古之学者为人，行道以利世也；今之学者为己，修身以求进也。

观天下书未遍，不得妄下雌黄。

然人有坎壈，失于盛年，犹当晚学，不可自弃。

程颢

学者须是务实，不要近名方是。有意近名，则为伪也。

外物之味，久则可厌，读书之味，愈久愈深。

学者先务，固在心志。

学者为气所胜，习所夺，只可责志。

故善学者求言必自近，易于近者，非知言者也。

论学便要明理，论治便须识体。

心定者其言重以舒，不定者其言轻以疾。

学者识得仁体，实有诸己，只要义理栽培。如求经义，皆栽培之意。

朱熹

读书之法，在循序而渐进，熟读而精思。

为学之道，莫先于穷理；穷理之要，必先于读书。

读书无疑者，须教有疑，有疑者，却要无疑，到这里方是长进。

读书譬如饮食，从容咀嚼，其味必长；大嚼大咀，终不知味也。

读书之法无它，惟是笃志虚心，反复详玩，为有功耳。

看文字须大段精彩看，竦起精神，竖起筋骨，不要困，如有刀剑在后一般。就一段中须要透，击其首则尾应，击其尾则首应，方始是。不可按册子便在，掩了册子便忘。

人之进学在于思，思则能知是与非。

王阳明

知之真切笃实处即是行, 行之明觉精察处即是知。

谦虚其心, 宏大其量。

人生大病, 只是一"傲"字。

未有知而不行者。知而不行, 只是未知。

志不立, 如无舵之舟, 无衔之马, 漂荡奔逸, 终亦何所底乎?

凡学之不勤, 必其志未笃也。

人须在事上磨, 方能立得住; 方能静亦定, 动亦定。艰难困苦, 正是对心性的最好磨砺。

为学大病在好名。

章学诚

学必求其心得，业必贵其专精。

读书如饭，善吃饭者长精神，不善吃者生疾病。

记诵之法，学问之舟。

六经皆史也。古人不著书，古人未尝离事而言理。六经皆先王之政典也。

文辞犹金石也，志识炉锤也。

学文之事，可授受者规矩方圆，其不可授受者心营意造。

性之所近，力之所能。